해커스공무원

최진우 $\frac{1}{2}$ 한국사

초압축 필기노트

 해커스공무원

CONTENTS

THEME 006 　삼국의 발전과 항쟁

고대

2. 백제 왕들 주제별 정리

		왕위 세습	중앙 통치 제도 정비	지방 제도 정비	정복사업	외교	천도	문화
3세기	고이왕	• 백제 시조로 추앙 • 형제 상속	• 6좌평, 16관등 • 공복(자, 비, 청) • 율령 반포(최초)		• 목지국을 병합하고 마한의 중심으로 성장 • 낙랑과 대방 공격 • 한강 완전히 장악	※ 백제가 고구려, 부여 계통이라는 증거 부여씨, 남부여, 건국설화, 돌무지무덤(장군총 – 석촌동고분), 개로왕의 국서 ★ 송월전 : 경기도 광주, 온조 사당 / 백제는 위례성을 도읍 삼고 마한의 소국을 제압하며 성장		
4세기	근초고왕	부자상속		담로 설치	• 371년 고구려 공격 → 고국원왕 전사 • 가야 7국 병합 • 익산으로 몰기 마한 정벌 → 전라도 해안 진출 • 요서와 산동, 규슈 진출 • 중국(동진) – 백제 – 가야 – 왜의 무역로 장악	• 일본과 친교 : 칠지도 하사 • 아직기와 왕인을 일본에 파견 　└ 천자문과 논어 전파		서기 : 고흥
	침류왕	※ 4세기 삼국의 중요 사건 • 371년 근초고왕 고구려 공격 : 평양성에서 고국원왕 전사 • 400년 광개토대왕이 신라를 공격하면 왜구 격퇴 　└ 전기 가야연맹 해체, 고구려가 신라에 건설						불교 수용 　└ 동진, 마라난타
	아신왕				광개토대왕의 공격으로 한강 이북을 뺏김			
5세기	비유왕	※ 5세기 삼국의 중요 사건 • 414년 광개토대왕비 건립(장수왕) • 427년 평양 천도(장수왕) • 433년 나제동맹(비유왕 + 눌지마립간) • 475년 고구려 한강 공격, 개로왕 전사, 웅진천도(문주왕) • 493년 결혼동맹(동성왕 + 소지마립간) • 494년 부여 복속(문자왕)			나제동맹 : 433년 신라 눌지마립간		
	개로왕				472년 북위에 도움 요청() → 475년 고구려 장수왕의 침입으로 전사(도림 계략)			
	문주왕						475년 웅진천도	
	동성왕	일본에서 돌아와 즉위	웅진 세력 등용		탐라복속	• 493년 결혼동맹 : 신라 소지마립간 • 중국 남조와 국교 재개		
6세기	무령왕	• 일본에서 돌아와 즉위 • 사마왕	22담로 　└ 왕족 파견		• 금강 이북 확장, 영산강 유역 정비 • 대가야 약탈 → 섬진강 차지 • 한강에 쌍현성 축조	• 단양이와 고안무 파견 • 남조의 양과 친선 → 영동대장군의 관직 받음	※ 양직공도 백제사신도 6세기 전반 양, 신라와 백제의 교류를 보여줌	
	성왕		22부 정비	5부 5방 정비	• 신라 진흥왕과 함께 한강 수복 후 배신당함 • 554년 관산성 전투에서 신라 김무력에게 패사	일본에 불교 전파 : 노리사치계	538년 사비천도 　└ 남부여 개칭	
7세기	무왕	'왕이 곧 미륵' 강조			관륵이 일본에 건너가 천문 등을 전래		익산 천도 계획	• 미륵사 건립(익산) • 왕흥사 건립(부여) • 궁남지(부여)
	의자왕	해동증자	성충의 충고 무시 　└ 향락에 빠짐		• 642년 신라 대야성 공격 • 643년 고구려와 함께 당항성 공격 • 660년 나당연합군에게 멸망			

체계적인 도표로 필수 개념 정리하기

시대순으로 정리한 도표를 통해 한국사의 흐름을
더 쉽게 이해하고 필수 개념을 파악할 수 있습니다.

필수 개념 이해하기

본문의 이해를 돕기 위한 개념 설명으로
효율적인 학습이 가능합니다.

〈보안회 운영 요강〉 : 1904년 황성신문

1 전국의 산림, 천택, 원야, 진황의 토지를 청구한 일을 모여서 같이 의논할 것
1 회원의 발언권은 다만 위 항의 문제를 타정하는 것으로만 할 것
1 회를 폐하는 기한은 위 항의 문제가 귀결되는 그날로 정할 것

〈헌정연구회 강령〉

1. 제왕의 권위는 헌법에 정해진 바에 따라 존중할 것.
2. 정부의 명령은 법률 규칙에 정해진 바에 따라 복종할 것.
3. 국민의 권리는 법률에 정해진 바에 따라 자유로이 행사할 것.

〈대한자강회 월보〉

무릇 우리나라의 독립은 자강(自强)에 있음이라. 오늘날 우리 한국은 3,000리 강토와 2,000만 동포가 있으니, 힘써 자강하여 단체가 합하면 앞으로 부강한 전도를 바랄 수 있고 국권을 능히 회복할 수 있을 것이다. 자강의 방법으로는 교육을 진작하고 산업을 일으켜 응하게 하면 되는 것이다. 무릇 교육이 일지 못하면 민지(民智)가 열리지 못하고, 산업이 늘지 못하면 국가가 부강할 수 없다. 그런즉, 미지를 개발하고 국력을 기르는 길은 무엇보다도 교육과 산업을 발달시키는 데 있지 않겠느냐?

핵심 사료로 실전 대비하기

본문과 연결되는 핵심 사료를 정리하여 실전에 대비할 수 있습니다.

★ 정도전
• 호는 삼봉, 향리 집안, 어머니가 노비 가문, 친원파 권문세족 이인임과 대립
• 1374년 공민왕의 암살 사실을 명에 고할 것 주장하니 전라도 나주로 유배
• 1388년 위화도 회군 이후 밀직부사로 임명, 이성계 등과 우왕을 폐하고 창왕 옹립
• 1389년 폐가입진으로 창왕을 폐하고 공양왕 옹립
• 1391년 반대 세력의 공격으로 서인으로 격하, 삼군도총제부의 우군총제사에 임명
• 1392년 조준, 남은, 배극렴과 함께 이성계를 왕으로 추대
• 1398년 1차 왕자의 난 (무인정사) 때 방원에게 제거 됨

※ 정도전의 주요 활동
• 수도 한양의 행정 분할 결정, 경복궁과 경복궁 근정전 · 4대문(유교식 명칭) 이름 제정
• 태조 때 요동 정벌 준비 → 이방원과 조준의 반대로 실패
• 저술 : 조선경국전(재상중심), 경제문감, 고려국사, 불씨잡변, 심문천답, 금남잡영, 금남잡제 등

★ 신진사대부의 분열

	온건파 사대부	혁명파 사대부
세력	정몽주, 이색, 길재, 이숭인 등 다수파	정도전, 조준, 남은, 하륜, 윤소종 등 소수파
개혁	**불사이군**, 점진적 개혁 추진	**역성혁명**, 급진적 개혁 시도
토지	토지 사유화 인정, **점진적인 토지 개혁** 대규모의 토지 소유 부정	왕토사상 주장, 급진적 토지 개혁 ★ 정도전 : 계구수전 주장
성리학	**성리학을 절대시**	성리학을 수단, 〈주례〉 강조
군사	군사기반 ×	**신흥무인들과 연결**, 삼군도총제부 장악
변화	**조선시대 사림으로 성장**	**조선시대 관학파, 훈구파로 성장**

역사의 의미

1. 역사의 의미

	사실로서의 역사	기록으로서의 역사	
의미	• **객관적** 의미의 역사 └ 시간적으로 현재에 이르기까지 일어났던 모든 과거 사건 └ 바닷가의 모래알같이 수많은 과거 사건의 집합체 • 事實(사실), **실증주의** ※ 진단학회 : 1934년 이병도와 손진태	• **주관적** 의미의 역사 └ 과거의 사실을 토대로 역사가가 이를 조사하고 연구하여 재구성한 것 └ 역사가의 가치관과 같은 주관적 요소가 개입되어 기록된 자료, 역사서 • 史實(사실), **상대주의**	
어원	• 歷(역) : 세월, 세대, 왕조 등이 순서대로 계속되어 가는 것 • 독일어의 Geschichte : 과거에 일어난 일	• **史**(사) : 활쏘기를 할 때 옆에서 적중한 숫자를 계산하여 기록하던 기록관을 의미 • 그리어의 historia	
대표자	**랑케** └ 역사가는 자기 자신을 죽이고 과거가 본래 어떠하였는가를 밝히는 것을 지상 과제로 삼음 └ 역사가는 사실을 떠나 존재할 수 없다. 선입견을 가져서는 안 되며, 사실의 객관적인 파악에 노력한다.	**카**, 크로체, 콜링우드 ※ E.H 카 : "역사란 무엇인가?" 저술 └ 역사는 **과거와 현재의 끊임없는 대화이다.** 역사는 역사가와 사실 사이의 부단한 상호작용이다.	

2. 중요 용어

사관	역사가 자신의 고유 입장, 사실 선택의 기준, 해석 원리, 가치관 등
사료	• 역사적으로 사실을 입증해주는 유물과 유적, 기록의 자료, 사료가 없으면 역사도 없다. • 과거의 수많은 사실이 아니라 <u>역사학자에 의해서 선택된 史實(사실)</u>을 말한다. • 사료 자체도 과거의 기록물로 그 당시 저자의 주관적 견해가 반영되어 있을 수 있다.
외면과 내면	• **외면** : 객관적 사실 • **내면** : 사건의 배경이나 사건을 주도한 사람의 의도

☆ **사료 비판**
• 외적비판 : 사료 자체에 대한 검증, 타인의 첨가 여부, 필사과정의 오류, 작자, 장소, 연대 등의 검증
• 내적비판 : 내용에 대한 검증, 사료 기술을 분석, 사료의 성격 검증

3. 보편성과 특수성

보편성	자유와 평등, 민주와 평화 등의 전 인류의 공통된 가치를 추구
특수성	• 공동체의 의식이 강함 • 불교 문화권 : 내세가 아니라 현세구복적이며, 호국적 불교 발전 • 유교 문화권 : 仁(인)이 아니라 충과 효를 강조

☆ **백남운** : 사회경제사학, '조선사회경제사' '조선봉건사회경제사' 저술
    └ 우리 역사의 보편성을 통해 일본의 정체성론(봉건사회 결여론)을 반박
    └ 마르크스의 유물사관 강조 민족주의의 정신적 투쟁 방식 비판

선사 시대와
초기 국가의 모습

	선사시대			역사시대 : 한자 사용
	구석기	**신석기**	**청동기**	**철기**
시기	70만 년 전	기원전 8000년경	기원전 2000년~1500년	기원전 500년(기원전 5세기)
비교	사냥과 채집의 이동생활	농경과 목축 시작, 신석기 혁명	벼농사의 발달	기원전 2세기 벼농사가 삼한에서 일반화, 수전
	모계 중심의 평등사회(지도자 ○ / 지배자 ×), 사유재산 ×		부계 중심의 계급사회(지배자 등장), 사유재산 ○	
도구	• 뗀석기와 뼈도구 • 사냥도구 : 주먹도끼, 찍개, 찌르개 등 • 조리도구 : 긁개와 밀개, 자르개 등 ※ 구석기 후기 : 활과 창, 슴베찌르개 등의 이음도구 ※ 불과 언어 사용	• 간석기 • 농기구 제작 : 돌괭이, 돌삽, 돌보습, 돌낫 • 갈판과 갈돌, 낚시바늘, 작살, 돌 그물추 등 • 가락바퀴(방추차)와 뼈바늘 : 직조기술의 발달 ※ 흑요석 : 남해안 지방에서 발견, 일본과 교류	• 청동기 : 북방 계통, 지배층 유물, 전문 장인 등장 └ 비파형 동검, 거친무늬거울 • 석기 └ 농기구 : 반달돌칼, 홈자귀 등 └ 간석기 : 신석기와 달리 날 전체를 갈아 사용 └ 간돌검 사용	• 철기 : 중국에서 전래, 무기와 농기구 등 실생활 • 청동기 : 의기화 └ 독자적 발전 : 세형동검, 잔무늬거울, 거푸집 ※ 중국과 교류 : 명도전, 반량전, 오수전, 붓, 한자 ※ 창원 다호리 유적 : 붓 발견
토기	×	• 전기 : 이른민무늬토기, 덧무늬 · 압인문 토기 • 중기 이후 : 빗살무늬토기 유행	• 민무늬토기, 미송리식토기, 덧띠새김무늬토기 • 송국리식토기, 붉은 간토기, 가락리식 토기 • 볍씨자국토기, 팽이형 토기 등	• 민무늬토기 사용 • 검은 간토기, 덧띠토기, 김해식(타날무늬)토기 등
경제	어로와 채집, 사냥 등	• 농경 시작 : 조와 피, 수수 기장 등 └ 생산량 미흡, 어로와 채집으로 보충 • 어로생활 활발 : 부산 동삼동의 패총 등 • 도토리 채취, 목축 시작	• 농경의 발달 : 벼와 보리, 콩 • 벼농사 발달 : 탄화미 발견 └ 여주 흔암리, 부여 송국리 등 • 어로생활 감소	• 벼농사 발달 : 기원전 2세기 삼한에서 일반화 • 수전농업, 저수지 제작 • 어로생활 증가 : 김해, 양산, 웅천의 패총 ※ 농경무늬 청동기 : 초기 철기 시대 제작
사회	평등사회, 모계사회, 무리사회	평등사회, 모계사회, 씨족중심의 부족사회 ※ 씨족사회 : 족외혼, 자급자족, 모계사회	• 계급사회 → 군장국가 등장(고조선) • 남성중심의 부계사회, 성분업, 친족사회	• 계급사회, 남성중심 부계사회 • 연맹국가 : 고조선, 부여, 초기 고구려, 삼한 등
신앙		원시 신앙 : 애니미즘, 토테미즘, 샤머니즘, 조상숭배	천손사상, 선민사상 등장	
주거	• 이동생활 • 동굴과 바위그늘, 강가의 막집 거주	• 정착생활 시작 • 움집 : 반지하, 남향의 출입문, 원형, 중앙화덕 등	• 움집 : 지상가옥화, 밀집화, 구릉지대 └ 주춧돌, 칸막이로 용도 구분, 장방형, 벽면화덕 • 대규모 취락 : 환호와 목책, 토성 등의 방어시설 └ 창고, 집회소, 공공의식 장소	• 지상식 주거, 부뚜막 시설, 온돌장치 • 출입문 시설 장착 • 여자형과 철자형 집터 (춘천 율문리 유적)

	선사시대			역사시대 : 한자 사용
	구석기	신석기	청동기	철기
무덤	청원 두루봉 동굴 : 장례 의식 흔적	• 동침양와 신전장 : 웅기 굴포리 서포항, 토묘 • 경남 통영 연대도 : 신석기 시대 공동 묘지 추정	• <u>고인돌</u>, 돌무지무덤, 돌널무덤 　└ 북방식 : 탁자식 / 남방식 : 바둑판식 　└ 강화도, 화순, 고창 : 유네스코 문화유산 ★ <u>선돌</u> : 부족 경계석	독무덤(옹관묘)과 널무덤  옹관묘(독무덤)
예술	• 석회암이나 동물의 뼈, 뿔 등의 조각품 • 고래와 물고기 새긴 조각품 　└ 공주 석장리와 단양 수양개	• 동물 모양 조각, 흙으로 빚은 얼굴, <u>패면</u>, 치레걸이 • 부산 동삼동 : 패총, 패면(조개껍데기 가면) • 여인 조각상 : 청진 농포동 / 울산 신암리	※ <u>암각화</u> : 주술적 예술, 구석기부터 제작 청동기 시대 가장 많이 제작됨 　└ 울주 대곡리 반구대 : 국보285호, 작살찍힌 고래, 사슴과 호랑이 모습, 샤먼 등, 보존문제가 사회문제화 　└ 고령 양전동(장기리) 알터 바위 그림 : 동심원, 삼각형 등의 기하학적 문양  울주 대곡리 반구대 암각화　 고령 양전동 알터 바위그림	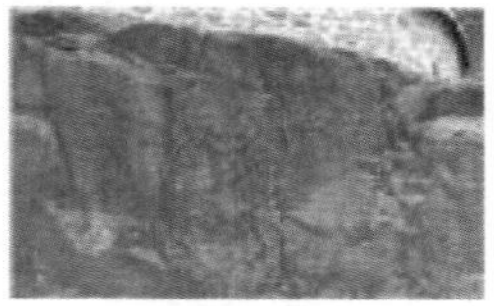
유적지	• 단양 금굴 : 구석기 최고 유적지 • 종성동관진 : 최초 발견(일제강점기) • 웅기 굴포리 : 해방 이후 최초 발견 • 공주 석장리 : 해방 이후 남한 최초 • 청원 두루봉 동굴 : 흥수아이 발견, 사슴뼈(사람얼굴) • 덕천 승리산 : 최초로 인골 발견 • 연천 전곡리 : 아슐리안계 석기, 모비우스 학설 반박 • 제주도 빌레못	• 강가와 바닷가에 위치 • 부산 동삼동, 서울 암사동, 김해 수가리 • 하남 미사리, 양양 오산리 • 제주도 한경면 고산리(최고 유적지) • <u>농경 유적</u> 　└ 평양 남경, 봉산 마산리, 암사동, 봉산 지탑리 　└ 강원도 고성 문암리 : 밭의 흔적	• 고인돌 유적 : 강화도, 화순, 고창 • 부여 송국리 : 집터 유적, 중앙 2개 기둥  북방식 고인돌(탁자식) 　 남방식 고인돌(바둑판식)	창원 다호리 : 붓 발견
주요 유물	 주먹도끼 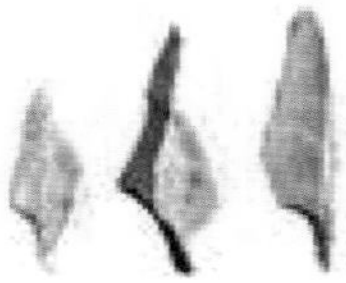　 슴베찌르개	 갈판과 갈돌 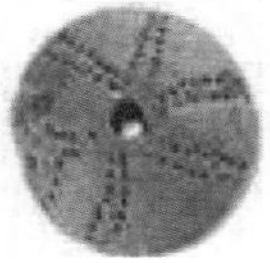　 가락바퀴 　 빗살무늬토기	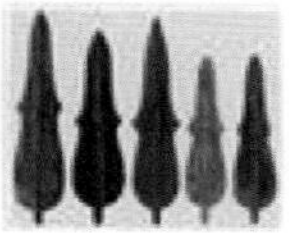 비파형 동검 　 반달돌칼 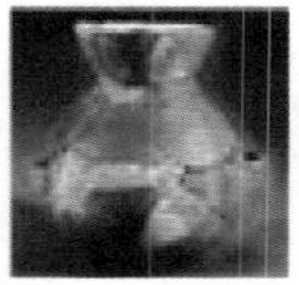　 미송리식토기	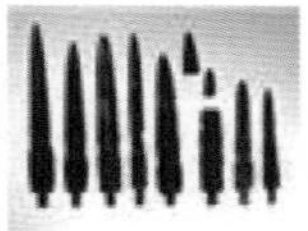 세형동검 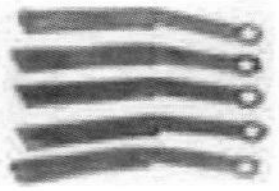　 명도전 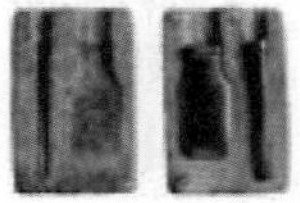　 거푸집

1. 기록 문헌과 사회모습

단군신화 기록문헌	• 고려 시대 : 충렬왕 시절 삼국유사(일연, 현존 최고, 기이편), 제왕운기(이승휴, 3조선설) • 조선 시대 : 세종실록지리지(단종, 평양조), 응제시주(세조), 동국여지승람(성종), 신증동국여지승람(중종) ★ 기타 고조선 관련 기록 • 관자 : 최초의 고조선 기록 문헌, 중국의 제와 조선이 교역 • 사기 : 위만조선과 한4군 기록 / <한서>지리지 : 8조법(3개항만 전래) / 상서대전 : 기자동래설 기록(최초) • 동국통감 : 기원전 2333년 단군 왕검이 고조선을 건국하였다를 신화적으로 기록하였다.(교학사) • 공후인 : 고조선의 가부장적 사회 모습을 보여주는 노래 　└ 그대 강물을 건너지 마시라고 그토록 애원했건만, 그대 마침내 빠져 죽었구려, 아! 그대를 어찌하리	★ 단군신화 분석 • 제정일치 : 단군(제사장) + 왕검(군장, 정치적 지배자) • 농경사회 : 풍백, 우사, 운사 • 토테미즘 : 곰 부족과 호랑이 부족 • 천손사상 : 하늘의 자손, 선민사상 • 족외혼 : 환웅부족(천신) + 곰부족(지신)의 결합 • 홍익인간, 계급사회 등
중심과 영역	• 중심 : 만주 요령(요동) → 한반도(대동강)으로 이동 • 영역 : 한반도 북부에서 만주 일대 / 유물 : 거친무늬거울, 미송리식 토기, 북방식 고인돌(탁자식), 비파형동검	<단군신화> 이승휴의 제왕운기 처음에 누가 나라를 열고 바람과 구름을 이끌었는가? 석제의 손자, 그 이름은 단군이로세. 본기에 이르기를, 상제 환인에게 서자가 있어 웅이라 하였는데, 일러 말하기를, "삼위태백에 이르러 널리 인간을 이롭게 하고자 한다."라고 하였다.
사회 모습	• 제정일치 : 단군(무당, 제사장) + 왕검(군장) • 지배집단 : 천신족을 표방, 정치적 수장은 왕을 칭함 • 계급사회, 형벌제도 존재, 사유재산 제도, 가부장적 사회 모습 • 백성들이 끝내 서로 도둑질하지 않았고, 문을 닫는 사람이 없었다.	★ 기자 사당(평양) : 고려 숙종 • 강상무덤과 누상무덤 : 요동 지방, 고조선의 무덤 추정, 순장, 노예 사회 추정
8조법	• 살인자는 사형, 남을 다치게 하면 곡물로 배상, 절도시 노비로 만들거나 50만 벌금 • 부인들은 정신하여 음란하지 않았다. (추정)	★ 강화도 마니산 참성단 : 단군왕검이 하늘에 제사를 지냄

2. 고조선의 건국과 멸망

	단군 조선~기자 조선	위만 조선	한4군 시절
시기	기원전 2333년~기원전 194년	기원전 194년~기원전 108년 (기원전 2세기)	기원전 108년~313년 낙랑군 멸망
건국	• 단군왕검이 청동기 문화를 바탕으로 건국 • 군장국가 : 환웅부족과 곰부족의 결합	• 위만의 이동 : 진한 교체기 중국에서 이동 → 준왕이 신임, 변방 수비 책임(박사) • 기원전 194년 위만이 준왕을 몰아내고 스스로 왕이 됨, 준왕은 남쪽 진으로 이동	• 기원전 108년 왕검성 함락 후 고조선 영토에 4군을 설치 • 한4군 : 임둔군, 진번군, 현도군, 낙랑군(평양)
발전	• 기원전 5세기 : 철기 문화 처음 수입 • 기원전 4세기 : 중국 연과 대립(요서지방), 연 공격 계획, 스스로 왕 칭함 • 기원전 3세기 초 : 연 진개 침입, 2000리 상실(만번한 경계) 　└ 중심이 요동에서 대동강 이동 • 기원전 4~3세기 : 부왕과 준왕 등장, 왕위 세습(부자상속) 　└ 상, 대부, 대신, 장군, 박사 등 정비 ※상 • 상은 직접 다스리는 영역과 주민이 있었다. • 왕과 상들은 수시로 회의를 열어 국가의 중대한 일을 결정하였다. • 조선상, 니계상 등의 상이 왕과 별도로 자체 영역과 주민을 다스리고 중앙 정치에 참여하였다.	• 고조선 계승 : 흰옷(조선인의 옷, 오랑캐 옷), 상투, 관료들이 토착민, 국호 유지 • 철기 문화를 본격 수입 → 활발한 정복 사업 → 진번과 임둔 등을 복속 • 부자상속 (위만 → 아들 → 손자 : 우거왕) • 경, 대신, 비왕 등이 관료 조직 정비 • 위만은 토착민에게 '상'이라는 벼슬을 줌 • 중계무역 : 남방의 진과 압록강의 예가 한과 무역을 하는 것을 중계 • 한과 관계 악화 : 한이 창해군 설치(기원전 128) → 섭하 살해 사건(기원전 111년) 　└ 압록강 예의 주민들이 기원전 128년 한으로 망명 • 한의 침략 : 기원전 109년 한 무제 침입(중계무역, 흉노와 연결 차단, 요동 위협 등) 　└ 1차 패수 승리 → 니계상 삼이 우거왕 살해 후 한으로 망명 　└ 성기가 항전 → 기원전 108년 왕검성 함락 → 한의 지배 ※ 고조선의 주민들은 한반도 남쪽에 내려가 이 지역의 문화 발전에 영향을 주었다.	• 한을 통해 철기문화와 한자 등이 전래 • 법이 60여개로 증가 • 점제현 신사비 : 최고 현존 비석 • 소멸 　└ 임둔군과 진번군 축출 　└ 현도군 축출 　└ 낙랑군 멸망 : 313년, 고구려 미천왕

	부여	고구려	옥저	동예	삼한
특징	• 연맹국가 : 왕권이 약함, 지방분권적인 국가 → 족장이 자기 부족에 대해 지배력을 행사 ☆ 왕은 족장들의 독자적 성격을 인정하였지만 외교와 군사권은 왕에게 있었다. 국가 중대사는 왕과 족장이 함께 논의				
	• 옥저와 동예는 고구려의 압박으로 군장국가에서 멸망				
위치	• 만주 길림, 송화강, 동단산 유적 • 남쪽은 고구려와 접하고 서쪽은 선비와 접함	압록강 지류 졸본지방 : 오녀산성 └ 국내성 : 유리왕, 환도산성	함경도 함흥 평야	강원도 북부 동해안	한강 이남 진국에서 발전
부족	• 5부족 연맹 • 중앙(왕이 지배) + 사출도(족장이 지배)	• 5부족 연맹체 : 왕과 5부 대가들이 국가 운영 • 부여의 별종, 말과 풍속 비슷 → 기질은 다름	고구려와 같은 부여족의 한 갈래	부여 계열의 부족사회	마한 : 54개국 연합 변한 : 12개국 연합 진한 : 12개국 연합
왕	• 1세기 초부터 왕호 사용 • 왕권 약화 : 흉년 시 → 왕 교체, 죽임	• 1세기 초 왕호 사용 • 왕족 : 소노부(연노부, 자체 종묘 제사) → 계루부(태조왕)	군장국가로 왕(대군장)이 없음	군장국가로 왕(대군장)이 없음	마한의 목지국이 중심 └ 진왕, 마한왕으로 추대
족장	마가, 우가, 저가, 구가 → 제가회의 └ 대사자, 사자의 관리 거느림, 왕 선출	• 가 : 대가, 소가 → 제가회의 • 고추가 : 소노부 (전왕족) + 절노부(왕비족, 연나부)	군장 : 읍군, 삼로, 거수, 후	군장 : 읍군, 삼로, 거수, 후 등	족장 : 신지와 견지, 부례, 읍차
관리	대사자, 사자	사자와 조의, 선인			
신분	• 족장(가) : 지배층, 대사자와 사자 거느림 • 호민 : 경제적 부유, 노비 소유, 전투 참여 • 하호 : 농민, 전쟁 시 전투 참여 ×, 식량 공급 • 노비 : 죄인, 포로, 채무자, 매매 가능, 순장	족장 : 가 → 대가(책이라는 모자), 소가(깃이 달리 소골) └ 숫돌과 칼을 차고 다님		☆ 삼한과 동예 : 삼을 재배, 베를 짰고, 뽕나무와 누에를 쳐서 비단을 생산	
경제	• 반농반목 • 특산물 : 말과 주옥, 모피	• 정복활동 → 한의 군현을 공략, 요동 진출 • 약탈경제, 부경(창고) • 맥궁, 작지만 날렵한 말 생산	어물과 소금	• 비옥한 토지, 해산물 풍부, 윤택한 경제 • 방직기술 : 누에를 쳐서 명주·삼베 짬 • 단궁, 과하마, 반어피	• 벼농사, 저수지 제작 • 뽕나무로 누에쳐 비단 생산 • 변한의 철 : 낙랑과 왜에 수출
제천행사	영고 : 12월, 수렵사회, 전쟁 시에도 개최 └ 죄수를 풀어주기도 함	동맹 : 10월 국동대혈(+ 수혈제) → 활쏘기, 사냥대회 └ 하백의 딸(물의 신)에 제사		무천 : 10월, '하늘을 향해 춤 춘다.'	수릿날(5월) 계절제(10월)
혼인풍속	형사취수제 : 노동력 중시	혼인 : 서옥제(예서제, 데릴사위제), 형사취수제	민며느리제(예부제) : 매매혼	족외혼 : 씨족사회 풍속	
장례	• 장례를 후하게 치름 : 긴 장례, 옥갑 사용 • 순장의 풍습	• 장례 : 후장(금과 은, 재물을 써서 후하게 장례), 3년 상 └ 돌로 봉분 쌓음 → 소나무, 잣나무 심음 • 결혼 후 수의 제작	• 세골장 : 가매장, 뼈만 추려 다시 묻기 • 죽은자의 양식으로 쌀항아리 매달았다. • 죽은 사람의 숫자대로 나무 모양	꺼리는 것이 많음 └ 병을 앓거나, 죽으면 새집으로 이사	• 소와 말 합장, 새 깃털 합장 • 주구묘 : 마한
신앙	우제점법 : 소 발굽으로 길흉을 점침	• 조상신 숭배 : 주몽, 유화부인 • 큰집을 지어 귀신을 제사, 영성과 사직에 제사		• 범토템 • 별을 관측하여 그해 농사를 점침	소도 : 천군 관리, 족장 진입 × └ 제정분리, 신구세력 완충지대
사회	• 조두, 은력 사용 ※ 주몽 : 활 잘 쏘는 사람 • 백의 숭상, 금과 은으로 모자 장식	걸음걸이가 빠름, 절을 할 때 한쪽 다리를 펴서 함	• 성질이 질박, 정직, 굳세고 용감 • 창을 잘 다룸, 보병전을 잘함	• 씨족사회 풍속 : 족외혼, 책화 • 철자형과 여자형 집터	• 문신과 편두 • 금과 은을 귀하게 여기지 않음 └ 구슬을 보배로 여김 • 초가 지붕 반움집, 귀틀집
법률	4조목 └ 살인자 : 사형, 가족을 노비 └ 절도시 12배, 간음 시 모두 사형 └ 투기한 부인을 사형	• 법률 : 1책 12법, 감옥은 없음 • 중대범죄자 : 제가회의에서 처결, 사형, 가족은 노비		☆ 책화 : 씨족사회의 전통 └ 다른 부족 생활권 침범 시 변상	
대외관계	• 중국과 친선, 고구려와 선비족과 대립 • 3세기 경 : 선비족 침입, 수도 함락 • 4세기 경 : 전연 침략, 왕이 포로 끌려감	활발한 정복활동으로 중국과 대립	어물과 소금, 여자 : 고구려에 바침		• 마한 : 54개국 → 백제 • 진한 : 12개국 → 신라 • 변한 : 12개국 → 가야
멸망	494년 고구려 문자왕에게 복속	고대 국가로 발전	고구려 태조왕에게 복속	고구려와 신라에 분할 복속	

고대 국가

1. 가야 연맹이 성립

성립	변한의 구야국 중심 → 3세기 금관가야(본가야, 김수로)를 중심으로 하는 전기 가야 연맹 형성
연맹국가	• 연맹국가에서 멸망 • 가야는 소국이 맹주국에 일정한 공납을 납부하였다. • 일본 규슈지방에 소국을 세우고 본국과 왕래하며 교역을 하였다.
경제	• 경제 : 벼농사 발달 • 중계무역 : 금관가야가 중심, 한 군현(낙랑군 등)과 왜와의 중계무역 • 한 군현 소멸 이후 교류대상 축소로 경제력 약화 → 백제를 통해 중국과 교역 → 5세기 후반 중국과 직접 교역
문화	• 철기 : 선진적 철기문화를 바탕으로 주변으로 철(덩이쇠) 수출 • 토기 : 가야 토기는 일본의 스에키 토기에 영향 • 가야는 멸망 이후 많은 사람이 신라와 왜 등으로 건너가 문화 발전에 이바지 하였다.

가야 덩이쇠

☆ 가야에 대한 기록
• 가락국기 : 고려 문종, 현존 ×
• 개황록 : 가야 유민의 저술, 현존 ×
• 삼국유사의 <가락국기>에 일부 전래

가야방패 장식	사슴뿔 머리 장식	철제 갑옷	청동 그릇

2. 가야의 발전과 멸망

2~4세기	5세기	6세기
• 2~4세기 : 김해 금관가야를 중심으로 전기 가야 연맹 형성 • 4세기 말 : 고구려의 남하로 전기 가야 연맹 해체 　└ 400년 광개토대왕의 신라 지원	• 고구려의 남하에 대항 신라, 백제와 동맹을 맺고 대항 • 후기 가야 연맹 형성 : 고령 지방의 대가야가 중심 • 중국 남제에 사신을 보내 교류	• 522년 대가야 이뇌왕과 신라 법흥왕 : 혼인동맹 • 532년 신라 법흥왕 때 금관가야 복속 → 김구해에게 본국을 식읍으로 지급 • 554년 백제 성왕과 함께 관산성 전투 참여 → 신라 진흥왕에게 패배 • 562년 신라 진흥왕 : 이사부와 사다함이 대가야 정벌 → 연맹 국가에서 멸망 ☆ 주의 : 진흥왕의 창녕비는 561년에 건립 ☆ 성산산성 : 경남 함안, 신라가 가야를 정벌한 뒤 쌓은 낙동강가의 성

3. 전기 가야 연맹과 후기 가야 연맹

	전기 가야 연맹	후기 가야 연맹
중심	2~4세기 경, 김해의 금관가야 → 400년 광개토대왕의 남하로 전기가야연맹 해체	5세기 후기 고령의 대가야 중심
특징	☆ 금관가야 : 김수로가 건국, 본가야(건국설화 : 구지가 / ☆ 난생설화 : 김수로, 박혁거세, 주몽 • 김수로는 석탈해의 도전을 받았으나 이를 물리쳤다. • 김수로는 아유타국의 공주(허왕후)와 혼인 • 낙랑과 왜 사이의 중계무역 → 낙랑이 멸망 한 뒤 교류 대상 축소로 경제력 약화 • 포상 8국의 난 : 금관 가야가 포상 8국으로부터 압박 → 201년에 신라의 군사적 도움으로 진압 • 532년 신라 법흥왕에게 멸망 → 법흥왕은 김구해에게 본국을 식읍으로 지급 • 김유신은 진골을 받고 삼국통일에 공을 세움	☆ 대가야 : 이진아시왕이 건국 • 전성기 시절 소백산맥 서쪽 전라북도 일부 지역 진출, 섬진강 하류와 소백산맥 서쪽까지 세력 확대 • 대가야는 섬진강을 통한 교역로를 개척하는 등 활로를 모색하였다. • 가라왕 하지는 중국 남제에 사신을 보내 직접 교역 • 522년 대가야 이뇌왕은 신라 법흥왕과 혼인동맹을 체결 • 562년 신라 진흥왕에게 멸망 → 우륵은 충주 탄금대에서 제자 양성 • 이뇌왕의 아들 월광태자는 합천에 월광사를 짓고 말년을 보냄
	☆ <금관가야> 건국설화 이 나라에는 왕이 없어서 아홉 명의 족장이 백성을 다스리고 있었다. 어느 날, 김해에 있는 구지봉에서 소리가 들려왔다. 족장들은 백성들을 구지봉에 모아 놓고 신이 하라는 대로 흙을 파헤치고 춤을 추며 노래를 불렀다. "구하구하 수기현야 약불현야 번작이끽야" 그러자 하늘에서 금으로 만들어진 상자가 내려왔고, 그 상자에서 붉은 보자기로 싼 여섯 개의 황금알이 들어 있었다.	☆ <대가야> 건국설화 시조는 이진아시왕이고 그로부터 도설지왕까지 대략 16대 520년이다. 최치원이 지은 「석이정전」에는 "가야산신 정견 모주가 천신 이비가지에게 감응되어 뇌질주일과 뇌질청예 두 사람을 낳았다. 뇌질주일은 곧 대가야의 시조인 이진아시왕의 별칭이며, 뇌질청예는 금관국의 시조인 수로왕의 별칭이다."
고분	• 덧널무덤 • 김해 대성동 고분 : 4~5세기 금관가야 왕족 무덤	• 구덩식 돌방무덤 : 고령 지산동 고분 → 대가야 최고의 왕릉급 고분 • 굴식 돌방무덤 : 고령 고아동 고분 → 백제의 영향을 받은 벽화

백제	고구려	신라

2세기 — 고구려 태조왕 형제 상속 — 신라 **5세기**

고국천왕 부자 상속

3세기 고이왕 — 동천왕

4세기 — 미천왕 낙랑 정벌

근초고왕 — ~~고국원왕~~

5호16국 ↑ 소수림왕 불교 전래 / 율령 반포

이사금

광개토대왕 → 내물마립간

→ 왜구 격퇴(400)

백제	고구려	신라

남북조 다면외교 장수왕 [남진 정책] 427년 평양 천도 — 광개토대왕비 / 호우명 그릇

비유왕 —— 433년 나제 동맹 —— 눌지마립간

개로왕 475년 한강 점령

문주왕 웅진 천도

동성왕 —— 493년 결혼 동맹 —— 소지마립간

백제	고구려	신라

6세기 무령왕 22담로 — 지증왕 신라, 왕

법흥왕 율령 반포 / 불교 공인

한강 점령

남부여 사비 천도 성왕 —— 진흥왕

관산성 전투(554) [김무력]

6세기 후반-십자 외교

돌궐

2/4 살수대첩 → 고구려 ← 연개소문 / 대당 강경책 / 천리장성(부여성~비사성)

1/3 안시성 전투

수 → 당 —— 신라

백제

왜

✡ **삼국통일**

안동도호부(평양, 설인귀) ————————→ 요동 이동

나당 동맹 · 백제 정벌 · 고구려 동맹 · 나당 전쟁(석성 전투) · 매소성 전투 · 기벌포 전투

(648) 진덕여왕 · (660) 무열왕 · (668) 문무왕 · (671) 문무왕 · (675) · (676)

웅진도독부 · 계림도독부(663, 문무왕)

1. 고구려의 발전과 멸망

		왕 즉위와 세습	정치 제도 정비	정복사업	사회 모습	불교	교육
1~2세기	유리왕	19년 즉위	졸본에서 국내성 천도		황조가		
	태조왕	형제상속		옥저 복속			
	고국천왕	부자상속	• 왕비족 교체(연나부) • 을파소 등용 • 부족적 5부를 행정적 5부로 개편		진대법 실시 └을파소 건의		
3세기	동천왕			• 서안평 공격 시도 • 위 관구검의 공격으로 환도성 파괴 → 위 왕기의 공격으로 동해안 피난 └ 밀우와 유유의 항전 → 식읍지급			
4세기	미천왕	※ 을불설화 : 소금 행상		• 서안평 점령, 낙랑과 대방군 정벌			
	고국원왕			• 전연(선비족, 모용황)의 침입 → 미천왕 무덤 도굴 왕의 어머니 등이 포로 • 371년 근초고왕의 침입으로 평양성에서 전사			
	소수림왕		율령 반포			불교 수용 : 전진, 순도	태학 설립
	광개토대왕	18세 즉위	• '영락' 연호 사용 • 평양 천도 준비 └ 평양에서 신명사 등 9개 사찰 건립	• 숙신과 비려 정벌 → 만주 진출 / 동부여와 동예 정벌 → 하슬라 진출 • 후연 정벌 → 요동 정벌 / 한강 공격 → 백제 아신왕 항복, 한강 이북 점령 • 신라 침입한 왜구 격퇴 : 400년, 전기 가야 연맹 해체, 신라의 정치에 간섭			
5세기	장수왕	고구려 전성기	• 414년 광개토대왕비 • 415년 호우명 그릇 제작 • 427년 평양 천도 → 안학궁 건립 • 지방에 5부 설치, 전성기 • 충주 고구려비 건립 : 남한강 유역 진출 └ 신라왕과 관료에게 관복 하사 └ 신라인을 동이라 칭함 └ 고구려 중심의 천하관 강조	• 남북조와의 다면 외교, 북방 유목민족과도 관계 유지 • 유연과 연합하여 지두우 점령 → 흥안령 일대 진출 • 475년 한강 공격 → 백제 개로왕 죽임, 죽령~남양만 진출, 남한강 진출 • 소백산맥 넘어 신라 공격 / 북연의 왕을 고구려에 머물게 함 ※ 고구려의 남진과 한강 지배의 변천사 └ 청원 남성골 유적, 연천 호로고루 성터, 서울 아차산 보루 유적	※ 호우명 그릇 경주의 호우총에서 호우명 그릇이 발굴되었 는데, 415년 장수왕 시절 제작된 이 그릇 밑바 닥에 을묘년국강상 광개토 지호태왕 이라는 글씨가 새겨져 있다.		경당
	문자왕			494년 부여를 완전히 정벌 → 최대 영토			
6~7세기	영양왕			• 590년 한강 공격(온달) • 598년 수의 요서지방 선제공격 → 수의 4차례 침입(2차 : 612년 살수대첩)	<살수대첩> 영양왕 23년(612) 우문술의 군사+23가 살수(청천강)에 이르렀다. … (중략) … 양제가 크게 노하여 우문술 등을 쇠사슬로 묶어 계묘일에 돌아갔다.	신집5권 └이문진	
	영류왕			• 천리장성 축조 시작(부여성~비사성 631년~ 647년) : 당의 침략 대비 • 642년 연개소문이 영류왕 제거 → 보장왕 옹립	※ 연개소문 └ 요동 지방의 천리장성 축조 주관 → 요동 군사력 장악 └ 642년 영류왕 제거 후 보장왕 옹립 → 대당 강경책 └ 도교 장려, 신라를 공격하지 말라는 당의 요청 거부		
	보장왕			• 당의 3차례 침입 : 1차 안시성 전투(645년 양만춘) • 665년 연개소문 사후 국력 약화 → 666년 남생은 당, 연정토는 신라로 망명 • 668년 보장왕 : 나당연합군에게 멸망	<안시성 전투> 당 태종은 요동 지방은 일찍 추워지므로 풀이 마르고 물이 얼 것이다. 군사와 말을 오래 머무르게 할 수 없으며 군량도 떨어질 것이다라고 … (안시성)성주는 성에 올라가 절을 하며 작별하였다. 황제는 그가 성을 굳게 지킨 것을 가상히 여겼다.		

2. 백제 왕들 주제별 정리

		왕위 세습	중앙 통치 제도 정비	지방 제도 정비	정복사업	외교	천도	문화
3세기	고이왕	• 백제 시조로 추앙 • 형제 상속	• 6좌평, 16관등 • 공복(자, 비, 청) • 율령 반포(최초)		• 목지국을 병합하고 마한의 중심으로 성장 • 낙랑과 대방 공격 • 한강 완전히 장악	※ 백제가 고구려, 부여 계통이라는 증거 부여씨, 남부여, 건국설화, 돌무지무덤(장군총 → 석촌동고분), 개로왕의 국서 ★ 숭렬전 : 경기도 광주, 온조 사당 / 백제는 위례성을 도읍 삼고 마한의 소국을 제압하며 성장		
4세기	근초고왕	부자상속		담로 설치	• **37년 고구려 공격 → 고국원왕 전사** • 가야 7국 병합 • 익산으로 옮긴 마한 정벌 → 전라도 해안 진출 • 요서와 산동, 규슈 진출 • 중국(동진) – 백제 – 가야 – 왜의 무역로 장악	• 일본과 친교 : 칠지도를 하사 • 아직기와 왕인을 일본에 파견 └ 천자문과 논어 전파		서기 : 고흥

	침류왕	※ 4세기 삼국의 중요 사건
		• 371년 근초고왕 고구려 공격 : 평양성에서 고국원왕 전사
		• 400년 광개토대왕이 신라를 공격한 왜구 격퇴
		  └ 전기 가야연맹 해체, 고구려가 신라에 간섭
								불교 수용
								  └ 동진, 마라난타

	아신왕				광개토대왕의 공격으로 한강 이북을 뺏김			
5세기	비유왕	※ 5세기 삼국의 중요 사건 • 414년 광개토대왕비 건립(장수왕) • 427년 평양 천도(장수왕) • 433년 나제동맹(비유왕 + 눌지마립간) • 475년 고구려 한강 공격, 개로왕 전사, 웅진천도(문주왕) • 493년 결혼동맹(동성왕 + 소지마립간) • 494년 부여 복속(문자왕)				나제동맹 : 433년 신라 눌지마립간		
	개로왕				472년 북위에 도움 요청(×) → 475년 고구려 장수왕의 침입으로 전사(도림 계략)			
	문주왕						475년 **웅진천도**	
	동성왕	일본에서 돌아와 즉위	웅진 세력 등용		탐라복속	• 493년 **결혼동맹** : 신라 소지마립간 • 중국 남조와 국교 재개		
6세기	무령왕	• 일본에서 돌아와 즉위 • 사마왕		22담로 └ 왕족 파견	• 금강 이북 확장, 영산강 유역 정비 • **대가야 억압** → 섬진강 차지 • 한강에 쌍현성 축조	• 단양이와 고안무 파견 • 남조의 양과 친선 → **영동대장군**의 관직 받음	※ 양직공도 백제사신도 6세기 전반 양나라와 백제의 교류를 보여줌	
	성왕		22부 정비	5부 5방 정비	• 신라 진흥왕과 함께 한강 수복 후 배신당함 • 554년 **관산성 전투**에서 신라 김무력에게 패사	일본에 불교 전파 : **노리사치계**	538년 **사비천도** └ **남부여** 개칭	
7세기	무왕	'왕이 곧 미륵' 강조				관륵이 일본에 건너가 천문 등을 전래	**익산 천도 계획**	• **미륵사** 건립(익산) • 왕흥사 건립(부여) • 궁남지(부여)
	의자왕	해동증자	성충의 충고 무시 └ 향락에 빠짐		• 642년 **신라 대야성 공격** • 643년 고구려와 함께 당항성 공격 • 660년 나당연합군에게 멸망			

3. 신라 왕들 주제별 정리

시기	왕	왕위 세습	중앙 정비	지방 정비	경제	경제 활동과 대외 관계	불교	기타

4세기	내물마립간	• 김씨 왕위 세습
		• 형제상속
		• 이사금 → 마립간
			✪ 경주 오릉: 박혁거세와 알영 부인을 비롯하여 신라 초의 왕족을 모신 왕릉으로 전해짐
			※ 삼국의 시조 제사
			• 고구려: 압록강 졸본, 추모왕의 사당 건립
			• 백제: 온조왕 때 부여 시조 동명왕을 모시는 사당 건립
			• 신라: 박혁거세를 모시는 사당을 만들어 국왕이 제사
						• 낙동강 유역 소국 점령
						• 광개토대왕의 도움으로 왜구 격퇴(400년)
						  ↳ 고구려의 간섭
						  ↳ "호우명 그릇(장수왕 제작)"
							✪ 신라의 왕호 변천
							↳ 거서간: 박혁거세, 군장, 대인, 제정일치
							↳ 차차웅: 남해, 무당, 제사장
							↳ 이사금: 유리~흘해, 연장자, 박씨와 석씨, 김씨가 교대로 즉위
							↳ 마립간: 내물~소지, 대군장, 말뚝의 방언, 김씨 왕위 세습
							↳ 왕: 지증왕
							※ 주의: 거서간과 차차웅의 명칭의 비교 → 제정분리	

5세기	실성마립간	고구려 후원으로 즉위, 눌지 제거 시도						
	눌지마립간	• 장수왕 도움으로 즉위 • 부자 상속				433년 나제동맹: 비유왕 + 눌지마립간	불교 전래 ↳ 고구려 묵호자가 전래, 민간에 전래	
	자비마립간			6부 방리 제정				
	소지마립간			우역 설치	시장 설치 ↳ 경주	493년 결혼동맹: 동성왕 + 소지마립간		

6세기	지증왕	• 마립간 → 왕
		• 사라 → 신라
				• 중국식 군현제
				  ↳ 실직주에 군주 파견
				• 아시촌 소경
				  ↳ 최초 소경
					• 동시전
					• 동시
					• 우경 장려
						• 512년 우산국 정벌: 이사부
						• 포항(영일) 냉수리비: 왕과 6부 대표, 국사 결정
						  ↳ 재산 분쟁 판결
								순장 금지: 노동력 중시

	법흥왕	최초 연호: 건원	• 병부, 상대등 • 율령 반포 • 관등정비(17관등) • 공복: 자비청황	6부: 수도 행정 단위로 개편		• 522년 대가야와 혼인동맹 • 524년 울진봉평비: 동해안 북부 진출, 율령 집행 ↳ 법률에 따라 지방 지배자 처벌 • 532년 금관가야 복속	• 불교 공인: 이차돈 순교 • 불교식 왕명: ~진덕여왕	골품제 정비
	진흥왕	연호: 개국·대창·홍제	품주 설치 ↳ 국가기밀 ↳ 재정업무	국원소경(충주)		• 551년 단양적성비: 고구려군 격퇴, 야이차 포상 • 553년 신주 설치: 신라의 배신과 한강 독점 • 554년 관산성 전투: 성왕 전사 vs 김무력 • 555년 북한산비 • 561년 창녕비 → 562년 대가야 정벌 • 568년 황초령비와 마운령비(함경도 지역)	• 고구려 승려 혜량이 활동 • 국통, 주통, 군통 제도 • 전륜성왕, 팔관회, 교단정비 • 흥륜사, 황룡사와 장육존상	• 화랑도 • 국사(거칠부) • 태자제도
	진평왕	• 화백회의에서 추대 • 연호: 건복	• 위화부 • 조부, 예부			걸사표: 605년 원광이 수에 군사 요청	※ 진종설: 백정(진평왕) + 마야부인	
7세기	선덕여왕	• 최초의 여왕 • 연호: 인평				• 642년 백제 의자왕의 침입 → 대야성 뺏김 • 642년 김춘추를 고구려에 보내 도움 요청(결렬) • 643년 백제와 고구려군의 침입 → 당항성 뺏김 • 백제 우소 침입 → 알천이 격퇴 • 김유신이 백제의 일곱 개 성을 수복	• 자장이 당에서 불법 연구 • 황룡사9층목탑: 자장 건의 • 분황사, 영묘사 건립	• 첨성대 • 비담과 염종의 난 ↳ 김춘추, 김유신이 진압
	진덕여왕	• 마지막 성골 • 연호: 태화	• 집사부와 창부 • 좌우이방부			648년 나당동맹 ↳ 당에 김춘추를 보내 백제 정벌 요청		• 나당동맹 이후 중국 연호 사용 • 중국식 의관, 상아로 된 아홀 • 당 황제에게 오언태평송 바침

여수 전쟁	영양왕	• 영왕왕 시절 : 598년 고구려가 말갈군을 이끌고 수의 요서(영주)지방을 선제 공격
		• 수의 침입
		  └ 1차 : 598, 수 문제의 침략. 질병과 기근으로 철군 → 신라 진평왕 시절 걸사표를 수에 보내 고구려 공격을 요청(원광)
		  └ 2차 : 612, 양제, 을지문덕의 살수대첩(청천강) '여수장우중문시' → 3차(613, 양제) → 4차(614, 양제) → 618년 수의 멸망과 당의 건국
			'여수장우중문시'(을지문덕)
			그대의 신기한 책략은 하늘의 이치를 다했고, 오묘한 계획은 땅의 이치를 다했노라, 전쟁에 이겨서 그 공 이미 높으니 만족함을 알고 싸움 그만두기 바라노라.

↓		• 618년 당의 건국 → 초기 당은 고구려에 우호적 → 당 태종 즉위 후 고구려 억압 • 631년 천리장성 축조 시작 : 당의 침략 대비, 고구려는 영류왕 때 천리장성 축조 시작(영류왕~보장왕 646년 완공 / 부여성~비사성) • 642년 : 친당적인 영류왕을 연개소문이 제거 후 보장왕 옹립 → 연개소문의 대당 강경책	
여당 전쟁	보장왕	당의 침입 : 1차 645년 (안시성, 양만춘) → 2차 : 647년 → 3차 : 648년	
↓			
나당동맹	648년	648년 신라 진덕여왕 시절 김춘추가 당에 백제 정벌의 원군 요청 ※ 백제와 고구려를 정벌 후 대동강 이남은 신라, 이북은 당이 점령하기로 합의	
↓			
백제 정벌	660년	660년 무열왕 : (대총관 당의 소정방, 부총관 김인문 + 신라 김유신(황산벌 전투에서 계백의 결사대 격파 / 관창의 활약) ※ 김유신 금관가야 왕족의 혈통, 김춘추가 신라의 왕위를 잇고 무열왕이 되는 데 앞장섬, 비담의 난을 진압. 660년 황산벌에서 계백의 부대를 무찌름. 흥덕왕 시절 흥무대왕에 봉해짐, 용화향도 조직	

↓		☆ 백제의 부흥운동(660~663)
		  └ 왜의 지원, 부여풍을 왕으로 옹립 / 도침과 복신 : 한산, 주류성 → 백강전투(663년) : 왜 지원을 받았지만 패배 후 부여풍은 고구려로 망명 / 임존성 함락 : 흑치상지는 투항, 지수신은 고구려로 망명
		☆ 당의 배신
		  └ 660년 백제 정벌 후 백제 지역에 웅진도독부 설치 → 663년 신라 영토에 계림도독부를 설치(문무왕을 계림도독에 임명)	

고구려 정벌	668년	668년 문무왕 : 신라 김인문과 당의 설인귀, 이세적 등이 고구려 정벌 → 당은 668년 고구려 평양에 안동도호부(설인귀) 설치	

↓		☆ 고구려의 부흥운동
		  └ 신라의 지원, 고연무(오골성), 검모잠(한성), 안승(금마저, 익산) → 신라 문무왕은 안승을 670년 고구려왕으로 임명 → 674년 보덕국왕으로 임명
		  └ 삼국 통일 이후 당의 요동에서 보장왕이 부흥 운동 지속	

나당전쟁	671년	• 671년 석성전투(신라 문무왕이 당군 공격) → 사비 점령 이후 소부리주 설치(671)
		• 672년 석문전투 : 당의 반격, 황해도 서흥에서 신라군을 격퇴 → 당 본토에 이민족(토번)의 침략으로 전쟁의 중단
		                                        └ 신라 문무왕은 친당세력을 제거한 후 전쟁 준비
		                                                  └ 당은 문무왕의 아우 김인문을 신라왕으로 임명 → 내분유도
		• 675년 매소성 전투
		• 676년 기벌포 전투 후 평양의 안동도호부가 요동으로 이동 → 신라의 승리로 삼국통일 → 국경 : 대동강~원산만
		• 677년 당은 보장왕을 요동주도독으로 임명 → 보장왕이 요동에서 고구려 유민과 부흥운동
		• 677년 당은 부여융을 대방군왕에 임명	

1. 고구려의 금석문

	내용	중요 자료
광개토대왕비	• 건립 : 414년 장수왕 시절 건립 • 발견 : 만주 길림 집안현, 1875년 청 농부가 발견, 일본 학자들이 탁본하여 연구 • 기록 : 조선 초 용비어천가와 지봉유설에 기록 → 고구려 유물로 보지 않음 • 내용 └ 건국 설화 : 해(해모수)와 물(유화부인) └ 정복사업 : 연대순, 광개토대왕이 직접 참여한 전투만 기록한 것 아님, 한강 유역 공격 기록 └ 주의 : 북위 정벌 기록 × └ 수묘인 : 고구려 유민 + 정복지의 유민 └ "부유한 자라고 무덤을 지키는 사람을 사지 말고, 이를 어긴 자가 있으면 판 사람에게 형벌을 가하고~"	왕의 은택은 하늘에 미쳤고 위엄은 사해에 떨쳤다. 나쁜 무리를 쓸어 없애니 백성이 각기 생업에 힘쓰고 편안히 살게 되었다. 나라는 부강해지고 백성은 풍족해졌으며, 오곡이 풍성하게 익었다. – 광개토 대왕릉비 비문 – ★ 일본이 임나일본부설로 이용 ↔ 반박 : 정인보 ★ 재일 사학자 이진희는 일본의 비문 조작설을 제기하였다. ★ 고구려가 신라와 백제로부터 조공을 받은 기록, 고구려의 천하관과 평창정책을 짐작 ★ 추모왕부터 시작하는 왕실 계보 확립
중원고구려비	• 건립 : 장수왕이 남한강 유역의 여러 성을 공략한 후 건립, 장수왕이 업적 기록 • 발견 : 충주 입석마을에서 발견, 국내에 있는 유일한 고구려 비석 • 내용 └ 신라왕과 관료에게 관복 하사한 기록 └ 고구려 중심의 천하관 : 고구려왕은 대왕, 신라왕은 매금, 신라인은 동이로 기록 → 고구려와 신라의 역학관계 파악 └ 고구려 영토가 중원(충주, 한반도 중부지방)까지 확장, 고구려 당주가 신라 영토에 주둔한 기록	★ 중원고구려비 5월 중에 고구려 대왕이 상왕공과 함께 신라의 매금(寐錦, 왕)을 만나 영원토록 우호를 맺기 위해 중원에 왔으나, 신라 매금이 오지 않아 실행되지 못하였다. 이에 고구려 대왕은 태자공 전부, 대사자 다우환노가 이곳에 머물러 신라 매금을 만나게 하였다. … 신라 매금이 신하와 함께 고구려의 대사자 다우환노를 만나 있던 고구려 당주인 발위사자 금노로 하여금 신라 국내의 중인(衆人)을 내지로 옮기게 하였다.
모두루묘지	• 광개토대왕 시절 귀족인 모두루의 묘지 → 5세기 장수왕 시절 쓰인 것으로 추정, 건국설화가 해와 달로 기록	

2. 신라의 비석

지증왕	포항 중성리 신라비	501	신라 최고 비석, 2009년 발견, 재산 관련 소송
	영일(포항) 냉수리비	503	영일지방 재산 분쟁, 신라를 사라로 기록, 6부의 명칭, 왕의 소속부 등장
법흥왕	울진봉평신라비	524	율령 반포, 왕의 소속부 명칭, 17관등 성립 연대, 동해안 북부 지방 진출, 법흥왕을 매금왕으로 기록, 반란 집압 후 건립
	영천 청제비	536	영천 청 못 저수지 축조 기록, 부역 동원 기록
진흥왕	단양적성비	551	고구려군 격파, 야이차 포상, 순수비 ×, 왕이 각 부를 통솔, 전사법(점령지에 대한 수취 법령) 기록,
	명활산성작성비	551	경주 명활산에 산성을 쌓고 세운 기념비, 성곽 축조 규모와 인력 동원 체제를 파악, 왕이 각 부를 통솔
	임신서기석	552	화랑들의 유교 경전 연마와 그 실천에 관한 서약을 맹세(이두식) ※ 주의 : 임신년에 대한 설이 552년 진흥왕설, 612년 진평왕설, 732년 성덕왕 설이 존재
	북한산비	555	554년 관산성 전투 이후 건립 ※ 조선 후기 1816년 김정희가 고증 (금석과안록)
	창녕비	561	561년 가야 정벌 기록 ※ 주의 : 대가야 정벌은 562년 진흥왕 시절 이사부 !!
	황초령비	568	• 568년 함경도 진출 이후 건립 / 황초령비는 논어의 내용을 인용
	마운령비	568	• 황초령비 : 제왕이 연호를 세우는 것은 모두 자기 몸을 딱아 백성을 편안하게 하고자 함이다.
진지왕	대구 무술명오작비		정확한 연대 ×, 저수지 축조 내용에 대한 기록이 남아 있고, 경북대학교 박물관에 소장
진평왕	남산신성비	591	남산신성 축조연월일, 축성 참여자의 직책, 출신지와 이름, 관등명, 축성거리, 서약문이 기록되어 있음

※ 울진봉평비 : 울진 지방 백성이 봉기를 일으켰다. 신라 정부는 이들을 처벌하고 비를 세워 딴 마음을 품지 않게 하였다. 이들을 처벌한 근거가 520년 반포한 율령으로 짐작되고 있다.

★ 임신서기석
임신년 6월 16일에 두 사람이 함께 맹서하여 기록한다. 하늘 앞에 맹서하기를 지금부터 3년 이후까지 충성의 도리를 갖고 잘못을 저지르지 않기로 맹서한다.

※ 한강유역 쟁탈과정을 보여주는 비석
• 광개토대왕비 : 만주, 광개토대왕의 한강 공격 기록
• 중원고구려비, 단양적성비, 북한산비 : 한강 유역에 존재

1. 신라의 시대 구분 : 삼국사기(상대와 중대, 하대로 구분) vs 삼국유사(상고, 중고, 하고)

	상대	중대	하대
왕 혈통	내물계 성골 김씨	무열계 진골 김씨	내물계 진골 김씨
주요 왕들	~ 진덕여왕	무열왕~혜공왕	선덕왕~경순왕
정치 권력	귀족 > 왕	왕 > 귀족	귀족 > 왕
화백회의와 집사부	화백회의 상대등 권한 강화	• 집사부의 시중(진골) 권한 강화 • 고위관리를 재상(상재상) 임명 → 중대사 결정 • 화백회의 상대등 권한 약화	화백회의 강화
정치 상황	화백회의에서 왕 교체(진지왕 → 진평왕)	왕비족 교체 : 박씨 왕비 → 신김씨(김유신 계열)	• 중앙 : 왕위 쟁탈전(진골 귀족, 족당 정치 → 150년간 20여 명의 왕 교체), 왕권 약화, 박씨왕 등장 　└ 지방세력도 왕위 쟁탈전에 가담하여 반란을 일으켰다. • 지방 : 반신라적 세력 등장(호족 + 6두품, 선종, 노장사상, 풍수지리 등) ※ 호족 　• 특징 : 반신라적, 성주, 장군, 관반제, 사병 보유, 농민에게 징세, 반독립적 　• 호족 유형 : 촌주, 몰락한 중앙 귀족(궁예), 군진세력(강화도 혈구진), 해상세력(장보고), 군인(견훤) 등
반란	선덕여왕 : 비담과 염종의 난	• 신문왕 : 김흠돌 모반사건, 대문의 난(금마저) • 혜공왕 : 대공의 난 → 96각간의 난, 김지정의 난	• 헌덕왕 : 김헌창의 난(웅천주, 국호 장안, 연호 경운), 김범문의 난 • 문성왕 : 장보고의 난 • 진성여왕 : 원종과 애노의 난, 적고적
6두품	당나라 유학 : 숙위학생 등	집사부의 시랑직 역임, 왕의 정치적 자문 역할	반신라 : 득난, 호족과 결탁
토지	녹읍 : 관료 귀족(조용조), 식읍 : 왕족과 공신(조용조) 　└ 법흥왕 : 금관가야 김구해에게 본국을 식읍 지급 　└ 문무왕 : 김유신과 김인문에게 식읍 지급	• 신문왕 : 관료전 지급 → 녹읍 폐지 • 성덕왕 : 정전 지급 • 경덕왕 : 월봉 폐지, 녹읍 부활	소성왕 : 국학 경비로 녹읍 지급
불교 수용과 유행	• 눌지마립간 : 불교 수용(고구려 묵호자) • 법흥왕 : 이차돈 순교 후 불교 공인	교종 유행 : 조형미술의 발달, 5교 　└ 경전 강조, 귀족적, 진골 귀족과 결탁	선종 유행 : 조형미술 침체, 승탑과 탑비 유행 　└ 참선과 사색 강조, 불립문자, 교종 비판, 반신라적으로 호족과 결탁, 9산 선문
불교의 발달	• 법흥왕 : 불교 공인(이차돈 순교) / 불교식 왕명(~ 진덕여왕) • 진흥왕 : 국통과 주통, 군통제도, 팔관회, 전륜성왕, 황룡사 • 선덕여왕 : 황룡사 9층 목탑, 분황사와 영묘사 건립	• 문무왕 : 부석사와 낙산사(의상) • 신문왕 : 감은사(감은사지 3층 석탑) • 경덕왕 : 불국사(석가탑)와 석굴암	• 양양 진전사지 3층 석탑 : 탑신과 기단에 불상 조각 • 쌍봉사 철감선사탑 : 선종의 영향을 받은 승탑, 팔각원당형
유학		국학 　└ 신문왕 : 국학 설립 　└ 성덕왕 : 공자와 제자의 화상 안치 　└ 경덕왕 : 태학감, 박사와 조교 　└ 혜공왕 : 국학 개칭	원성왕 : 독서삼품과 (왕권 강화 → 실패) ★ 삼국유사 : 상고 - 중고 - 하고 • 상고 : ~지증왕 까지 (독자적 왕명 사용) • 중고 : 법흥왕~진덕여왕 (불교식 왕명 사용) • 하고 : 무열왕~경순왕 (중국식 왕명 사용)
주요 유학자		• 무열왕과 문무왕 : 강수(외교문서) • 신문왕 : 설총(화왕계) • 성덕왕 : 김대문(한산주 도독, 진골)	• 김운경 : 당 빈공과 최초 합격 • 최치원, 최언위, 최승우 등이 당의 빈공과에 합격

		즉위와 정치 상황	통치 제도 정비	정복 활동과 대외 관계	교육	불교	경제	기타
7세기	무열왕	• 최초의 진골왕 → 신라 중대 • 중국식 왕명 사용	• 사정부 설치 : 감찰 • 갈문왕 제도 폐지	• 왕 즉위 전 진덕여왕 시절 나당동맹 체결함 • 660년 백제 정벌		• 부석사 • 낙산사		• 안압지(월지) • 백제인에게 관직 제공
	문무왕	• 661년 즉위 • 663년 당이 계림도독에 임명	외사정 설치 : 지방 감찰 기구	• 668년 고구려 정벌 • 671년 나당전쟁 → 676년 삼국 통일 • 670년 안승을 금마저의 고구려왕에 임명 • 674년 안승을 보덕국왕에 임명 • 안승에게 왕의 여동생의 딸을 왕비로 맞게 함				
	신문왕	• 김흠돌의 모반 사건 • 만파식적 • 전제왕권	• 공장부와 예작부 설치 • 집사부 외 13부 정비 • 달구벌 천도 계획 • 9주 5소경, 9서당과 10정	• 안승을 경주로 불러 진골, 김씨 성을 줌 • 금마저에서 반란 발생 → 직접 통치	국학 설립	감은사	• 687년 관료전 지급 • 689년 녹읍 폐지	• 고구려인에게 관직 제공 • 중국식 혼인제도 수용 └ 김흠운의 딸과 혼인
	효소왕			698년 대조영이 '진'국을 건국			서시전과 남시전	
8세기	성덕왕			732~733년 당의 요청으로 발해 공격	국학 : 공자 등 화상 안치		정전 지급	상원사 종(현존 최고)
	경덕왕		고유지명과 관직명 → 중국식	★ 중국식 정리 • 지증왕 : 중국식 군현제 • 진덕여왕 : 중국식 의관 착용 • 무열왕 : 중국식 왕명 사용 • 신문왕 : 중국식 혼인제도 수용 • 경덕왕 : 중국식으로 관직명, 고유지명 개칭	• 국학 : 태학감,박사와 조교 • 기술교육 강화	• 석굴암 • 불국사	• 월봉 폐지 • 녹읍 부활	• 안민가 : 충담 • 만불산 : 당황제에게 바침
	혜공왕	• 대공의 난 → 96각간의 난 • 김지정의 난 └ 혜공왕 암살, 신라 하대 시작			태학감 → 국학 개칭			성덕대왕 신종 └ 에밀레종,봉덕사종 └ 신라 최대 종
	선덕왕	• 내물계 진골, 김양상 • 신라 하대 시작						
	원성왕				독서삼품과 실시 └ 왕권강화 시도 : 실패			
	소성왕						국학에 녹읍 지급	
9세기	헌덕왕	• 김헌창의 난 : 공주, '장안' • 김범문의 난	※ 김헌창의 난 : 헌덕왕, 공주(웅천주, 웅주), 국호를 장안, 연호를 경운 └ 무계 김주원의 아들로 김경신(원성왕)에게 왕위를 뺏긴 것에 대한 반발 └ 실패 후 아들 김범문도 반란 → 실패, 무열계 진골은 6두품 강등				
	흥덕왕		청해진 설치 : 장보고, 완도	★ 흥덕왕은 사치 풍조를 금지하고 골품에 따라 차등을 둔 생활 양식을 지키도록 하였다.			차 수입 : 김대렴	• 사치금지령 • 김유신 → 흥무대왕 추증
	신무왕	민애왕 제거 후 즉위 (장보고가 지원)						
	문성왕	장보고의 난						
	진성여왕	• 원종과 애노의 난, 적고적 • 최치원이 시무 10조		• 양길이 궁예를 보내 북원과 명주 점령 • 견훤이 무진주를 점령하고 스스로 왕 칭함				• 효녀 지은 표창 • 삼대목, 원분시(왕거인)
10세기	효공왕	• 900년 후백제 견훤, 완산주 • 901년 후고구려 건국, 궁예, 송악						
	경순왕	김부, 신라 마지막 왕		935년 왕건에게 항복, 최초 사심관 임명됨, 경주를 식읍으로 받음				

1. 발해의 건국

건국	698년 대조영이 동모산 기슭(성산자산성)에 '진' 건국
국호	698년 '진' → 713년 대조영이 발해 군왕에 봉해지면서 '발해'로 개칭
민족구성	• 지배층 : 고구려인이 다수, 말갈인도 일부 포함 (걸사비우 : 건국 사업에 공을 세워 지배층에 편입) • 피지배층 : 주민의 대부분은 말갈족이 다수 ※ 토인 : 발해는 고구려인을 주로 토인으로 부름, 도독과 자사 등의 수령과 촌장에 임명
황제국	독자적 연호를 사용(천통, 인안, 대흥, 건흥 등), 왕을 '황상'(문왕)으로 칭함.
영역	남쪽으로 신라, 서쪽으로 거란, 서남쪽으로 당, 북쪽으로 송화강, 동쪽으로 연해주까지 진출
기록	단기고사 : 대조영 동생 대야발의 기록 / • 조대기 : 고려시대 발해 유민의 저술

※ 발해에 대한 기록
- 신라 : 발해에 대한 동족의식은 있었지만 삼한일통을 과시하기 위해서 발해를 고구려 계승국으로 보지 않음
  - └→ 최치원 : 당 고종이 고구려를 쳤는데, 그 고구려가 지금 발해가 되었다.
- 고려 시대 : 제왕운기 (고려 충렬왕, 이승휴, 고구려 장수 대조영이 발해를 건국하였다고 기록)
- 조선 후기 : 18세기 이후 발해를 주로 우리 민족으로 인식 (유득공 발해고, 이종휘 동사, 한치윤 해동역사 등)
  - └→ 발해고 : 조선 후기 정조, 유득공, 남북국의 칭호를 사용
  - └→ ※ 안정복의 동사강목 : 발해를 말갈의 역사로 기록
- 중국 측 기록 : 구당서(발해는 말갈, 대조영은 고구려인) vs 신당서 (발해는 말갈, 대조영도 말갈)
  - └→ 발해국지장편 : 1935년 중국 김육불(진위푸)가 저술, 대조영을 고구려로 인식, 발해문화가 고구려의 영향을 받음

2. 발해의 고구려 계승

- 민족 구성 : 지배층의 다수가 고구려 계통 vs 피지배층은 다수가 말갈
- 문화의 유사성 : 고구려의 문화를 다수 계승 vs 당의 문화
- 외교문서 : 일본과 주고받은 문서에서 고구려 계승국 강조
  - └→ 일본이 발해에 보낸 문서에서 고구려왕으로 칭함, 사절단 → 견고려사
  - └→ 무왕 : 발해는 고구려의 영토를 수복, 부여의 전통을 계승
  - └→ 문왕 : 고려국왕 '대흠무', 천손임을 과시
- 유민의 이동 : 926년 거란족의 침입으로 멸망 후 유민들이 고려로 이동
  - └→ 934년 발해 왕자 대광현이 고려로 망명

★ 발해 문화의 이중성

고구려 계통	당 계통
• 온돌장치, 기와 문양	• 정효공주묘 : 벽돌무덤, 벽화, 무덤의 탑
• 이불병좌상	• 상경 : 당의 장안성 모방, 주작대로
• 정혜공주묘 : 굴식돌방무덤, 모줄임천장구조	• 3성 6부, 5경, 15부, 62주, 10위(중앙군)
• 정효공주묘 : 평행고임구조	• 영광탑, 발해 삼채(당 삼채의 영향을 받음)
• 와당(기와)의 연화무늬	• 타구와 격구가 당을 통해 수입
• 발해금 : 고구려의 거문고의 영향을 받음	• 돌사자상의 배치 양식, 잠자는 미녀상

※ 발해의 대외관계
- 당 : 무왕 때 적대 → 문왕 때 친선
- 신라 : 경쟁과 교류, 친선과 대립의 교차
  - └→ 친선 : 사신파견, 신라도 교류
  - └→ 경쟁 : 쟁장사건과 등제서열사건
  - └→ 무력 충돌 : 성덕왕과 무왕 시절
- ※ 쟁장사건 : 897년, 사신 위치 경쟁
- ※ 등제서열사건 : 906년, 빈공과 순위 경쟁
- 일본 : 친선, 무왕 때 수교, 신라 견제
- 돌궐 : 친선, 당 견제

3. 발해의 발전과 멸망

왕	고왕	무왕	문왕	성왕	선왕	애왕
시기	7세기 후반~8세기 전반	8세기 전반	8세기 후반	8세기 말(794~795)	9세기 전반	10세기 전반
본명	대조영	대무예	대흠무	대화여	대인수	대인선
연호	천통	인안	대흥, 보력	증흥	건흥	
주요 정치 상황	• 698년 동모산에 '진' 건국 • 713년 당으로부터 발해군왕에 책봉 • 진 → '발해' 개칭	• 흑수부 말갈 공격, 대문예의 당 망명 사건 • 북만주 동북 지방 진출 • 장문휴의 수군이 당 산둥반도 등주 공격 　└→ 당 : 신라 성덕왕에게 도움 요청 　└→ 신라 : 성덕왕이 732~733년 발해 공격 • 일본과 수교 : 당과 신라 견제	• 당에서 안사의 난 발생 　└→ 문왕 : 상경 천도(당 압박) 　└→ 당은 문왕을 발해국왕에 책봉 　└→ 당과 친선 관계 수립 • 3성 6부, 주자감(국립대학) • 신라도 개설, 철리부 말갈 복속 • 불교적 성왕 : 전륜성왕, 금륜과 성법 • '대왕', '황상'(정효공주묘) 칭호 • 일본에 천손 과시, 장인과 사위 관계 강조	• 대야발(대조영 동생) 후손으로 즉위 • 최대 영토, 5경 15부 62주 • 대동강 유역 진출, 신라와 국경 • 요동 진출 　└→ 대부분 말갈 복속 　└→ 소고구려국 복속 • 해동성국이라 불림(당으로부터)	• 926년 멸망 　└→ 거란 : 야율아보기 침입 • 유민 이동 : 고려로 망명 • 934년 대광현이 고려 망명 **★ 부흥운동** 정안국, 흥료국, 대발해국, 대원국, 오사국 등
도읍지	동모산	동모산 → 중경 천도	중경 → 상경 (당 압박) → 동경	동경 → 상경 천도		
신라	효소왕 : 사신 파견	성덕왕	경덕왕, 혜공왕, 선덕왕, 원성왕	원성왕	헌덕왕, 흥덕왕	후삼국 분열기

1. 삼국시대

	고구려	백제	신라
관등	• 14관등(100여 관등) • 형 계열(상가, 대로, 패자), 사자 계열(사자, 조의, 선인) • 신라와 고구려 : 관등의 명칭에 족장의 흔적이 남아 있음 ★ 백제는 거의 흔적이 남아 있지 않음 • 고구려 1관등 대대로 = 수상 대대로, 백제 1관등 좌평(상좌평) = 수상 상좌평, 신라 1관등 이벌찬 ≠ 수상 상대등	• 16관등(고이왕) • 솔, 덕 계열 / 6좌평 : 1관등 ※ 6관등 나솔이상은 자색을 입고 은화관식 ★ 삼국은 초기에 강력한 부의 대표가 왕이 되어 외교권과 군사권을 행사하였지만 각 부는 왕의 직접적인 통치를 받지 않고 독립적으로 부를 운영하였다.	• 경위 : 17관등(법흥왕) ※ 이 대 아급 대 나사 • 외위 : 11관등
복색		자·비·청 : 고이왕	자·비·청·황 : 법흥왕 ※ 공복의 색은 관등에 따라 결정
합의제	제가회의 : 5관등 조의두대형 이상이 참여	남당회의(고이왕) → 정사암회의 : 사비시대, 호암사 바위에서 회의	화백회의 : 진골 대등 참여, 상대등이 의장, 만장일치, 씨족사회 전통
수상(선출)	국상, 대대로(행정), 막리지(군사), 대막리지(군사+행정)	상좌평	상대등
중앙관제	주부(재정), 내평(국정), 외평(외교)	• 6좌평 : 고이왕 ※ 6좌평 : 내신좌평, 내두좌평, 내법좌평, 병관좌평, 위사좌평, 조정좌평 • 22부 : 성왕 ※ 22부 : 궁실 내관 12부 + 일반 관서인 외관 10부로 구성	• 법흥왕 : 병부 → 진흥왕 : 품주 → 진평왕 : 위화부·조부·예부 • 진덕여왕 : 품주를 집사부와 창부로 분리, 좌우이방부(법률담당)

지방	• 수도 : 5부
	• 지방 : 5부(욕살) – 176성(처려근지, 도사)
	• 3경 : 특수행정구역, 국내성, 한성, 평양성
	※ 지방을 성과 곡으로 편성하고 성을 중심으로 지방 정비
		• 정비 : 성왕 시절 5부 5방의 지방제도 정비
		• 수도 : 5부(달솔)
		• 지방 : 5방(방령) – 10군(군장) – 성
		• 담로제 : 특수 행정 구역, 근초고왕 때 정비 → 무령왕 : 22담로에 왕족 파견
			• 수도 : 6부
			• 지방 : 5주(군주) – 군(태수) – 현(현령) – 성과 촌
			• 소경 : 특수 행정 구역으로 사신 파견
			  └ 최초의 소경 : 함안지방의 아시촌 소경, 지증왕 때 설치
			  └ 국원소경(충주, 진흥왕), 동원경(강릉)

	• 삼국의 지방행정 : 부·방·주 – 성·군 – 촌(지방관 파견 ×, 토착세력인 촌주가 관리) ※ 도사 : 삼국 공통으로 존재, 지방 장관, 역 동원과 조세 수납, 군사 지휘 • 지방 행정 조직이 군사 조직 : 욕살과 방령, 군주가 군사 지휘 ★ 대모달과 말객 : 고구려의 군사 지휘관		
감찰			사정부(중앙 감찰, 무열왕), 외사정(지방에 파견된 감찰관, 문무왕)

2. 통일신라와 발해

	통일신라	발해

중앙 조직	• 왕권 강화, 집사부의 시중 강화, 화백회의 상대등 약화 ★ 고위 관리를 재상으로 임명, 국가 중요한 일 논의, 상재상의 권한 강화
	• 집사부 + 13부 완성 : 신문왕
	  └ 집사부 : 진덕여왕 때 설치, 왕명 수행과 기밀사무, 시중(수상, 진골) + 시랑(차관, 6두품)
	  └ 13부 : 행정 분담, 병렬적, 복수의 장관 임명 / 위화부(관리선발), 병부(군사), 창부(세금), 좌우이방부(법률), 공장부(수공업) 등
		3성 6부 : 문왕, 당의 제도 모방 → 명칭과 운영이 독자적, 정당성 중심, 6부를 이원적 운영
		
		※ 3성 6부
		• 3성 : 정당성(정책집행, 대내상이 수상, 중대사 합의) + 선조성(심의) + 중대성(정책 결정)
		• 6부 : 정당성 소속, 행정 집행, 유교적 명칭(충, 인, 의, 지, 예, 신)
		  └ 이원적 운영 : 좌사정(충, 인, 의) + 우사정(지, 예, 신)

지방 제도	9주 5소경 정비 : 신문왕 ※ 통일전 : 5주 2소경
	  └ 9주 : 고구려와 백제, 신라의 영토에 각 3주 설치, 민족융합 ※ 민족융합 : 9주, 9서당, 지배층은 골품 부여
	    └ 군주(지증왕) → 총관(문무왕) → 도독(원성왕), 한(산)주에 2개의 정 설치
	  └ 5소경 : 지방 통제와 수도의 편재성 보완, 사신 파견, 북원경(원주), 중원경(충주), 서원경(청주), 남원경(남원), 금관경(김해)
	※ 상수리 제도 : 지방 세력 통제 목적 (→ 고려 : 기인제도 → 조선 : 경저리제도)
	※ 경덕왕 : 고유지명과 관직명을 중국식으로 개칭
		5경 15부, 62주 : 선왕 때 정비
		
		※ 5경 15부, 62주
		• 5경 : 상경(장안성 모방, 주작대로) 중경, 서경, 동경(용원부 : 일본도), 남경(남해부 : 신라도)
		• 15부 : 도독 → 62주 : 자사 → 현 : 현승
		• 촌락 : 촌장이 지배, 촌장은 지방관이 아님, 토착 세력이 임명
		* 수령은 지방 행정을 담당, 중국 및 일본에 외교 사절로 파견되어 교역을 담당하기도 하였다.

군사제도	9서당과 10정 : 신문왕
	  └ 9서당 : 중앙군, 직업군인 / 민족융합 : 신라인 + 고구려인 + 백제인 + 말갈인
	  └ 10정 : 지방군, 농민병, 한산주에 골내근정과 남천정의 2정을 설치
		10위 : 중앙군

교육제도	국학 : 신문왕 때 설치 → 성덕왕 : 공자와 제자 화상 안치 → 경덕왕 : 태학감, 박사와 조교 → 혜공왕 : 국학 └ 국학 : 국립대학, 12관등 대사 이하 관리 자제와 무관직자 입학, 9년 논어와 효경 공부, 졸업 시 → 10관등 대나마와 11관등 나마	주자감 : 문왕, 국립대학 ★ 기타 기구 : 중정대(감찰), 문적원(도서관)

	고구려	백제	신라	통일신라	발해

수취 제도	• 조와 세로 구분
	• 호 : 3등호 구분
	
	※ 고대 사회 수취제도의 특징
	• 인두세 중심 : 노동력 중시, 왕성과 성, 저수지 축조 등에 동원
	• 조선 후기로 가면서 전세의 비중이 커짐
		• 세 : 포목, 명주실, 삼베 등을 수취
		• 위례성 수리 → 15세 이상 동원
			• 조 : 곡물 (쌀, 콩)
			• 용 : 노동력
			• 조 : 공물, 현물, 토산물
				※ 민정문서
				• 발견 : 1933년 일본 정창원에서 발견
				• 지역 : 서원경 부근 4개 촌락 기록
				• 시기 : 통일신라 경제 상황
				• 작성 : 촌주가 3년마다 작성 (촌주는 지방관 ×)
				• 내용
				  └ 노동력과 가축, 나무 : 변동사항 ○ / 토지 : 변동사항 ×
				  └ 노동력 : 호별 : 9등호 / 연령별 : 전체 연령을 6개로 구분
				  └ 여자의 노동력도 조사, 노비도 조사(수가 적음), 인적 사항 ×
				  └ 토지 : 연수유전답(농민), 촌주위답, 내시령답, 관모전답(관청경비), 마전 등
				  └ ※ 촌주위답, 내시령답, 관모전답 → 농민들이 공동 경작 (소작 ×)	

토지 제도	동천왕 시절 └ 밀우와 유유 : 식읍		• 왕토사상 but 민전 존재 : 민전은 매매와 상속, 증여가 가능한 개인 소유의 토지 • 녹읍과 식읍 : 녹읍은 관료 귀족, 식읍은 공신과 왕족에게 지급, 조와 용, 조를 수취 ※ 녹읍과 식읍 • 삼국시대 : 법흥왕(금관가야 김구해에게 본국을 식읍 지급) → 문무왕(김유신과 김인문에게 식읍 지급) • 통일신라 중대 : 신문왕(관료전 지급 → 녹읍 폐지, 녹봉 지급) → 성덕왕(정전 지급) → 경덕왕(월봉 폐지, 녹읍 부활) • 통일신라 하대 : 소성왕(국학의 경비로 녹읍 지급) • 고려 시대 : 초기 태조 때에 녹읍은 폐지, 경순왕은 경주, 견훤은 양주, 최충헌은 진주를 식읍으로 받음	
상업	미천왕 : 을불설화 └ 어릴 적 소금행상		• 소지마립간 : 경주에 시장 • 지증왕 : 동시전과 동시	효소왕 : 경주에 서시전과 남시전 개설	• 수도 상경 용천부 등에서 상업 발달 • 교역에 현물화폐와 외국화폐 사용
수공업				• 공장부 설치 : 신문왕, 장인관리와 수공업 생산 담당 • 어아주와 능라 등의 비단 생산, 금·은세공 기술 발달 • 당에서 나전칠기 기술 수입	• 금속가공업, 직물업 • 도자기업 발달 : 발해 삼채 등

농업	• 농민들은 민전 경작 또는 용작(소작)
	• 4~5세기 경 철제 농기구 보급
	• 휴한농법이 일반적 → 고려 후기 시비법의 개발로 휴한농법이 극복되기 시작
	• 배추를 발효시킨 김치가 존재 ※ 주의 : 고춧가루는 조선 후기 전래
	• 지증왕은 우경을 장려
				• 밭농사 중심
				• 휴한농법
				• 차 재배 : 흥덕왕, 김대렴이 당에서 전래
					• 밭농사 중심, 일부 지방 벼농사
					• 목축의 비중 큼 → 솔빈부의 말
					• 특산물
					  └ 모피와 녹용, 사향
					  └ 책성부 된장, 남해부 곤포(다시마)

무역	• 중국과 삼국의 무역은 4세기 이후 활발
	• 고구려 : 중국에 말과 모피 수출, 북방 유목민에게 철을 수출
	• 백제 : 남중국 및 왜와 활발히 무역 ※ 근초고왕 : 동진 - 백제 - 가야 - 왜의 무역로 장악
	• 신라 : 초기에 고구려와 백제 통해 중국과 무역 → 6세기 한강의 당항성을 통해 무역
	★ 4세기 이후 중국 - 삼한 - 일본으로 이어지는 무역이 활발해졌다. [×]
				• 무역항 : 울산항, 전남 영암, 경기도 남양만의 당항성
				• 발해와의 무역 : 신라도를 통해 무역
				• 당과 무역 : 산동반도와 양쯔강에 신라방, 신라소, 신라원, 신라관
				  └ 수출 : 금은세공품, 인삼, 견직물(어아주, 조하주)
				  └ 수입 : 서적과 비단, 차, 문방구, 나전칠기 등
				★ 장보고 : 궁복, 엔닌의 <입당구법순례행기>에 장보고 기록
				  └ 당에서 무령군 소장 → 신라 귀국 후 흥덕왕 때 청해진(완도)설치
				  └ 무역 사절단 : 견당매물사(당), 회역사(일본)
				  └ 법화원(산동반도 적산)
				  └ 신무왕 즉위에 도움, 문성왕 시절 반란 → 실패
					무역로
					└ 당 : 영주도, 조공도 / 발해관
					└ 일본 : 일본도(동경 용원부)
					└ 신라 : 신라도(남경 해부)
					└ 거란 : 거란도(담비의 길)

	고구려	백제	신라	통일신라	발해
신분제도	지배층 : 왕족인 고씨와 5부 출신 귀족	지배층 : 왕족인 부여씨와 8성의 귀족	• 내물마립간 때부터 김씨 성골이 왕족 → 무열왕 때부터 무열계 진골이 왕족 • **골품제**라는 신분제 운영		• 지배층 : 왕족 대씨와 고구려인, 일부 말갈 • 피지배층 : 말갈족이 주민의 다수
노비	• 종류 : 형벌노비, 전쟁노비, 부채노비 등 • 전쟁 노비가 다수			전쟁 노비가 감소	
사회 풍습	• 씩씩, 뛰듯이 걸음걸이 빠름 • 절을 할 때 한쪽 다리 펴서 절함 • 축국, 각저(씨름), 부자가 같이 목욕	• 고구려와 비슷한 언어와 의복 • 상무적 기풍 • 말타기와 활쏘기를 좋아함	• **화백회의** : 씨족사회 전통 └ 진골 대등이 참여, 의장은 상대등 └ 국가 중대사를 만장일치로 결정 └ 진지왕 폐위 → 진평왕 옹립 • **화랑도** : 씨족사회 전통, 국선도, 풍월도	진골 귀족의 사치 └ 금입택, 사절유택, 대토지 소유 등 └ 흥덕왕 : 사치금지령 → 효과 × ※ **통일신라 진골귀족의 생활** '재상(진골)의 집에는 녹이 끊이지 않았다. 노비가 3000명이나 되고 갑옷 입은 병사와 소, 말, 돼지도 그와 비슷했다. ~~~ '	여성의 지위가 높음 └ 첩 ×, 여사라는 가정교사를 둠 └ 일부일처제, 무덤은 부부 합장묘
법률	• 반역과 반란 시 화형 → 사형, 가족 노비 • 적에게 항복, 패배 → 사형 • 절도 시 12배 배상 • 관나부인이 질투죄로 사형	• 사형과 노비형 → 배상형 • 반역과 퇴각한 군사, 살인자 → 사형 • 절도 → 2배 배상과 귀양 • 관리의 횡령과 뇌물 → 3배 배상, 금고 • 간음 시 여자를 남편 집 노비로 만듦	☆ **화랑도** • 기원 : 씨족사회 전통 → 원화(여성중심) → 화랑도(남성) • 정비 : 진흥왕 때 국가 조직 → 삼국 통일에 기여 → 통일 이후 기능 약화 • 구성 : 화랑(진골) + 낭도(귀족~평민), 승려 • 역할 : 인재 양성, 군사 단체, 불교 신앙 단체(미륵신앙), 계급 간의 갈등을 조절·완화 • 난랑비문 : 최치원 '유교와 불교, 도교의 현묘한 도를 풍류 ~' • 화랑세기 : 김대문 • 세속오계 : 원광, 유교 + 불교 + 도교 '사군이충, 사친이효, 교우이신, 임전무퇴, 살생유택'		※ 홍호의 〈송막기문〉 '발해의 부인은 모두 사납고 투기하였다.'
기타	**진대법** : 고국천왕, 빈민구제	의복이 세련됨 └ 높은 신분 : 자주색, 붉은 색 └ 일반 백성 : 흰옷을 주로 입음			

☆ 골품제도

정비	• 시기 : 중앙집권화 시기 정비 • 대상 : 중앙 귀족을 대상으로 한 신분제
구성	• 골제 : 왕족, 성골 + 진골 • 두품제 : 관료, 6~1두품
특징	• 골품의 상승은 불가능 • 족강일등 : 골품의 하락은 가능 └ 김헌창과 김범문의 난 이후 무열계 진골 → 6두품으로 강등
영향	신라인들의 정치, 경제, 사회 생활 등에 영향
정치 영향	• **관등 승진의 상한** : 골품에 따라 결정 └ 진골은 1관등 이벌찬, 6두품은 6관등 아찬, 5두품은 10관등 대나마, 4두품은 12관등 대사 까지 승진 └ 중위제 : 6두품 이하 골품 대상, 골품제 폐쇄성 보완 → 근본적 해결 × └ 주의 : 공복의 색은 골품이 아니라 관등에 따라 결정 • **장은 진골만 임명** : 집사부 시중, 장군, 지방 장관, 령 등 • 6두품 : 집사부 시랑과 경 등의 차관에 임명

☆ **각 골품의 특징**
• 성골 : 왕이 될 수 있는 골품, 진덕여왕이 마지막 성골
• 진골 : 무열왕부터 왕 즉위, 5관등 대아찬 이상 관직 독점, 자색의 공복 가능, 의상, 김대문 등
　　　　└ ※진골은 5관등 대아찬 이상에만 임명되었다.[×]
• 6두품 : 6관등 아찬까지 임명, 중대는 왕과 결탁 → 하대에는 호족과 결탁, 득난
• 5두품 : 10관등 대나마까지 승진
• 4두품 : 12관등 대사까지 승진
• 3~1두품 : 통일 이후 평민화

☆ **통일신라 진골 귀족의 모습**
• 녹읍과 녹봉, 대규모 토지 운영, 고리대로 재산 축적
• 집안에 공방(공장)을 두고 물품 제작 후 시장에 판매, 수출
• 금입택, 호화로운 별장(사절유택), 기와 기붕, 숯으로 밥을 지음

1. 유학과 교육의 발달

	삼국시대	통일신라	발해
교육기관	• 고구려 : 태학(소수림왕, 국립대학), 경당(장수왕, 지방 사립, 무술도 교육) • 백제 : 오경박사와 역박사, 의박사 등 • 신라 : 화랑도(진흥왕, 청소년 교육)	• 국학 : 국립대학 　┗ 신문왕 때 설립 　┗ 성덕왕 : 공자와 제자와 화상 안치 　┗ 경덕왕 : 태학감, 박사와 조교, 전공을 3과 구분 → 혜공왕 : 국학 • 독서삼품과 : 원성왕, 최초 관리 선발 제도, 왕권 강화 시도 → 실패	주자감 : 문왕, 국립대학 ※ 함화4년명비상 : 발해의 학문적 수준 짐작, 일본에 전래
유학 발달	• 임신서기석 : 화랑들이 유교 공부 서약 • 진흥왕 순순비 : 유교 경전 내용 수록, 황초령비 등	• 중대 : 강수, 설총, 김대문 등 • 하대 : 김운경, 최치원, 최언위, 최승우 등	• 당의 빈공과에 합격생 배출(오소도, 오광찬) / 이거정 : 당나라 유학 • 등제서열사건 : 906년 발해 오광찬과 신라 최언위의 빈공과 순위 경쟁
역사서	• 백제 : 근초고왕, 고흥 <서기> • 신라 : 진흥왕, 이사부의 건의, 거칠부 <국사> • 고구려 : 유기100권 → 영양왕, 이문진 <신집 5권>	• 중대 : 김대문 <계림잡전> • 하대 : 최치원 <제왕연대력>	• 단기고사 : 대조영 동생 대야발의 기록 • 조대기 : 발해 유민의 저술

★ 주요 유학자 비교

	강수	설총	김대문	최치원	기타
시기	무열왕~문무왕	신문왕~성덕왕	성덕왕 시절 활동	진성여왕 전후로 활동	
출신	6두품, 중원경 출신, 본명 자두, 우두	원효 아들, 6두품, 경산 출신	진골 출신	6두품, 호는 해운, 고운	
활동	• 외교문서 작성 • 무열왕이 '강수'라는 이름 내려줌	이두를 정리 ※ 이두는 고구려가 처음 사용	성덕왕 시절 한산주 도독 출신	• 12세 당 유학 → 18세 빈공과 합격 • 당 유학 시 <토황소격문> 작성 • 진성여왕에게 <시무10조> 올림 • 6관등 아찬까지 승진 • 경주, 합천, 해운대, 해인사 유랑, 호족과 결탁 ×	★ 신라 하대 기타 유학자 • 김운경 : 9세기 초 빈공과 최초 합격 • 최언위 : 왕건과 결탁 • 최승우 : 견훤과 결탁, 대견훤기고려왕서 • 왕거인 : 진성여왕 시절 원분시 • 녹진 : 헌덕왕 시절 김헌창의 난 진압 • 당은 신라의 유학을 높이 평가 　┗ 신라를 '군자국' 으로을 불렀다.
저술	• <답설인귀서> • <청방인문표>	• <화왕계> : 신문왕에게 올림 • <감산사아미타여래조상기> : 성덕왕 시절	• <계림잡전> : 신라 야사 • <고승전> : 승려 전기 • <한산기> : 한산 지방 지리지 • <악본> : 음악 • <화랑세기> : 화랑들의 전기	• <토황소격문> <시무10조> <사산비명> • <계원필경> <제왕연대력> <난랑비문> • <사륙집> <법장화상전> <석이정전> • <해인사묘길상탑기> <사불허북국거상표> • 문경 봉암사 지증 대사 탑비 (풍수지리와 관련)	
사상	• 초기 불교 공부 → 불교를 세외교로 비판 • 유학으로 전향	처음에 승려로 활동	신라 문화를 주체적으로 파악	사상의 복합화 : 유교, 불교, 도교에 능통	

2. 풍수지리와 도교

풍수지리	신라 말 선종 승려 도선이 전래 → 신라 말 호족과 결탁, 반신라적 → 신라 정부의 권위 약화 ※ 삼국의 도읍 선정이나 천도 등에 지리적 조건을 살핀 것, 석탈해가 호공의 집터를 길지로 보고 빼앗음
도교	• 고구려 : 연개소문이 장려(보장왕 때 당에 도사 파견 요청, 불교 사원을 도교 사원으로 이용), 사신도, 을지문덕 오언시 • 백제 : 산수무늬벽돌(부여), 사택지적비(의자왕), 금동대향로(부여 능산리), 무령왕릉 매지권, 막고해 장군의 태자 만류 • 신라 : 화랑도, 세속오계(임전무퇴) → 통일신라 : 최치원, 김가기 등 • 발해 : 정효공주묘의 묘지석 '불로장생', 이광현

★ 풍수지리
　┗ 고려 : 서경길지설(복진정책), 서경천도 시도, 개경과 서경, 동경의 3경, 묘청의 난, 한양명당설 등
　┗ 조선 : 한양천도, 주택과 산송, 정감록에 영향

★ 도교
　┗ 고려 시대 : 전성기, 초제 거행, 복원궁(예종), 팔관회, 교단 ×
　┗ 조선시대 : 소격서 → 조광조가 폐지

3. 탑과 불상, 건축 등

	탑	불상	기타
고구려	주로 목탑 제작 → 현존 ×	연가7년명 금동 여래입상 : 6세기, 북조 영향	• 졸본 : 오녀산성 • 국내성 : + 환도산성 • 평양 : 안학궁(장수왕)
백제	• 익산 미륵사지 석탑 : 무왕 때 사택왕후 발원, 현존 최고 석탑, 목탑 양식, 서원 석탑 • 부여 정림사지 5층 석탑 : 평제탑 ※ 공주, 부여, 익산 : 유네스코 문화유산 지정	서산 마애 삼존불상 : 백제의 미소	• 서울 : 몽촌 · 풍납토성, 석촌동고분(돌무지무덤) • 공주 : 무령왕릉, 공산성 등 • 부여 : 정림사지5층석탑, 금동대향로, 궁남지 　└ 부소산성, 산수무늬벽돌, 왕흥사 • 익산 : 미륵사지 석탑 • 서산 : 마애삼존불상
신라	• 황룡사 9층 목탑 : 선덕여왕, 자장 건의, 백제 아비지가 제작, 고려 몽골 3차 침입 때 소실 ※ 신라 3보 : 황룡사 장륙존상(진흥왕), 황룡사9층목탑(선덕여왕), 진평왕 옥대 → 현존 × • 분황사 (모전) 석탑 : 선덕여왕, 돌을 벽돌모양으로 다음어 쌓은 탑, 신라 현존 최고 석탑	• 경주 배리 석불 입상 • 황룡사 장륙존상 : 진흥왕, 현존 × ★ 경주 유네스코 문화유산 • 월성 지구 : 동궁과 월지 • 남산 지구 : 석탑, 석불, 절터, 불교 성지 • 대릉원 지구 : 신라 초기 왕들의 무덤 / 경주 오릉 : 박혁거세와 초기 왕족	• 황룡사 : 진흥왕, 3당1탑, 장륙존상 • 분황사 : 영묘사, 첨성대 : 선덕여왕 • 부석사 · 낙산사 : 문무왕, 의상 • 감은사 : 문무왕~신문왕 • 불국사와 석굴암 : 경덕왕, 유네스코 문화유산 ※ 동궁 : 안압지(월지, 문무왕), 임해전, 월지궁
통일신라	• 이중 기단 위에 3층으로 쌓는 석탑 유행 • 중대 : 감은사지 3층 석탑, 석가탑, 다보탑, 구례 화엄사 4사자 3층 석탑 등 　└ 감은사지 3층 석탑 : 신문왕, 동서 2기의 쌍탑 　└ 석가탑 : 무영탑(아사달, 아사녀), 무구정광대다라니경 발견, 불국사 3층 석탑 　└ 다보탑 : 화려, 신라의 전형적인 탑의 형태 × • 하대 : 양양 진전사지 3층 석탑, 승탑 등 　└ 양양 진전사지 3층 석탑 : 탑신과 기단에 불상 조각 　└ 쌍봉사 철감선사탑 : 선종, 승탑, 팔각원당형	• 비로자나불과 약사여래상 유행 • 석굴암 본존불, 경주 감산사 석조 미륵보살 입상 • 신라 말 : 선종의 영향으로 철불을 주로 조성 ★ 불상 정리 • 삼국시대 : 금동 미륵보살 반가사유상 → 일본 목조 미륵보살 반가사유상에 영향 • 통일신라 : 비로자나불과 약사여래상 유행 • 고려 : 철불, 마애불, 석불 등 다양한 불상 유행 　└ 논산 관촉사 석조 미륵보살 입상 : 초기, 거대 불상, 왕권 과시, 은진미륵불 　└ 영주 부석사 소조 아미타 여래 좌상 : 신라 양식, 최고 걸작품	• 상원사 종 : 성덕왕, 현존 최고 • 성덕대왕신종 : 혜공왕, 최대 종 　└ 에밀레종, 봉덕사종 • 보은 법주사 쌍사자 석등 • 만불산 : 경덕왕, 인조 가산
발해	영광탑 : 당의 영향, 전탑(벽돌로 쌓은 누각 형태의 5층탑), 탑 아래 무덤 조성	이불병좌상 : 고구려 법화신앙에 영향	• 상경내 흥륭사 석등 • 발해 삼채 : 당 삼채의 영향
주요 사진	익산 미륵사지 석탑 　 부여 정림사지 5석탑 　 분황사 석탑 　 석가탑 　 다보탑	양양 진전사지 3층 석탑 　 쌍봉사 철감선사탑 　 서산 마애 삼존불상 　 이불병좌상	석굴암 • 전실 : 사각, 땅 • 후실 : 원형, 하늘　　주작대로

4. 고대 불교의 발달

	고구려	백제	신라	통일신라	발해
전래	372년 소수림왕 └ 전진, 순도, 최초	384년 침류왕 : 동진, 마라난타	• 전래 : 눌지마립간(고구려, 묵호자) • 공인 : 법흥왕(이차돈 순교) ※ 민간 먼저 전래 → 귀족 박해 후 공인	민간에 불교 대중화 → 하대 : 밀교 유행 　└ 향도가 곳곳에서 조직됨 ※ 주요 승려의 사상 • 원효 : 아미타 사상(정토 신앙)　• 의상 : 아미타 + 관음 신앙 • 진표 : 미륵 신앙	
특징	공 사상의 삼론종 유행	• 초기 : 율종, 귀족 중심 • 후기 : 왕실 중심, 미륵신앙 유행 　└ 무왕 : '왕이 곧 미륵', 미륵사	• 가장 호국적 : 황룡사, 황룡사9층목탑, 세속오계 • 왕실과 밀착 : 진종설, 왕즉불 사상 • 불교식 왕명 : 법흥왕~진덕여왕 • 업설 : 귀족 특권 강화, 신분제 옹호 • 미륵신앙 : 삼국에서 유행	• 중대 : **교종의 유행** ※ 교종 • 경전 강조, 진골 귀족과 결탁, 권위적 형식적 • 조형미술의 발달 • **교종의 종파 : 5교** 　└ 통일 전 : 열반종(보덕), 계율종(자장) 　└ 통일 후 : 화엄종(의상), 법상종(진표), 법성종(원효)	
발전	광개토대왕 └ 평양에 영명사 등 9개 사찰	• 성왕 : 노리사치계, 일본에 불교 전래 • 무왕 : 미륵사와 왕흥사 건립	진흥왕 : 국통과 주통, 군통 정비 └ 팔관회, 황룡사와 장육존상 └ 전륜성왕, 아들 이름(동륜과 금륜)	• 하대 : **선종의 유행** / 선종 승려 : 6두품과 호족이 다수 ※ 선종 • 통일 무렵 전래, 하대에 호족의 지원으로 발달 → 9산 선문 • 불립문자(교종 비판), 참선과 사색, 수행 강조, 실천적 • 조형미술의 침체, 승탑과 탑비의 유행, 지방문화 발달 • 진골 : 선종 탄압 / 왕실 : 선종에 관심 보임 • 장흥 보림사 : 체징, 가지산문을 열고 절을 보림사로 부름	• 문왕 : 전륜성왕, 금륜과 성법 • 이불병좌상 : 고구려 영향
승려	• 혜량 : 신라에서 활동 • 혜자 : 일본 쇼토쿠 태자 스승 • 보덕 : 백제에서 열반종 개창 • 도현과 혜관 등	• 겸익 : 성왕, 인도 율장 전래 • 노리사치계 : 성왕, 일본에 불교 전래 • 관륵, 혜균, 혜현, 혜총, 도장 등	• 혜량 : 고구려 승려, 진흥왕 때 활동 • 원광 : 진평왕, 걸사표, 세속오계 • 자장 : 선덕여왕, 대국통, 황룡사9층목탑 건의 • **원효와 의상** : 무열왕~문무왕 때 활동	• 원측 : 당 현장에게 유식학 배움, 서명사에서 자기학설 강의 　└ 신문왕의 귀국 요청 거부 → 제자들 귀국 : 법상종에 영향 • 혜초 : 왕오천축국전(인도기행문) • 김교각 : 왕족 출신, 지장보살의 화신 • 심상 : 성덕왕 시절 일본에 화엄종 전파 • 진표 : 미륵신앙으로 불교 대중화, 점찰법회, 법상종	석정소와 석인정

★ 주요 승려

	원효	의상
출신과 시기	무열왕과 문무왕, 6두품　★ 고선사 서당 화상비 : 애장왕 때 원효를 추모	무열왕과 문무왕, 진골　★ 진골 출신 : 원광, 자장, 의상, 원측
대중화	아미타(나무아미타불, 정토신앙) 사상. 소성거사라 불리며 무애가를 부름	아미타 사상과 관음 신앙(현세에서 고난을 구제)
종파	법성종, 해동종, 유식파와 중관파의 통합 강조	해동 화엄종 : 본질적인 면에서 현상 세계의 모든 대립물은 차별이 없다고 보는 화엄의 세계관 집약
교리	**일심사상, 화쟁사상**	• '모든 존재는 상호의존적인 관계에서 조화를 이룬다'라는 화엄사상 강조 • 일즉다 다즉일, 원융사상, 중도 강조, 청정계율 강조(옷 세벌과 바리 하나면 충분)
유학	당 유학 가던 중 귀국 → '모든 것은 마음먹기에 달려있다.(일체유심조)'	당의 **지엄**에게 수학
사찰	분황사에 활동	**부석사와 낙산사** 건립
호칭	화정(화쟁)국사 추존(고려 숙종 때 의천)	원교국사
주요 활동	서적저술과 개인적 교화활동, 요석공주와 사이에 설총을 낳음	교단 조직, 제자 양성, 문무왕의 도성 건립 만류
저술	화엄경소, 대승기신론소, **십문화쟁론**, 금강삼매경론 등 저술	화엄일승법계도, 백화도량발원문
지지	모든 계층의 지지	진골의 지지를 받으며 전제왕권 강화(문무왕의 자문)

5. 고분과 고분벽화

	초기		
고구려	돌무지무덤(적석총) └ 장군총(4층에 시체 안치, 만주 통구) └ 백제 석촌동 고분에 영향 장군총	굴식돌방무덤 : 돌로 널방을 짜고 그 위에 흙으로 봉분을 만듦 └ 천장 : 모줄임천장구조 └ 특징 : 도굴이 쉬워 부장품이 적음 └ 벽화 : 초기에는 생활풍속도(수렵도, 씨름도 등) → 후기에는 사신도의 추상화 └ 종류 : 쌍영총 각저총, 무용총, 수렵총, 수산리고분, 강서대묘(사신도, 살수대첩 이후)	

	한성시대(서울 석촌동)	웅진시대(공주 송산리)	사비 시대(부여 능산리)
백제	돌무지무덤 : 석촌동고분, 고구려 장군총의 영향 석촌동 고분	• 굴식돌방무덤 : 송산리 1~5호분 • 벽돌무덤 : 송산리 6호분 · 무령왕릉, 중국 남조의 영향을 받음 ★ 무령왕릉 • 발견 : 1971년 배수로 공사 중 우연히 발견, 일본과 중국 남조와의 교류 • 특징 　└ 도굴이 안 된 상태로 발견(도굴이 어려운 형태 ×) 　└ 벽화 ×(송산리 6호분은 벽화 ○), 현존 최고의 지석 발견 (사마왕) 　└ 매지권(도교), 왕과 왕비가 합장, 연화 무늬 벽돌, 각자 석판 2장 　└ 석수(진묘수, 중국 남조의 영향), 관(일본산 금송), 오수전(중국 화폐) 발견 무령왕릉	굴식돌방무덤 : 벽화 발견

	4~5세기 마립간 시절	6세기 이후
신라	돌무지 덧널 무덤 └ 마립간 시절에 주로 제작 └ 덧널 위에 돌을 쌓고, 그 위에 흙으로 봉분을 쌓음 └ 도굴이 어려워 많은 부장품이 발견 └ 추가 매장 × → 주로 단장의 형태 └ 천마총(천마도 발견), 호우총(호우명 그릇) └ 황남총, 금관총, 금령총, 서봉총 등 돌무지덧널무덤	굴식돌방무덤 └ 통일 전 : 순흥 어숙묘 (연화문 등의 벽화) └ 통일 이후 : 둘레돌 + 12지신상 조각(김유신묘, 성덕대왕릉, 원성왕릉 등) ※ 통일 이후 화장도 유행 : 문무왕릉(대왕암) 김유신묘

발해	• 정혜공주묘 : 문왕의 둘째 딸, 지린성 육정산 고분군, 고구려식 굴식돌방무덤 + 모줄임천장구조, 돌사자상 발견, 3년 상 기록, 4 · 6변려체 • 정효공주묘 : 문왕의 넷째 딸, 길림성 화룡현 용두산(중경 현덕부), 당적(벽돌무덤 + 벽화 + 무덤 위 탑) + 고구려식(천장 구조 : 평행고임구조), 4 · 6변려체, 도교적 인생관, 황상(문왕)의 용어 사용

6. 고대 문화의 일본 전파

	삼국시대	통일신라시대
영향	일본의 아스카 문화에 영향	일본의 하쿠호 문화(백봉문화)에 영향
전래	• 고구려 : 수산리 고분벽화(다카마스 고분벽화에 영향), 담징(영양왕, 호류사 금당벽화, 종이와 먹, 맷돌 전래), 혜자(쇼토쿠 태자 스승), 혜관과 도징, 가서일, 도현 등 　└ 관음보살상 : 백제의 영향 • 백제 : 아직기와 왕인(근초고왕, 논어와 천자문) → 단양이와 고안무(무령왕, 유학) → 노리사치계(성왕, 불교 전파) → 관륵(무왕) 　└ 기악과 정원기술, 백제가람, 아좌태자, 미마지, 가네다 산성 등 • 신라 : 조선술과 축제술, '한인의 연못' 유행, 도자기 제조기술, 의약과 불상 등	• 원효, 의상, 강수, 설총의 학문이 일본이 전파 • 심상 : 일본에 화엄종 전파

7. 고대 예술과 과학기술

	고구려	백제	신라	통일신라	발해

서체	광개토대왕릉비
	┗ 비문이 웅건한 서체
				• 김생 : 통일신라
				  ┗ 신품4현(+ 고려시대 유신, 탄연, 최우)
				  ┗ 원화첩(부전), 집자비문(고려시대 제작, 현존)
				  ┗ 낭공대사비가 현존
				• 김인문 : 무열왕 비문 작성
				• 요극일 : 나말여초 명필, 구양순체	

그림	• 벽화 : 초기 : 생활풍속도 → 후기 : 사신도 • 무용총의 접객도와 수산리 고분 벽화 ┗ 신분에 따라 인물의 크기 달리함 사신도 　 무용총의 벽화	송산리 6호분의 사신도 등	천마총의 천마도 : 벽화 ×, 말장니 그림 천마도	• 솔거 : 황룡사 노송도, 분황사 관음보살도 등 • 김충의 : 정화와 홍계	

음악	왕산악의 거문고 → 발해금에 영향	• 일본에 악공과 악기, 악사 파견
		• 금동대향로 : 여러 악사 표현
			• 우륵 : 가야금, 대가야
			  ┗ 충주 탄금대에서 제자 양성
			• 옥보고 : 거문고
			• 백결 : 박문량, 방아타령
			  ┗ 5세기 실성왕 시절
			• 니문 : 우륵과 함께 연주
				• 향악의 전통 확립
				• 악기의 다양화
				  ┗ 가야금 하나로 연주되던 시대에 비해 다양
					발해금
					┗ 고구려 거문고의 영향

과학	• 천문도 : 제일 먼저 제작
	  ┗ 조선의 천상열차분야지도에 영향
	    ┗ 태조, 서운관에서 제작
	• 지렛대 원리 사용 → 우물, 디딜방아
	★ 삼국의 조형물을 보면 정확한 수학 지식을 사용한 것을 알 수 있다.
		금속공예
		┗ 칠지도 : 근초고왕
		┗ 금동대향로 : 부여 능산리, 도교
		
		칠지도 　 금동대향로(불교+도교)
			• 첨성대 : 7세기 선덕여왕
			  ┗ 현존 최고 천문대
			• 사천대 : 혜공왕, 천문관측
			• 겨울에 얼음 채집 → 여름에 사용
				• 무구정광대다라니경 : 현존 최고 목판 인쇄물
				  ┗ 석가탑에서 발견
				• 물시계 : 성덕왕 시절 제작 기록
				• 누각전 : 물시계 담당 관청
				• 상원사종 : 성덕왕, 현존 최고의 종
				• 성덕대왕 신종 : 경덕왕~혜공왕
				  ┗ 에밀레종, 봉덕사종, 최대 종	

문학	• 황조가 : 유리왕, 현존 유일 고구려 가요
	  ┗ 펄펄 나는 저 꾀꼬리 암수 서로 정답구나~
	• 을지문덕의 오언시 (여수장우중문시)
	  ┗ 살수대첩, 도교
		• 정읍사 : 백제 현존 유일한 노래
		  ┗ 악학궤범에 수록되어 현전
		• 무등산가, 지리산가, 선운사가
			• 회소곡 : 유리왕, 여성들 노동요
			• 향가
			  ┗ 혜성가 : 진평왕
			  ┗ 서동요와 풍요 : 선덕여왕
			★ 가야 : 구지가, 금관가야, 김수로
				• 향가 : 주로 승려와 화랑이 창작
				  ┗ 불교적 내용이 다수
				  ┗ 삼대목 : 진성여왕, 각간 위홍 + 대구화상, 현존 ×
				  ┗ 현존 향가 : 삼국유사 14수 + 균여전 11수
				  ┗ 신문왕 : 원왕생가
				  ┗ 경덕왕 : 안민가(충담), 도솔가, 제망매가, 찬기파랑가
				• 설화문학
				  ┗ 민중들이 구전으로 설화문학 즐김
				  ┗ 고려 시대 일연이 삼국유사에 다수 기록
					• 4 · 6변려체
					  ┗ 정혜공주묘 비문
					  ┗ 정효공주묘 비문
					• 다듬이소리 : 양태사
					• 양태사, 왕효렴, 배정
					  ┗ 일본 문인과 교류

고려 시대

주요 사건	
900년	후백제 건국, 견훤. 완산주(전주)
901년	후고구려 건국, 궁예, 송악(개경/개성) → 904년 : 마진으로 국호 변경, 연호는 무태 → 905년 : 철원으로 천도, 연호 성책 → 911년 : 태봉으로 국호 변경, 연호 수덕만세
903년	궁예 부하 왕건이 나주 등 100여성을 공략 ★ 금성 전투 : 1차 903년 → 2차 : 910년 → 3차 914년)
907년	당 멸망 → 5대 10국의 분열기
916년	거란의 야율아보기 황제를 칭함(요 건국)
918년	왕건이 고려 건국, 궁예는 평강에서 피살됨 → 919년 송악으로 천도, 왕륜사, 법왕사 등 10대 사찰 창건
926년	발해 멸망(거란족에게 멸망)
927년	견훤이 경주 침입하여 경애왕을 자살케 하고 경순왕 옹립 → 공산 전투 : 왕건의 부대를 대구에서 격파
930년	고창 전투 → 왕건이 승리하여 후삼국의 주도권이 고려 넘어옴 ★ 차전놀이 유래, 삼태사 공신 / 왕건은 흥국사 창건
934년	7월 발해 세자 대광현이 고려에 망명 → 9월 운주성 전투(왕건이 승리, 웅진 이북 30여개 성 점령)
935년	3월 신검이 금강을 죽이고 견훤을 금산사에 유폐 → 6월 견훤은 나주로 도망, 이후 고려에 망명하여 상부의 지위와 양주를 식읍 받음 11월 신라 항복 : 왕건은 경순왕을 사심관으로 임명하고 경주를 식읍으로 지급
936년	9월 선산 전투(일리천 전투) → 신검의 부대 격파, 후백제 멸망 ★ 왕건은 <정계>와 <계백료서> 반포, 개태사 창건

★ 후삼국 통일 과정 주요 인물

	견훤	궁예	왕건
출신	• 상주 지방 농민 출신, 아자개의 아들 • 신라군 비장으로 활동	• 신라 왕족 출신, 승려 활동 • 기훤과 양길의 부하로 활동 • 책사 종간을 얻고 왕을 칭함	• 조상은 호경이며, 송악 지방 무역상인 작제건의 손자 • 궁예 부하로 활동 • 903년 후백제 나주 점령 → 광평성 시중 오름
근거지	• 충청도와 전라도 • 900년 후백제 건국, 완산주(전주)에 도읍	• 경기도와 강원도 일대, 황해도 • 901년 후고구려 건국, 송악에 도읍 • 905년 철원으로 천도 • 국호를 904년 마진, 911년 태봉으로 개칭	예성강 유역의 해상 세력, 군진세력(강화도 혈구진 등)
영역	• 차령산맥 이남의 충청도와 전라도 지역을 차지 • 우세한 경제력을 바탕으로 군사적 우위를 차지	• 한강 유역을 차지, 세력을 상주 일대로 확장 • 영주를 차지 → 옛 신라 땅의 절반 이상 확보 • 죽령까지 영토를 넓힘	황해도, 경기도 연안 해상권과 상권 장악
외교	후당, 오월, 거란과 외교 / 일본과 외교 시도	반신라적	중국 5대와 외교, 친신라, 발해에 우호적
지지	최승우, 동리산문(전라도)	박유, 최응, 사굴산문(강원도)	홍유, 신숭겸 등의 지지
특징	• 의자왕의 원수를 갚는 다고 백제 주민 자극 • 진성여왕 시절 무진주를 점령하고 스스로 왕을 칭함 • 900년 완산주에 도읍을 정하고 후백제를 건국 • 907년 효공왕 시절 일선군(선산) 남쪽 100여개 성을 차지 → 낙동강까지 영토를 넓힘 • 927년 신라 수도를 급습하여 경애왕을 죽이고 경순왕을 세움 • 935년 고려에 망명 → 상부의 지위와 양주를 식읍 받음	• 영주 부석사의 신라 왕의 화상을 칼로 훼손 • 독자적 연호 : 성책, 무태, 수덕만세, 정개 • 황제국 지칭 • 미륵신앙, 전제정치 • 광평성, 9관등제, 백관설치(신라 참고)	• 918년 홍유와 신숭겸의 지지로 왕 즉위 → 고려 건국 • 919년 송악으로 천도, 연호는 천수 • 931년 신라 방문 → 경순왕은 임해전에서 연회를 배풀고, 부모처럼 대함 • 934년 발해 세자 대광현의 귀순을 받아들임 • 935년 견훤의 귀순을 받아들이고 양주 지방을 식읍 지급, 견훤을 상부라 칭함 • 935년 신라 경순왕이 항복해옴 → 경주를 식읍 지급, 경순왕(김부)을 사심관임명 • 936년 선산전투에서 신검의 후백제를 격파하고 후삼국 통일

	태조	혜종	정종	광종	경종	성종
정치 상황	• 공신과 호족 통합과 견제 • 사성정책, 혼인정책, 역분전 • 사심관제도와 기인제도	• 왕위 쟁탈전 • 왕규의 난	• 왕권 강화 시도 • 서경 천도 시도	• 왕권 강화 : 칭제건원 • 광덕 · 준풍의 연호 사용 • 노비안검법, 과거제도	• 왕권 약화 • 반동정치 └ 공신귀족이 권력 장악	• 최승로의 활약 : 시무28조, 5조정적평 • 왕과 귀족의 연합정치 • 문벌귀족 사회로 발전하기 시작 → 문종 때 완성 → 의종 때 무신정변으로 붕괴

	태조 : 신성대왕		광종	성종
즉위	918년 고려 건국, 연호는 천수		칭제 건원 : 자신을 황제라 칭하고, 광덕 · 준풍의 연호 사용	

정치 상황	• 공신과 호족을 통합 : 혼인정책, 사성정책, 역분전 지급
	• 호족 견제 : 기인제도와 사심관 제도
			• 왕권 강화 : 노비안검법, 과거제도, 정관정요 참고
			• 지지기반 : 군소호족과 중국 귀화인(쌍기)
			• 공신과 외척, 대호족 제거 : 대상 준홍과 좌승 왕동을 모역죄로 숙청
				최승로와 김심언의 활약 → 유교정치 확립, 귀족과 연합정치
				  └ 시무28조 : 유교 정치 강조, 불교 비판
				  └ 5조정적평 : 광종의 전제 정치 비판

호족과 공신 견제	사심관 제도와 기인제도(신라는 상수리 → 고려 : 기인제도 → 조선 : 경저리)		노비안검법 : 불법적으로 공신과 호족이 소유한 노비 해방	지방 12목에 지방관 파견 → 호족을 향리로 개편, 무기 몰수

북진 정책 · 대외 관계	• 고구려 계승
	• 서경을 중시 : 평양을 서경을 승격 → 북진정책의 전진 기지화
	• 북방 개척 : 왕식렴과 유금필이 북방 개척 → 청천강~영흥만을 국경 확대
	• 발해 유민 수용 : 934년 발해 왕자 대광현을 수용하여 왕씨 성 하사
	• 대거란 강경책 : 훈요10조(금수의 나라로 견제), 만부교 사건(942, 낙타를 죽임)
			★ 주의!
			• 956년 노비안검법
			• 958년 과거제도
			• 960년 공복제정, 송 건국
				993년 거란족의 1차 침입
				  └ 서희의 안융진 담판 : 강동6주 획득
				  └ 압록강으로 영토 확장

지방 제도 정비	• 평양을 서경으로 승격 → 서경을 개발 : 분사제도 • 분사제도 : 태조~예종 ※ 폐지 : 인종, 묘청의 난 직후 폐지		개경을 황도, 서경을 서도로 격상	• 10도 12목 정비 → 지방관 파견, 향직제도 정비 • 3경 정비 : 중경(개경), 서경(평양), 동경(경주)
경제 정책	취민유도 : 세금을 1/10로 경감		주현공부법 : 주현 단위로 공물과 부역의 액수를 할당 ※ 주현공거법 : 향촌, 향리 자제들에게 과거 자격을 줌	• 호족의 무기를 몰수 → 농기구 제작 • 건원중보(최초 화폐)
사회 구호	흑창 설치 : 춘궁기에 곡식을 빌려주는 제도		제위보 : 빈민구제	의창(빈민구제), 상평창(개경, 서경, 12목, 물가조절)
신분제 정비	공신 횡포 금지, 일부 빚으로 노비가 된 자를 해방		노비안검법 : 호족과 공신의 노비 해방	노비환천법 : 해방 시킨 노비를 다시 노비로 환원

불교 정책	• 불교를 국교화, 훈요10조에서 연등회와 팔관회 강조
	• 승록사 설치, 개경에 10대 사찰(흥국사, 왕륜사, 법왕사 등)과 황산에 개태사 건립
			불교 통합 시도
			  └ 교종 통합 시도 : 화엄종을 중심으로, 귀법사, 균여
			  └ 선종 통합 시도 : 혜거가 법안종을 중심으로 통합 시도
			  └ 천태학 도입 : 의통과 제관
				연등회와 팔관회 중지(폐지) → 현종 때 팔관회 부활
				※ 최승로 : 연등회와 팔관회 축소 주장

관리 선발	신라와 후백제 출신 인물을 지배층으로 수용		과거제도 / 승과제도, 왕사와 국사 : 쌍기의 건의로 실시	• 과거제도를 정비하고, 과거 출신자 우대 • 음서제도 실시
관제 정비	태봉의 관제를 중심으로 신라의 관제를 조화시켜 관등 제도 정비		공복 제정 : 자 · 단 · 비 · 녹으로 관복 정비	• 중앙 통치 제도 : 2성 6부, 중추원과 삼사 설치 • 관등 : 문산계(문반, 무반), 무산계(호족, 향리, 탐라왕족 등)
교육	개경과 서경에 학교(숙) 설치, 학보(장학 재단) 설치			• 문신월과법 / 개경에 비서성, 서경에 수서원 설치 • 국자감 설치, 12목에 경학 박사 파견, 향교 설치
군사			시위군을 강화, 내군을 장위부, 순군부를 군부로 개편	중앙군 : 6위 설치

기타	정계와 계백료서 : 신하들에게 내린 정치 지침 (현존 ×)
	
	※ 훈요10조 : 자식들에게 남긴 정치 지침
	  └ 국가 대업을 제불과 호위와 지덕에 의지 → 사원 설립, 주지를 보낼 것
	  └ 연등회와 팔관회 : 성대히 할 것 / 서경 중시 : 왕이 100일 이상 머물 것
	  └ 사원 설립 : 도선의 설에 따라 지은 것을 제외하고 함부로 짓지 말 것
	  └ 거란은 금수 : 본받지 말 것 / 차현과 공주강 이남 : 등용하지 말 것
	  └ 왕위 계승 : 적자적손 원칙, 예외 인정
				환구단과 사직단 설치
				
				※ 최승로의 시무28조
				  └ 유교는 치국의 도, 불교는 수신의 도
				  └ 연등회와 팔관회 : 축소 / 중국과 사무역 금지
				  └ 관복 : 중국제도 / 민간의 의복 : 우리 것 대로
				  └ 외관 파견, 삼한 공신 자손 등용, 노비 신분 규제

	목종	현종	문종	숙종	예종	인종	의종
정치 상황	강조의 정변 └ 목종 폐위, 현종 옹립	최질과 김훈의 난 └ 무신난의 선구 : 실패	• 문벌귀족 사회 완성 • 이자연의 세 딸이 왕비 • 고려 최고 성군	• 신진세력 등용, 왕권 강화 시도 • 경원 이씨 가문 약화	이자겸의 권력 독점 └ 신진세력 등용하여 견제	• 1126년 이자겸의 난 • 1135년 묘청의 난	1170년 무신정변
대외 관계	※ 성종 : 거란 1차 침입, 서희	• 거란족의 2·3차 침입 • 개경에 나성 축조 ★ 천리장성 : 덕종~정종 └ 압록강~도련포		• 여진족의 침입 → 패배 • 별무반 조직 : 윤관 건의 ※ 광군 : 정종, 거란 대비	• 여진 정벌 : 동북 9성 └ 1년 뒤 환부 • 여진의 금 건국 └ 형제 관계 요구 : 거부	• 금의 사대 요구 └ 이자겸이 수용 • 서긍 방문 : 고려도경	
지방제도	※ 성종 : 10도와 12목 └ 3경 : 개경, 서경, 동경	5도 양계, 경기, 4도호부, 8목	• 한양 → 남경 승격 • 3경 : 개경, 서경, 남경	남경개창도감(김위제)	• 분사제도 완성 • 감무 파견		
교육제도	※ 성종 : 국자감, 12목 박사, 향교		최충 9재 학당 → 사학 발달 └ 문헌공도, 해동공자	서적포	• 양현고, 7재 • 궁궐 내 : 청연각, 보문각	• 경사 6학 정비 • 향교 확대	
토지제도	개정전시과 : 현직 > 전직 ※ 역분전(태조) → 시정전시과(경종)		경정전시과 : 현직만 지급			※ 인종이 병에 걸려 위독 하자 절에 기도하고, 종묘와 사직에 제사를 지 냈고, 유교와 도교의 신에게도 제사를 지냈다. 특히 척준경의 원혼이 라는 무당의 말을 믿고 척준경을 사면하기도하였다.	
사회제도	※ 태조 : 흑창 → 광종 : 제위보 → 성종 : 의창, 상평창		동서대비원		혜민국, 구제도감		
화폐	※ 성종 : 건원중보(최초)			• 주전도감 : 의천 건의 • 활구(은병), 삼한통보(중보) • 해동통보(중보), 동국통보(중보)			
문화	※ 태조 : 개태사 ※ 광종 : 귀법사	• 현화사, 연등회와 팔관회 부활 • 7대실록 : 현종~덕종 • 초조대장경 조판 시작	흥왕사	평양에 기자 사당 건립	• 복원궁 : 도교 사원 • 해동비록 : 풍수지리 서적	김부식 : 삼국사기	김관의 : 편년통록

	이자겸의 난(1126)	묘청의 난(1135)
배경	• 이자겸의 권력 독점 : 예종과 인종의 외척, 척준경을 부하로 부림 • 이자겸의 권력 독점으로 인종과 측근 세력이 반발 └ 단독으로 송에 사신을 보내 토산물 바침, 아들이 현화사 승려	• 개경파와 서경파의 대립 ※ 서경파 : 금국 정벌, 칭제 건원, 왕권 강화 주장 → 서경 천도 주장 • 인종은 서경에 대화궁, 팔성당 설치 → 김부식의 반대로 서경 천도 무산
과정	• 인종과 측근 세력이 이자겸 제거 시도 └ 이자겸과 척준경, 현화사 승려의 반발로 실패 • 이자겸이 권력 장악 : 금의 사대 요구 수용, 인종 제거 시도(십팔자왕위설) • 실패 └ 부하 척준경의 배신 └ 김부식 등의 일부 귀족과 측근 세력이 이자겸 제거 └ 이자겸은 영광 유배(굴비) └ 척준경은 서경파 정지상의 탄핵으로 죽음	• 1135년 대위국 건국 └ 묘청이 조광, 유참과 함께 서경에 건국 └ 연호는 천개, 천견충의군 조직 └ 서북지방의 지배층과 농민들의 호응을 받음 → 서북지방 대부분을 점령 • 실패 : 정부는 김부식과 관군을 보내 1136년 진압 └ 정지상 제거, 윤언이도 쫓아냄(칭제건원주장 / 서경천도 ×)
결과	• 왕권 약화 • 인종이 정치 개혁을 위해 유신지교 반포 → 실패 • 개경파 문벌귀족의 권력 독점 • 인종은 윤언이 등의 자주적 문벌과 묘청, 정지상 등의 서경파를 기용 • 서경파 묘청과 정지상이 서경 천도 주장	• 분사제도 폐지 • 김부식이 1145년 삼국사기 편찬 : 신라 계승강조 • 금에 대한 사대 외교 강화 → 숭문천무 → 1170년 무신정변 발생

※ 개경파와 서경파

	개경파	서경파
출신	개경 출신	서경 출신
사상	유교 한학파	불교, 낭가, 풍수지리 국풍파
외교	금에 사대	금 정벌
역사	신라 계승	고구려 계승
성향	보수, 사대당	개혁적, 칭제건원 왕권강화, 독립당
출신	신라 출신	고구려 출신
인물	김부식, 김인존	묘청, 정지상, 백수한

1. 무신정변

배경	• 문벌귀족의 권력 독점 : 묘청의 난 이후 문벌귀족의 보수화로 권력을 독점하였다. • 숭문천무현상 : 묘청의 난 이후 금에 대한 사대 현상으로 숭문천무 현상이 심화 ★ 무신들의 불만 고조 • 의종의 극단적인 문치주의, 승진 제한(무반은 2품 이상의 재추로 승진이 제한) • 군의 최고 지휘관도 문반이 독점, 군인전의 중단, 강예재(무학)이 폐지
발발	• 1170년 의종 때 보현원 행차 시 정중부와 이의방, 이고, 이소응 등이 정변을 일으킴 • 김돈중과 한뢰 등이 피살되고, 의종을 폐하고 거제도로 유배 보내고 명종을 옹립함

	무신정변의 결과
정치	• 무신독재, 무신들의 권력 투쟁, 중방 등의 무신 기구 강화(중방, 도방, 교정도감이 최고 권력기구화, 2성6부는 유명무실) • 무신들에 의해서 왕이 옹립되기도 하고 폐위되기도 함(최충헌은 신종, 강종, 고종 등을 옹립) • 과거제 존속, 사대부들이 과거를 통해 관료로 진출(이규보와 최자, 진화 등), 문무겸직제(무반과 문반 겸직, 무신 재추 승진)
경제	• 무신들의 농장 독점 : 전시과 붕괴, 국가 재정 감소 • 반란 증가 : 단순한 민란, 반무신난, 신분해방, 삼국 부흥 등
문화	• 고구려 계승 의식(이규보의 동명왕편, 진화의 매호유고), 학문과 문학은 침체(설화·패관·가전체·수필 문학은 유행) • 불교 : 선종 계통의 조계종(지눌)이 발달, 교종은 위축, 결사운동의 전개(지눌의 수선사 결사, 요세의 백련사 결사)

2. 무신 집권기의 정치 상황

	정중부	경대승	이의민	최충헌	최우(최이)	최항과 최의	김준	임연과 임유무
	1170~1179	1179~1183	1183~1196	1196~1219	1219~1249	최항 : 1249~1257 최의 : 1257~1258	1258~1268	1268~1270
집권	• 이고, 이의방, 정중부 • 이의방이 이고 제거 • 1174년 이의방 제거 후 집권	• 정중부 제거 • 30살 요절	• 천민 출신 • 경대승 사후 집권	이의민 제거 후 집권	최충헌 아들	최항 : 승려 출신	무오정변 ↳ 최의 제거	• 임연이 김준 제거 • 임연 아들 임유무
중심 기구	중방 정치 ↳ 상장군 + 대장군 ↳ 무신 최고 합좌 기구	도방 정치 ↳ 사병 기구	중방 정치	• 교정도감(교정별감) • 흥녕부 설치 • 도방 강화 : 3000명, 6번 체제	• 교정도감 • 정방 : 인사기구 • 서방 : 자문기구 • 삼별초와 마별초 설치 • 도방 개편 : 내도방, 외도방	교정도감	교정도감	교정도감
정치 상황	정중부는 대궐을 지키던 경비 장교였다. 어느 날 내시 김돈중이 촛불로 정중부의 수염을 태우니 정중부는 그를 잡아 때리고 욕하였다. 김돈중의 아버지 김부식이 화가 나서 인종에게 말하여 정중부를 매질하려고 왕이 이를 허락하였다. 그러나 왕은 정중부의 사람됨을 뛰어나게 여겨 몰래 도망시켜 화를 면하게 하였다.	문관 중용		• 진강후, 문반 중용(이규보 등) • 봉사10조(명종), 식읍(진주) • 명종 폐위 → 신종, 강종 등 옹립 • 개인 저택을 헐고 격구장 설립	• 부인 장례 : 왕비급으로 거행 • 과거를 통해 인재 등용 • 학문적 소양과 실무 강조		원종 제거 시도	원종 폐위 시도
사회·문화				• 교종 탄압, 선종지지 • 이규보 발탁 • 반란 진압, 향·소·부곡을 승격	• 상정고금예문 : 1234년 금속활자 • 팔만대장경 조판, 신품 4현 • 남명천화상송증도가가 발문			
대외 관계				• 몽골과 함께 거란 격퇴 : 김취려 • 강동의 역 : 1219년 ↳ 몽골과 형제관계	• 몽골 사신 저고여 살해 • 1231년 몽골의 침입 ↳ 강화도 천도 • 강화도에 궁궐과 성(외·중·내성) 건립	최항 시절 ↳ 몽골 5·6차 침입	강화조약 : 1259 ↳ 고종 때 ↳ (원종 : 태자) ↳ 세조구제	1270년 임유무 피살 ↳ 개경 환도 ↳ 삼별초 항전
반란	• 서계민란 : 최초 민란 • 김보당의 난 : 최초 반무신난 • 조위총의 난 : 최대 반무신난 • 귀법사 승려들의 난 • 망이와 망소이의 난 ↳ 공주 명학소 → 충순현 ↳ 반란 진압 후 다시 강등	전주 관노의 난	김사미·효심의 난 ↳ 김사미(운문), 효심 (초전) ↳ 신라 부흥	• 만적의 난 : 최충헌 사노비 ↳ 신분 해방 요구, 사전 발각 • 광명·개발의 난 : 합천 • 동경의 난 : 이비와 패좌 ↳ 신라 부흥 • 최광수의 난 : 서경, 고구려 부흥	이연년의 난 ↳ 담양, 백제 부흥	※ 무신집권기의 주요 반란 • 1173년 김보당의 난(계사난) : 동북면 병마사, 문신 중심 ↳ 최초의 반무신난, 의종 복위 계획, 이의민이 의종 살해 • 1174년 서경유수 조위총의 난 : 최대 반무신난, 서경 → 3년 만에 진압 • 1174년 교종 승려들의 반란 : 귀법사와 중광사 등 • 1176년 망이와 망소이의 난 : 공주 명학소, 남적, 향·소·부곡 소멸 계기 ↳ 충청도 일대 장악 → 충순현, 충남 아산(아주)까지 확대 • 1193년 김사미와 효심의 난 ↳ 운문에서 김사미, 초전에서 효심이 봉기 후 연대, 신라부흥			

1. 원 간섭기의 상황

영토 상실	영토 상실 : 쌍성총관부, 동녕부, 탐라총관부 등을 뺏겨 원이 직속령으로 관리
일본 원정	원의 압력으로 충렬왕 시절 일본 원정에 두 차례 동원되었다. └ 1차 : 1274년, 둔전경략사 → 2차 : 1281년, 정동행성(1280) └ 실패 → 일본은 가마쿠라 막부가 약화, 고려의 재정적 타격으로 고려인들의 저항이 발생
관제 격하	• 왕 즉위 시 원의 승인을 받았고, 원의 의해서 왕이 교체되기도 하였다. • 관제 격하 : 원의 압력으로 관제가 격하되었고, 제후국으로 격하되어 충○왕으로 불림

★ 영토 상실 : 쌍 → 동 → 탐 → 쌍
• 쌍성총관부 : 1258년 상실, 영흥(화주), 철령 이북 지방, 조휘와 탁청의 배신
• 동녕부 : 1270년, 자비령 이북, 서경, 최탄의 배신
• 탐라총관부 : 1273년, 제주, 삼별초의 난 진압 후 설치, 목마장 운영
• 동녕부와 탐라총관부 : 충렬왕 시절 반환　※ 쌍성총관부 : 공민왕 시절, 유인우 장군이 무력으로 수복

★ 관제 격하
• 2성 6부 → 첨의부와 4사 / 중추원 → 밀직사 / 어사대 → 감찰사 / 한림원 → 문한서 / 이부·병부 : 전리사
• 호칭 격하 : 조와 종 → 왕 / 짐 → 고 / 폐하 → 전하 / 태자 → 세자

2. 자주성의 시련

내정 간섭	• 조공 관계 체결, 독립국 지위 유지, 내정 간섭과 부마국 전락 • 정동행성 : 1280년 설치, 일본 원정 2차 이후 고려 내정 간섭 기구화 • 다루가치 : 감찰기구. 몽골이 1차 침입 이후 서북지방에 설치 → 충렬왕 때 폐지 • 만호부와 원수제(몽골식 군대 → 공민왕이 만호부 폐지), 순마소(개경, 경찰과 호위 업무 담당)
독로화· 부마국	• 독로화 : 왕 세자가 원에 인질 끌려가 왕이 될 때 귀국하였다. • 부마국화 : 세자는 원의 공주와 혼인하여 귀국, 충렬왕부터~공민왕 까지 • 충렬왕 : 제국대장공주 / 충선왕 : 계국대장공주 / 공민왕 : 노국대장공주
입성책동	• 부원배들이 원나라로 하여금 고려에 행성을 설치할 것을 건의 • 충선왕, 충숙왕, 충혜왕 시절 → 실현 ×
심양왕 제도	심주·요양의 고려인들을 통치하기 위해 원에서 고려의 왕족에게 수여한 봉호이다.
기타	• 결혼도감, 과부처녀추고별감 : 처녀와 과부, 공녀 요구, 왕족도 공녀 징발에 예외가 아니었다. • 환관 요구, 반전도감(특산물 징발, 금과 은, 인삼 등), 응방(매 징발, 해동청, 시파치가 사육사로 활동)

★ 정동행성 : 일본 2차 원정 이후 고려 내정 간섭 기구화
• 충렬왕이 정동행성의 장관직을 고려왕이 겸하게 해달라고 요청 → 승인
• 관리들은 고려인들, 좌승상도 고려왕이 겸직 → 실질적 간섭 ×, 연락 업무 기구
• 이문소 : 원과 관련된 범죄를 다룬 사법기구, 불법적으로 고려인을 취조·탄압 → 공민왕 때 폐지

※ 입성책동
고려 후기 부원배들이 원나라로 하여금 고려에 행성을 세우도록 획책한 사건 (충선왕~충혜왕 때 종결)

※ 최초의 심양왕은 충선왕이며 충숙왕은 심양왕 '고'와의 갈등으로 두 차례 즉위

※ 원 간섭기 공녀 징발로 조혼이 유행하였다.

3. 문화와 사회의 변동

문화 전래	• 농상집요 : 원에서 이암이 전래 • 화약 : 최무선이 전래　※ 화통도감 → 우왕, 1377 • 목화 전래 : 공민왕 시절, 문익점이 전래 → 정천익이 재배에 성공 • 호두나무 : 원에서 유청신이 전래, 천안에서 재배 • 성리학 전래 : 충렬왕 시절 안향이 전래 • 충선왕은 은퇴 후 북경(연경, 대도)에 만권당을 설치 　└ 이제현과 조맹부 등의 원 학자들의 교류, 조맹부의 송설체 전래 • 원에서 라마 불교 전래(미신적 불교) • 경천사 10층 석탑(원의 영향, 대리석, 화려함) → 조선 세조 때 원각사지 10층 석탑에 영향
권문세족 등장	• 출신 : 전기 문벌귀족, 무신 가문, 원의 부원 세력 등이 권문세족으로 성장 • 권력 기반 : 도평의사사와 정방, 산천위표 대농장 소유, 음서, 친원파, 재상지종(충선왕) 등 ★ 권겸, 노책 : 딸을 원나라 황제에게 보내 권력자가 됨
사회 변동	• 전공을 세우거나, 몽골 귀족과의 혼인으로 신분 상승, 원의 과거에 응시하는 사람들 증가 • 역관과 향리, 환관, 노비 중에서도 전공을 세워 신분 상승 • 신분 상승 : 몽골어에 능통, 응방에서 매나 사냥개를 길러 바친 자들 중 관직에 나가는 경우(예 박의 등)

★ 원 간섭기 기타 문화 전래
• 아라비아 문화 전래, 개경에 회회인(색목인)이 운영하는 상점 등장
• 인후와 장순룡은 겁령구로 고려에 귀화하였고
• 스스로 원으로 귀화하는 사람들도 있었고, 이들의 거주지는 고려장이라 불림
• 몽골 문화의 전래
　└ 몽골어 유행 (치, 수라, 무수리, 마마, 마누라 등)
　└ 몽골품 (변발, 족두리, 연지, 곤지, 은장도, 만두, 소주, 철릭, 육식이 확산, 설렁탕 등)
• 고려양의 전래 : 몽골에서 고려의복(야청), 고려병(떡), 보쌈 등이 유행

〈공녀 징발〉
우리나라의 자녀들이 뽑혀서 서쪽(원)으로 들어가기를 거른 해가 없었다. 비록 왕실 친족같이 귀한 신분이라도 (자식을)숨길 수 없고, 어미와 자신이 한번 이별하면 아득하게 만날 기약이 없었다. 슬픔이 골수에 사무치고 심지어 병들어 죽는 이도 한둘이 아니었으니 천하에 지극히 원통한 일이 이보다 더한 것이 어디 있겠는가?
-수령 옹주 묘지명-

4. 원 간섭기 이후의 주요 왕들

	충렬왕	충선왕	공민왕	우왕	창왕	공양왕
부인	제국대장공주	계국대장공주	노국대장공주	• 모니노(어릴적 이름) • 신돈 여종 반야의 소생 • 이인임 추대로 왕 즉위		

정치	• 관제 격하
	  └ 2성 6부 → 첨의부와 4사
	  └ 중추원 → 밀직사
	  └ 어사대 → 감찰사
	  └ 한림원 → 문한서
	• 도병마사 → 도평의사사로 개칭
	• 홍자번 편민(사민) 18사
		• 정방 폐지, 인사제도 혁신
		• 부왕과 갈등 → 두 차례 즉위
		휘(諱)는 장(璋)이고, 몽고의 휘는 익지례보화(益
		智禮普化 – 이지르부카)이다. 선왕(충렬왕)의 맏
		아들이며 어머니는 제국대장공주(齊國大長公
		主)이다. … 부자(父子) 사이는 실로 부끄러운 일
		이 많았다. -고려사절요-
			• 정방 폐지, 도평의사사 견제
			• 조종입법 : 관제 복구
			• 원 연호 폐지 → 친명 외교
			• 정동행성 이문소와 만호부 폐지
			• 신진사대부 등용
			• 친원파 기철 제거
			• 흥왕사의 변 : 1363년 김용 → 실패
			• 덕흥군 옹립 시도 : 1364년 → 실패
				• 권문세족 집권
				  └ 이인임, 임견미, 염흥방
				  └ 1388년 최영
				• 이인임과 최영이 북원과 외교 재개
				  시도
				• 1388년
				  └ 명의 철령위 통보
				  └ 최영이 요동 정벌 시도
				  └ 이성계의 위화도 회군
					• 위화도 회군으로 즉위
					• 1389년 폐가입진
					  └ 창왕 폐위
					  └ 공양왕 즉위
						• 폐가입진 이후 즉위
						• 1392년 이성계 즉위
						  └ 조선 건국

개혁 기구	전민변정도감 설치	사림원	전민변정도감 : 신돈 등용	전민변정도감	급전도감(1388)	삼군도총제부 : 1391

경제·사회	• 몽골풍 유행
	• 백성들에게 몽골 옷 강요
	• 박유 : 일부다처제 상소
	    └ 여성들의 반대로 실시 ×
		• 의렴창 : 각염법, 소금 전매
		• 조세제도 폐지
		• 농장에 징세 : 전농사 설치, 농무사
		• 재상지종 발표
		  └ 왕실의 근친혼 금지
		  └ 왕실과 혼인할 수 있는 가문 지정
			• 몽골풍 금지
			• 목화 전래 : 문익점
			  └ 정천익이 재배
				• 화통도감 설치(1377년)
				• 직지심체요절(1377년)
				  └ 현존 최고 금속활자
				  └ 청주 흥덕사
				  └ 프랑스, 유네스코
						• 과전법 : 1391년
						• 재혼 금지 시도
						• 서적원 설치

외교	• 일본 원정 동원
	  └ 1차 : 둔전경략사 / 2차 : 정동행성
	• 고려왕이 정동행성 장관직 겸직 요청
	• 동녕부와 탐라총관부 돌려받음
		최초의 심양왕에 임명
		
		※ 충숙왕 : 심양왕과 갈등 → 두 번 즉위
			• 친명 외교
			• 쌍성총관부 수복 : 1356년 유인우
			• 홍건적 침입 → 왕이 안동(복주) 피난
			• 원의 나하추 침입 격퇴
			• 요동 정벌 : 1369~1370년, 이성계 등
				왜구 토벌
				  └ 최영 : 홍산
				  └ 최무선 : 진포
				  └ 이성계 : 황산(남원,운봉)
				  └ 정지 : 관음포
					대마도 정벌 : 1389 박위	★ 조선 건국 순서
						• 1388년 위화도 회군
						  └ 우왕 폐위
						  └ 창왕 옹립
						• 1389년 폐가입진
						  └ 창왕 폐위
						  └ 공양왕 옹립
						• 1391년 삼군도총제부
						• 1391년 과전법 제정
						• 1392년 이성계 즉위
						• 1393년 조선 국호
						• 1394년 한양 천도

교육	• 경사교수도감
	• 국자감 정비
	  └ 섬학전, 문묘, 공자 초상화
	  └ 국학 → 성균감
		• 성균감 → 성균관 개칭
		• 원의 과거제도 실시 지시
			• 성균관 정비 : 이색 → 신진사대부 양성
			• 과거제도 정비 : 경학 강조
				★ 공민왕 시절 대외관계 : 순서 중요!!
				• 1356년 쌍성총관부 수복 : 유인우
				• 1359년 홍건적 1차 침입 : 서경
				• 1361년 홍건적 2차 침입 : 개경 → 왕이 안동(복주) 피난
				• 1362년 원의 나하추 침입
				• 1363년 흥왕사의 변(김용, 공민왕 시해 시도)
				• 1369~1370년 요동 공략		

문화	• 삼국유사, 제왕운기. 고금록, 천주금경록 • 성리학 전래 : 안향이 원에서 전래	• 만권당 : 은퇴 후 북경, 이제현이 활동 • 원의 수시력 채택	• 천산대렵도 : 공민왕, 원의 영향 • 명의 대통력 채택		★ 국경선의 변화	
기타	★ 원 간섭기 기타 왕들 • 충숙왕 : 찰리변위도감, 사심관 폐지, 심양왕과의 갈등으로 두 차례 즉위 • 충혜왕 : 소은병 제작 • 충목왕 : 정치도감, 녹과전 부활 • 충정왕 : 원에서 귀국하여 왕이 됨 → 1352년 충정왕 퇴위 후 공민왕 즉위					

A → B	고려 왕건의 북진 정책 : 청천강~영흥만
B → C	거란과 전쟁 후 천리장성 : 압록강~도련포
C → D	고려 공민왕, 쌍성총관부를 회복(철령 이북)
4군 6진	조선 세종, 4군(압록강) 6진(두만강) 개척

			시기	배경	과정 & 결과	
초기	거란	1차	성종 993년	친송 북진 정책	소손녕의 80만 군이 침입 / 서희의 **안융진 담판** → 강동6주 획득(압록강)	
		2차	현종 1010년	• 지속적 친송 정책 • 강조의 정변	• 거란 성종이 침입 / 강조의 패배, 양규의 선전, 현종의 나주 피난, 초조대장경 조판 • 현종의 입조 조건과 송과 단교 약속, 강조는 거란의 귀순 요구 거부 → 처형	
		3차	현종 1018년	• 현종의 입조 거부 • 지속적 친송 정책	• 소배압의 10만 군이 침입 → 강동 6주 반환 요구 • 강감찬(낙성대)과 강민첨이 흥화진과 귀주에서 격퇴 → 거란과 사대, 송과 단교	
		결과			• 거란과 화약 : 거란과 사대, 송과 단교 (실질적 교류 ○) ※ 거란은 고려 국왕 생일에 사절단 파견 • 국방 강화 : 나성(현종, 개경), 천리장성(덕종~정종 : 압록강~도련포) • 고려왕조 실록 소실 → 7대 실록 편찬 • 거란과 무역 : 각장 설치, 거란의 대장경 전래, 거란인은 여러 기구와 직물을 만들어 고려 수공업 발전에 기여	
중기	여진				• 숙종 : 여진족이 고려 침입 → 윤관과 임간이 패배 → **별무반**(신기군, 신보군, 항마군) 조직 • 예종 : 윤관이 여진 정벌 후 동북9성 축조, 공험진 선춘령 기념비 → 1년 만에 환부 → 1115년 금 건국 : 고려에 형제 관계 요구 → 거부 └ 척경입비도 : 조선 후기 그림 • 인종 : 금이 거란의 요를 멸망, 송 공격(→ 남송으로 이동 1127년), 고려에 사대 요구 → 이자겸이 수용	

무신
집권기
	몽골				• 최충헌 : 1206년 몽골 건국, 몽골과 함께 거란족을 강동성에서 김취려가 격퇴 → 1219년 강동의 역(여몽협약, 형제관계)
					• 최우 : 1215년 저고여 피살 사건을 계기로 1231년 몽골의 침입
					★ 몽골의 침입 : 고려 정부는 산성, 해도 입보 정책으로 대응, 외교와 항전을 병행, 최씨 정권은 가혹하게 세금을 거두는 등 수탈 자행
					     └ 1차 : 1231년, 박서가 귀주에서 격퇴, 충주 노비 별초군 활약 → 최우가 몽골에 항복 → 강화 천도(왕궁과 산성 건립)
					     └ 2차 : 1232년, 김윤후가 처인성(처인부곡)에서 살리타 사살, 초조대장경 소실 ※ 1234년 상정고금예문
					     └ 3차 : 1235년, 팔만대장경 조판 시작(1236년 대장도감), 황룡사9층목탑(1238)과 속장경 소실(몽골의 2~3차 침입 때 소실)
					     └ 4차 : 1247년, 아모간이 침입, 몽골 황제 사망으로 철수
					     └ 5차 : 1253년, 야고, 홍복원 침입, 김윤후가 충주성 방호별감으로 활약
					     └ 6차 : 1254년, 충주 다인철소 주민들이 몽골군 격퇴
					     └ 강화조약 : 1259년 김준 집권 시절 원종이 태자 시절 체결 → 세조 구제 → 1270년 개경환도
					     └ 1270년 개경환도 → 삼별초의 저항(원종 1270~1273 / 강화도 : 배중손 → 진도 : 배중손, 용상성, 해상왕국 → 제주도 : 김통정)	

원 간섭기 이후	공민왕				• 1356년 쌍성총관부 수복 : 유인우 • 홍건적 침입 : 1차 : 1359년 서경, 이방실과 이승경이 격퇴 → 2차 : 1361년 개경, 공민왕 안동(복주)피난, 최영, 이성계, 정세운이 격퇴 • 1362년 원의 나하추 침입 • 1363년 흥왕사의 변 : 김용이 흥왕사에서 공민왕 시해 시도 • 1369년~1370년 요동정벌 : 지용수, 이성계 등이 요동 지방의 동녕부 공격	
	우왕				• 1376년 최영 : 홍산(부여) • 1380년 최무선 : 진포, 최초로 자체 제작한 화포 사용 • 1380년 이성계 : 황산(남원, 운봉) ※ 황산대첩비 : 조선 선조 시절 제작 • 1383년 정지 : 관음포	★ 황산전투 운봉으로 넘어온 이성계는 적장 가운데 나이가 어리고 용맹한 아지발도를 사살하는 등 선두에 나서서 전투를 독려하여 아군보다 10배나 많은 적군을 섬멸하였다. … 이 싸움에서 살아 돌아간 왜구는 700여 명에 불과하였다.

	창왕				• 1389년 대마도 정벌 : 박위(→ 조선 태조 : 박위 → 세종 : 이종무)
					※ 고려 말 왜구 침입
					     └ 내륙과 서해안까지 침입하여 개경과 강화도 위협 → 천도론 등장
					     └ 조운선 약탈 → 국가 재정 어려워 짐	

※ 해동천하
- 풍입송(해동천자), 조서와 칙서, 황색의 옷
- 공신 : 공·후·백 봉작(제후) 하사
- 태조 : 천수(왕건 동상 : 봉천관)
- 광종 : 광덕과 준풍, 황제 칭호, 황도(개경)
- 경종 : 하남 교신동 마애 약사여래 좌상(황제만세문)
- 성종 : 환구단
- 숙종 : 복령궁주(숙종의 딸)를 천자의 딸로 표시

※ 송과의 관계
- 국신사 : 송은 고려 사신을 대등한 국가의 사신으로 대우
- 송의 군사 요청 : 소극적, 거부
- 문화 교류
  - └ 인쇄술과 자기 기술 : 고려 대장경과 청자에 영향
  - └ 불경, 차 문화 수용 / 송의 대성악이 고려 아악에 영향
  - └ 송나라 사람이 고려 귀화, 서긍(인종, 고려도경)
  - └ 고려인도 송의 국자감 입학, 과거응시

※ 고려 전기 여진과의 관계
회유와 토벌 병행, 지배층에 관직 수여, 조공을 받음

※ 고려 초 거란과의 관계
- 태조 : 만부교 사건(942), 훈요10조에서 '거란'은 금수의 나라
- 정종 : 거란 침략의 대비하여 청천강 유역에 광군을 설치
- 성종 : 거란족의 1차 침입
- 현종 : 거란족의 2차, 3차 침입, 나성 건립(개경)
- 덕종~정종 : 천리장성 축조 (압록강~도련포)

<세조구제> 1259년
원 세조는 고려가 요구한 여섯 가지 사항을 용인
첫째, 옷과 관은 고려의 풍속에 따라 바꿀 필요가 없다.
둘째, 사신은 오직 원 조정이 보내는 것 이외에 모두 금지한다.
셋째, 개경으로 다시 돌아가는 것은 고려서 시간을 조절할 수 있다.

※ 제주도 : 탐라
- 백제 : 동성왕 때 복속
- 신라 : 신라에 조공 바침
- 고려 : 우왕, 소뼐, 해조류, 귤을 고려에 조공 바침
  - └ 태조 : 938년 탐라에 조공을 받음
  - └ 숙종 : 탐라군으로 편성, 지방관 ×
  - └ 의종 : 지방관 파견
  - └ 원종 : 1273년 삼별초 진압 후 탐라총관부 설치, 목마장
  - └ 충렬왕 : 제주 개칭

1. 중앙통치제도

당 계통	2성		6부		☆ 기타 기구
	• 2성 : 중서문하성과 상서성 • 중서문하성 : 재부, 장은 문하시중 / 재신(2품 이상, 국정 총괄) + 낭사(3품 이하, 간쟁) • 상서성 : 산하에 6부를 두고 정책 집행		6부(판사) : 이·호·예·병·형·공부 └ 재신이 겸직		• 어사대 : 관리 감찰과 탄핵 • 한림원 : 외교문서와 왕의 교서 작성 ※ 대간 : 대관(어사대) + 간관(낭사) └ 서경과 간쟁, 봉박, 관리 인사나 법률 개정 시 타당성 심사 ※ 재신과 추밀 : 국가 중대사 회의 결정, 이부와 병부 장악 └ 정책 결정과 집행에 참여 • 도병마사와 식목도감 : 왕의 정책 결정에 자문 ※ 원 간섭기 관제 격하 • 2성 6부 : 첨의부와 4사 (이부와 예부 : 전리사) • 중추원 : 밀직사 / 어사대 : 감찰사 / 한림원 : 문한서

송 계통	중추원	삼사	(계속)
	• 추밀원, 추부 / 국왕 명령 전달, 궁궐 지키는 업무, 비서기구 • 중서문하성(재부) + 중추원(추부) → 양부 • 추밀(2품 이상, 군사기밀) + 승선(3품, 왕명출납)	곡식의 출납과 회계 ※ 조선 삼사 : 언론기구	

독자적 기구		도병마사	식목도감
	특징	재신 + 추밀, 임시 회의 기구, 만장일치 합의	재신 + 추밀, 임시 회의 기구, 만장일치 합의
	역할	국방 문제 논의	법과 시행 규칙 제정
	변화	도평의사사(도당) : 충렬왕, 최고 기구, 상설화, 인원 증가 └ 권문세족이 장악 → 1400년 조선 태종 때 폐지	고려 후기 기능 약화

2. 지방 행정 조직

(1) 정비 과정

태조	사심관과 기인제도, 평양을 서경으로 승격 → 북진 정책의 전진기지, 분사제도(서경 개발)
성종	10도와 12목 설치, 외관 파견 → 향직 개편 / 3경 정비(중경, 서경, 동경), 개경을 개성부로 개칭
현종	5도 양계 4도호부(군사 거점 도시) 8목과 경기(중앙 정부가 관리, 수도 개경 주변의 군현을 묶음, 왕실에 물자 공급, 수도 방어) 정비
문종	3경 정비 : 한양(목멱양)을 남경으로 승격하여 3경에 포함, 동경을 제외
숙종	김위제 건의로 남경 개발, 남경개창도감 설치
예종	감무의 파견 : 속현과 속군, 향과 소, 부곡에 반란 발생 시 파견

※ 분사제도 : 서경을 개발
└ 태조 때 시작 → 예종 때 완성 → 인종 때 묘청의 난 때 폐지
※ 3경 : 중경(개경), 서경(평양), 동경(경주), 풍수지리의 영향
※ 계수관 : 중요한 주현, 주변 군현 통제, 중앙 명령 집행
└ 5도의 안찰사, 도호부, 목 등
※ 8목 : 충주, 청주, 상주, 황주, 광주, 나주, 전주, 진주
※ 장·처 : 왕실과 사원의 농장, 처간이 경작

(2) 지방 행정 조직

	5도	양계	특수 행정 구역 : 향과 소, 부곡
특징	행정 구역 ※ 서해도, 양광도, 교주도, 경상도, 전라도	• 군사 구역 ※ 북계와 동계 • 조세를 수취하여 현지 경비로 사용	• 수령이 파견 × → 향리(부곡리)가 관리, 반란 발생 시 감무 파견 • 양인이지만 차별 대우 : 부곡리도 차별, 국자감 ×, 과거 ×, 승려 ×, 거주이전 ×, 세금 多 • 공주 명학소의 난(망이와 망소이)이후 소멸되기 시작 → 조선 초기 완전 소멸 • 경상도에 다수 존재, 소는 전라도에 다수 존재
관리	안찰사 : 임기 6개월, 순회, 수령보다 품계 낮음	병마사 : 임기 6개월, 민정 + 군정 └ 안찰사보다 권한이 강함	
구성	군과 현 설치 : 수령 파견, 임기 3년, 수령 5사 └ 주군과 주현 : 수령 ○ └ 속군과 속현 : 수령 ×, 더 많음, 향리가 관리 ※ 속군과 속현 : 주현의 수령이 통제 └ 주현과 속현 사이에도 차별 존재 └ 상주목 : 가장 많은 속현이 존재	• 진 설치 : 군사 도시, 수령은 행정과 군사업무 처리 • 서경 : 북계 소속	(아래 표 참조)
군대	주현군 : 정용과 보승, 일품군(향리가 지휘)	주진군 : 좌군, 우군, 초군의 상비군	

	향과 부곡	소
기원	• 신라 시대부터 존재	• 고려 시대 처음 등장
역할	• 농업에 종사 • 둔전과 공해전 등 경작	• 수공업, 광물 채취 • 도자기와 종이, 먹 등 제작

3. 관리 선발 제도

(1) 관리 운영 제도

	문반	무반
관등	문산계, 재추(2품 이상)	문산계, 3품까지 승진, 상장군과 대장군, 장군 등
선발	과거와 음서를 통해 선발	• 특채, 세습 • 무과는 거의 실시 × • 군인들이 군공을 세워 무신(무관)으로 승진

★ 관등 정비와 운영 : 성종, 문산계와 무산계 정비
★ 문산계와 무산계
　└ 문산계 : 문반과 무반(양반), 18품계, 재추(2품 이상), 무반은 3품까지 승진
　└ 무산계 : 향리, 탐라 왕족, 여진 추장 등
★ 관리 종류 : 직관(실직, 현직), 산관(산직, 전직 등), 첨설직(공민왕)
★ 관리 임용 원칙 : 행수제(품계와 관등 불일치 시), 서경제(관리 임명 시 대간의 동의), 상피제 등

(2) 관리 선발 제도

	음서	과거	승과
실시	성종	광종 때 쌍기의 건의 실시 → 성종 때 과거 정비, 과거 출신자 우대	광종 때 실시
대상	• 문음 : 문무 5품 이상 관리 자제를 관리로 임명, 정기적 • 공신과 조종의 묘예(왕족) : 비정기적	• 양인 이상이 응시, 향·소·부곡민은 제한 • 신분에 따라 응시할 수 있는 과목에 제한이 있음	승려들이 응시
특징	• 18세 이상에게 음직(산직) 수여, 예외도 존재 • 1인 1자가 원칙　※ 음서는 직계 자손에게만 주었다. [×] • 음서 출신들은 관직 진출의 제한이 없음. • 공신 자손에게 주던 음서의 혜택이 제일 컸다. • 음서로 관리가 되어도 과거에 응시하는 경우가 많았다. [○] 　└ 과거가 음서보다 승진에 유리 　└ 승진 시 : 근무 기간과 근무 성적 고려 ※ 기타 관리 선발 제도 　• 유일 천거 : 학식과 덕행이 뛰어난 인물 선발 　• 하급관리와 남반, 잡로 : 일정 기간 근무 후 문무반 전환	• 원칙 : 3년마다 보는 식년시가 원칙, 유행은 격년시 • 향시 → 국자감시(진사시, 사마시) → 예부시(동당감시) • 종류 　└ 제술과 : 시·부·송·책, 사장, 문장 시험, 명경과 보다 중시 / 상층 향리 자제와 손자 이상만 응시 / 백정 × 　└ 명경과 : 경전 시험 　└ 잡과 : 기술관 시험, 11개 과목 　└ **무과는 거의 실시 ×(공양왕 때 제도화)** • 좌주와 문생 : 문벌귀족 형성에 영향 → 조선 시대 폐지 • 고려 후기 성리학이 과거 시험과목으로 채택	• 종류 : 교종시와 선종시 • 합격생에게 승계(법계) 수여 　└ 교종(승통), 선종(대선사) 　└ 왕사, 국사 • 승록사 : 불교 행정 관리 　└ 승려들의 인사 문제를 다루었다. [×]

4. 교육제도

관학 정비	• 태조 : 학보 설치, 개경과 서경에 학교 설치 • 정종 : 광학보(승려 면학 장려) 설치 • 성종 : 교육조서반포, 국자감 설치, 12목에 박사 파견, **향교(향학)** 설립, 개경에 비서성, 서경에 수서원 설치, 문신월과법 실시
관학의 침체	최충의 9재학당(문헌공도, 문종) → 사학 12도 융성 → 관학의 침체 　└ 국자감이 경전을 중시했지만 사학은 시문과목을 필수로 하여 과거를 준비하는 귀족 자제에게 인기
관학 진흥책	• 숙종 : 서적포(출판사) 설치 • 예종 : 양현고(장학 재단), 7재(전문강좌, 유학 6재 + 강예재의 무학) • 인종 : 경사 6학 정비 • 충렬왕 : 국자감을 국학 → 성균감 개칭, 양현고를 보충하여 섬학전 설치, 국자감에 문묘와 공자 초상화 비치, 경사교수도감 • 충선왕 : 성균감 → 성균관 개칭 • 공민왕 : 성균관 → 국자감 → 성균관 / 유학 교육 기구로 개편 (이색이 성균관 교육 과정 정비 → 신진사대부 양성)

★ 국자감
• 설립 : 성종, 개경에 설립
• 구성 : 유학부(7품 이상 관리 자제) + 기술학부(8품 이하 자제, 평민)
• 정비
　└ 숙종 : 서적포
　└ 예종 : 양현고와 7재
　└ 인종 : 경사 6학
　└ 충렬왕 : 섬학전, 문묘, 공자 초상화 비치
• 운영
　└ 유학부 : 신분별 입학, 7품 이상 / 국자학(3품), 태학(5품), 사문학(7품)
　└ 기술학부 : 전공별 입학, 8품이하 + 평민 / 율학·서학·산학

5. 군사제도

	2군		6위	
중앙군	• 정비 : 목종 / 응양군 + 용호군 • 왕의 친위 부대, 6위보다 우위(근장이라 불림)		• 정비 : 성종 • 좌우위 + 신호위 + 흥위위 : 개경과 국경 수비 담당, 주력 • 금오위 : 경찰 업무 • 천우위 : 의장대 • 감문위 : 궁성 수비	
지방군	주현군		주진군	
	5도, 정용+ 보승 + 일품군(향리가 지휘, 노동부대)		**양계**, 좌군+우군+초군의 상비군, 둔전병	

		광군	별무반	삼별초
특수병	**설립**	정종	**숙종** 때 윤관의 건의	최우 시절
	구성	호족의 사병 중심	• 신기군 : 기병 • 신보군 : 보병 • 항마군 : 승려 • 주력은 신기군 • 전직 관리~노비까지 동원	• 야별초 → 좌별초 + 우별초 • 신의군 : 몽골 항쟁 중 탈출한 병사
	역할	청천강에서 거란 침략 대비	예종 때 여진 정벌 → 동북 9성 축조	무신 집권기 사병 역할
	변화	현종 때 주현군으로 편입	여진 정벌 후 해체	강화도에서 반몽 무인 정권 수립 ┗ **강화도** : 배중손, 승화후 온 추대 ┗ **진도** : 배중손, 용장성, 해상왕국 ┗ **제주도** : 김통정, 항파두리

★ 2군 6위 : 직업군인 + 농민병, 45령(4만5천명)으로 구성
★ 직업군인 : 중류층, 정호, 군인전, 역이 세습 → 토지 세습
 ┗ 역 세습이 안 될 때 선군을 통해 충원
  ┗ 선군 : 지방 한인, 백정, 천인, 노비도 가능
★ 중방 : 2군 6위의 상장군 + 대장군의 회의
★ 장군방 : 45령의 장군들의 회의
★ 주현군과 주진군 : 농민병, 16~59세 중 선발

※ 정호 : 문무반, 향리, 잡류, 직업군인 등 국역을 담당
※ 백정호 : 일반 농민

※ 삼별초는 관군과 귀족장교로만 구성되었다.[×]

※ 마별초 : 최우가 설치한 의장대
※ 연호군 : 고려 말 왜구 침입 대비, 노비 + 농민 → 우왕 때 폐지
※ 만호부 : 원 간섭기, 일본 원정 이후 설치 → 공민왕이 폐지

1. 토지제도

	역분전	시정전시과	개정전시과	경정전시과	녹과전	원 간섭기	과전법
재정	태조	경종	목종	문종	원종	※ **권문세족의 농장 확대**	공양왕
지급 대상	개국공신	전직(산관) + 현직(직관)	**전직 < 현직**	**현직**	현직	└ 사패전 이용, 전국적, 산천위표	전직 + 현직
지급 기준	논공행상	관품(자단비녹) + **인품**(충성도, 명망)	관등	관등	관등	└ 국가 재정 파탄. 농민 몰락	관등
지역	전국 ×	전국	전국	전국	경기8현	※ **개혁 시도**	경기도
특징		• 자색 : 인품에 따라 18과 • 단색, 비색, 녹색 : 문반, 무반, 잡업 • 훈전 : 개국공신과 귀순한 호족의 후예	• 문무차별 심화 • 군인전 지급 • 시지 : 15과까지 지급 • 시정전시과보다 감소	• 공음전 지급 • 한인전과 별사전 지급 • 문무차별 완화 • 시지 : 14과까지 지급 • 개정전시과 보다 감소		└ 원종, 충렬왕 : 전민변정도감 └ 공민왕 : 전민변정도감(신돈) └ 우왕 : 전민변정도감 └ 창왕 : 급전도감	• 향리 무보수 • 직업군인 : 녹봉 • 군전 : 한량 • 병작반수 금지 • 유가족 : 수신전, 휼양전

2. 토지 종류

공전	• 국가기관, 왕실 • 1/4 수취	• 공해전 : 관청 경비 • 내장전 : 왕실 경비
사전	• 개인 관리 • 1/10 수취	• 과전 : 문무관리 • 한인전 : 6품 이하 하급관리 자제 중 무관직자, 과거 합격 후 대기자 • 별사전 : 승려, 풍수지리업 • 구분전 : 하급관리와 군인의 유가족 • 외역전 : 향리, 역 세습 → 토지 세습 (전정연립) • 군인전 : 직업군인, 역 세습 → 토지 세습 (전정연립) • 공음전 : 5품 이상의 관리 (세습)

※ **전시과** : 관리들의 역 대가로 정부가 전지와 시지의 수조권을 18과에 나누어 지급
　└ 원칙 : 전지와 시지의 수조권 지급, 18과(등급), 세습 불허, 1대 원칙, 퇴직 또는 사망 시 반납
　└ 지역 : 양계를 제외한 전국의 토지 지급　　　예외적 세습 : 공음전 / 조건부 세습(전정연립) : 외역전, 군인전
　└ ★ 사전 : 소유권은 전객, 수조권은 전주
　└ 주의 : 공음전과 한인전은 역의 대가 아님　　※ 관직 사회의 경제 안정 : 과전, 공음전, 한인전, 구분전
※ **식읍** : 경순왕은 경주, 견훤은 양주, 최충헌은 진주를 식읍으로 받음
※ **장과 처** : 왕실과 사원의 농장, 처간이 경작
※ **사패전** : 개간 시 토지 소유권 인정 → 권문세족의 농장(산천위표) 확대 기반

3. 수취제도

	부과	특징
조세	토지	• 결부제, 토지의 비옥도에 따라 3등급 구분 • 쌀과 콩을 부과 • 세율 : 사전(민전)은 1/10을 수취, 공전은 1/4을 수취 ※ 전호는 공전 경작 시 1/4, 사전 경작 시 1/2을 지대로 납부
공납	호(9등호)	• 현물과 토산물 • 상공(정기적)과 별공(수시로)
역	16~59세 정남	• 군역 : 군인호 • 요역 : 호에 부과, 각종 공사에 동원

★ 조운제도 : 조세를 지방의 조창으로 모아 개경의 경창으로 운송, 배로 운송, 양계지방은 현지 경비로 사용
★ 재정운영 : 국방비가 가장 큰 비중
　└ 호부 : 양안(토지 장부) · 호적(인구 조사) 작성
　└ 삼사 : 곡식의 출납과 회계 담당
★ 창 : 국가 운영의 중심의 쌀과 베를 저장하고 지급하는 관청
　└ 좌창 : 관리 녹봉 / 우창 : 일반 비용 / 용문창 : 군량미 / 상평창 : 물가 조절 / 의창 : 빈민 구제

4. 경제활동

		전기	후기
농업	논농사	휴한농법(불역전, 일역전, 재역전)	시비법의 개발로 휴한농법 극복되기 시작, 휴경지 감소, 이양법 보급(일부)
	밭농사	밭농사 중심 / 1년 1작, 2년 3작 윤작법 보급(조, 보리, 콩)	2년 3작 윤작법 확대
	기타	심경법(깊이갈이) 일반화	• 목화씨 전래(공민왕 시절, 문익점이 전래, 정천익 재배) • 원에서 이암이 <농상집요> 전래
상업		• 시전 : 개경과 서경 등에 설치, 관허상점과 관영상점 운영 • 경시서 : 시전의 상업 활동 감시	• 전기보다 시전 규모가 확대, 업종별로 전문화, 민간 점포도 확대 • 소금의 전매제 : 충선왕, 의렴창, 각염법
수공업		• 관청 수공업 : 정부가 관장을 설치하여 운영, 공장안 작성, 무기 등 제작 • 소 수공업 : 정부가 지정한 물품 제작 → 공물 납부, 나머지는 판매 └ 광물, 해산물, 먹, 종이, 금ㆍ은세공품, 청자, 생강 등	• 사원 수공업 • 민간 수공업 : 죽제품, 명주, 삼베 등을 제작하여 민간에 판매
화폐		• 성종 : 건원중보(최초, 철전 + 동전) • 숙종 : 주전도감(의천 건의), 활구(은병), 해동통보(중보), 삼한통보(중보), 동국통보(중보) └ 해동통보를 관리와 군인에게 지급하여 주점을 개설하여 화폐 유통 시도	• 충렬왕 : 쇄은 • 충혜왕 : 소은병 • 공양왕 : 자섬저화고에서 저화 제작 ※ 원 간섭기에는 원의 보초가 유통 ※ 고려 시대 화폐 : 자급자족 경제로 전국 유통 실패
보		학보 (태조), 광학보(정종 / 승려 지원), 제위보(광종 / 빈민구제), 팔관보(문종 / 팔관회 경비)	
금융 활동		고리대 : 사원과 귀족들이 사설 장생고를 통해 고리대 실시	

5. 무역

무역항	개경 근처 예성강 유역의 벽란도가 국제무역항	
송	• 벽란도를 통해 무역, 가장 큰 비중 • 등주(북송)와 명주(남송)에 고려관 설치 • 수출 : 금ㆍ은, 나전칠기, 화문석, 인삼, 종이, 먹, 붓 등 • 수입 : 비단, 약재, 서적, 차, 향료, 자기 등	
거란 여진	• 국경 지대에 각장을 설치하여 무역 • 특징 : 거란과 여진은 은ㆍ말ㆍ모피를 고려에 수출, 식량과 문방구 등을 수입해 감 • 거란 : 고려 초 전쟁 이후 대장경과 자전을 고려에 전래	
일본	• 11세기까지 공식 외교가 없었음 → 문종 때 이후 교류 • 수입 : 수은과 유황, 감귤 • 수출 : 식량과 인삼, 서적 등	
원	• 공무역과 사무역이 활발히 이루어짐, 사무역의 규모가 더 큼 • 왕실의 국제 무역 └ 제국대장 공주 : 인삼 무역 └ 충숙왕 : 상인 출신 관리 채용 └ 충혜왕 : 원에서 무역	
아라비아	• 중국을 거쳐 벽란도에서 무역 • 서방에 corea라는 이름 전래 • 수은과 물감, 향료, 산호 등을 고려에 전래	

1. 신분 제도

(1) 신분 제도 운영

원칙	양천제 : 양인과 천민으로 구분
실제	귀족, 중류층, 양민, 천민으로 구분

※ 정호 : 문반과 무반, 향리, 서리, 군반씨족 등 국가로부터 특정 역을 부과받고 그 대가로 토지를 받음, 정호에 결원이 생기면 백정 중에서 선발

※ 백정호 : 특정 직역이 없는 일반 농민, 과거 응시 가능, 과거 합격으로 신분 상승이 어려움, 군공을 세워 정호로 전환

(2) 귀족

① 종류 : 왕족과 문무 5품 이상의 관료

② 특징 : 음서와 공음전 등을 통해 권력 강화, 자제가 3명 이상일 경우 한명을 승려로 출가　※ 충상호형 : 평민으로 강등되기도 함

③ 변화

	문벌귀족	권문세족	신진사대부
출신	• 호족, 6두품 가문 • 향리들도 과거를 통해 귀족으로 진출 가능	전기 문벌귀족 + 무신 집권기 출세 가문 + 친원파 귀족(多)	지방 향리 자제가 다수 ※ 사대부 : 무신집권기의 이규보와 최자 등
대표	• 김부식 : 경주 향리 가문으로 귀족으로 진출 • **경원 이씨** : 이자연(문종에게 세 딸 혼인), 이자겸(예종과 인종 외척)	이인임과 최영 등	정도전과 정몽주 등
권력 기반	• 음서, 과거, 중첩된 혼인 관계로 권력 강화 • 중서문하성과 중추원 장악	• 음서로 관직 진출 • 도평의사사. 정방	과거를 통해 관료 진출, 충선왕과 공민왕 시절 개혁 추구 └ 공민왕 때 과거를 통해 정계 진출, 우왕 때 정치 세력 형성
성향	• 보수적, 귀족적, 가문 중시 • 개경에 거주하며 특권 독점 → 귀향죄가 중형	• 보수적 • 관직 중시	• 신진 관료, 진취적, 개혁적, 이성계와 최영 등의 신흥무인과 결탁 • 능문능리의 학자 출신 관료, 불교와 권문세족 비판
사상	친불교, 훈고학 강조	친불교, 비유학자	성리학
외교	친송 → 중기 이후 금에 사대	친원세력	친명외교
경제 기반	• 과전, 공음전, 전지와 시지, 녹봉, 물려받은 토지와 노비 • 토지 경영, 상업 등으로 부 축적	대농장 : 사패전을 이용하여 농장 확대, 산천위표	중소지주와 자작농 출신
기타	청자로 된 기와로 집 장식, 화려한 은 그릇 사용	재상지종 : 충선왕, 왕실과 혼인할 수 있는 15개 가문	

(3) 중류층

종류	서리(중앙관청 하급관리, 잡류), 남반(궁중에서 잡일), 향리(지방 행정 실무), 군반씨족(직업군인), 등
특징	• 직역 세습 • 역의 대가로 **토지 지급** : 향리 → 외역전, 직업군인 → 군인전 • 전정 연립 : 역 세습으로 토지 세습 • 고려 시대 중인은 납속보관제를 통해 귀족으로 신분상승 / 향리는 기인의 방법으로 중앙 서리직에 진출

※ 향리 : 무산계. 외역전, 일품군 지휘, 읍사(사무실), 지방관과 사심관 · 기인제도로 통제

• 문과 응시 : 주현공거법, 향공 진사 제도 (문종 때 과거로 중앙관직 진출 허용) → 문벌로 성장

• 호장층 : 부호장과 함께 향리의 우두머리, 호족 출신
　└ 결혼과 과거에 특혜, 과거 응시 제한 × → 과거를 통해 중앙 관직 진출
　└ 특정 가문에서 세습, 비슷한 가문끼리 혼인
　└ 지방 행정 장악 : 행정, 재판, 군사 등의 업부, 지방군(일품군) 통솔
　└ 중앙의 상서성에서 임명

• 하위 향리 : 과거 급제 시 5품까지만 승진

(4) 양민

종류	• 백정 : 일반농민 vs 조선 백정은 도축업자 (세종이 화척과 양수척을 백정으로 승격) • 상공업자 : 농민보다 낮은 대우, 관직 진출에 제약 • 향과 소, 부곡의 주민 • 처간 : 왕실과 사원의 농장 경작 • 역과 진의 주민, 철간(광부), 생선간(어부), 목자간(목축), 진척(뱃사공)
특징	• 민전 경작 시 정부에 1/10을 조로 납부 • 공물과 역의 의무 • 성씨 소유, 과거 응시 • 국자감 입학 가능 • 선군으로 직업군인 선발 • 고려 시대부터 평민도 성씨 사용 : 토성 + 중국 성씨 사용 가능 • 같은 신분이라도 거주 지역에 따라 사회적 차이가 존재(주현 – 속현 – 향, 소, 부곡)
★ 본관제	• 고려는 가문의 근거지인 본관을 중시 • 기원 : 태조 시절 각 지방의 호족에게 성씨를 하사하며 본관제 시행 • 성씨 앞에 출신 지역 기록 : 주현 – 속현 – 향과 소, 부곡 • 성씨가 없는 백성 : 거주 지역을 본관으로 성씨처럼 사용 • 특징 : 개인의 사회적 지위에 영향, 본관제로 위계질서 결정, 본관을 떠나 이주 금지(예외 : 관리로 개경 이주, 혼인) • 관리가 중죄를 지으면 본관지역에 귀향을 보냄 → 중앙 정치에서 소외

※ 향, 소, 부곡 : 일반 군현에 소속, 경상도에 다수 분포
• 관리 : 수령 ×, 부곡리(향리)가 관리, 반란 시 감무 파견
• 신분 : 일반 양민
• 차별 대우
  ↳ 더 많은 세금, 국자감 입학 금지, 과거 응시 금지, 승려 출가 금지, 거주이전 금지
  ↳ 부곡 출신은 5품 이상 승진 ×(예외 : 고이부곡 유청신은 몽골에 능통, 3품 승진)
  ↳ 형벌을 받을 때 노비와 동등하게 처벌
  ↳ 일반 군현의 양민과 혼인 금지, 본인이 맡은 직역에서 벗어날 수 없음
  ↳ 부모 중 한쪽이 특수 지역민이면 자녀도 특수지역에 소속
  ↳ 부곡리 : 중앙의 서리나 하급관리 진출 가능, 과거 응시에 제한을 받거나 승진에 제약
• 향과 부곡 : 신라부터 존재, 공해전 등을 경작하며 농업에 종사
• 소 : 고려 시대 등장, 수공업, 광업, 염전 경영, 종이, 먹과 청자 생산
  ↳ 해남 도자소 : 청자 생산을 지정 받음
• 소멸
  ↳ 무신 집권기 : 망이와 망소이의 난 이후 공주 명학소가 충순현으로 승격
  ↳ 대몽항쟁기 : 충주 다인철소 → 익안현 / 처인부곡 → 처인현
  ↳ 조선 초기 모두 소멸

(5) 천민

종류	• 노비와 화척과 양수척, 재인 광대 기생 등 • 화척(도축업자), 양수척(버들고리, 사냥과 유기 제작), 재인(광대), 기생 : 호적에 기록 × ※ 주의 : 화척과 양수척, 재인, 기생을 신량역천으로 보기도 하나 현 고등 교과서는 천민으로 서술 되기도 함

노비	• 특징 : 재산으로 취급되어 매매와 상속, 증여 가능, 성씨는 가질 수 없으나 성이 있는 노비도 존재, 주인의 호적에 기재
	• 초기 : 전쟁 노비가 다수 → 이후 생활이 어려운 자들이 노비로 전락
	• 혼인 : 양천교혼은 법적으로 금지 ※ 양천교혼시 : 부모 중 한명이 노비이면 그 자녀도 노비
	• 노비들의 신분 상승 : 선군, 군공, 재산을 모아 신분 상승 / ※ 고려시대 노비는 납속과 공명첩으로 신분을 상승시켰다. [×]
	• 노비의 종류
	  ↳ 공노비 : 입역노비와 외거노비 / 공노비는 60세가 되면 역에서 벗어나 사노비보다 대우가 좋았다.
	  ↳ 사노비 : 솔거노비와 외거노비
	★ 외거노비 : 주인과 따로 살며 경제적으로 독립, 신공 납부, 재산을 모아 노비 신분에서 벗어날 수 있음, 백정과 비슷한 생활

★ 노비 관련 법
• 일천즉천 : 양천교혼 시, 자녀의 신분을 노비로 규정
• 노비종모법 : 조선 후기 현종 때 실시 → 영조 때 확정
• 공노비 해방 : 정조가 계획 → 순조 때 1801년 공노비 6만 6천명 해방
• 노비 세습제 폐지 : 1886년 고종
• 공사노비제 폐지 : 1894년 1차 갑오개혁 때 폐지

(6) 고려 시대 신분 상승

과거	신분에 따라 응시할 수 있는 과목에 제한이 있지만 원칙적으로 양인 이상이면 과거 응시 가능
향리	과거에 급제하여 중앙 관리로 진출
군인	전쟁에서 공을 세워 무반으로 승진
백정	잡과에 응시하거나 군인으로 선발되어 정호로 진출
외거노비	재산을 모아 양인 신분 획득, 군공으로 세워 군인 진출, 직업군인 선발 등
향, 소, 부곡	주민들의 저항으로 일반 군현 승격, 공을 세워 승격 ※ 공주 명학소 → 충순현 / 충주 다인철소 → 익안현, 용인 처인부곡 → 처인현
원 간섭기	몽골어, 매 사육으로 고위 관직에 오르기도 함

※ 외국인 : 고려에 귀화하여 자신의 능력을 인정받아 관리로 진출
  ↳ 장순룡 : 제국공주의 겁령구, 장군 진출
※ 이의민 : 천민 출신, 군인 발탁 후 정중부의 난에 가담하여 장군 승진

2. 기타 사회 모습

(1) 신분 제도 운영

사회시책	• 태조 : 흑창(흉년 시 빈민에게 곡식 대여) • 광종 : 제위보(기금을 모아 고리대를 통한 이자 수입으로 빈민 구제) • 성종 : 의창(흑창을 의창으로 개편, 곡식 대여), 상평창(개경과 서경, 12목, 물가 조절) • 현종 : 주창(의창을 지방으로 확대) • 문종 : 동서대비원(개경, 국립의료 기관, 의료 + 음식 제공) • 예종 : 혜민국(빈민들에게 의약품 제공), 구제도감(각종 재해 시 설치, 임시 치료 기관)
장례와 제례	• 정부 : 유교적 의식 권장 • 민간 : 토착 신앙과 결합 된 도교와 불교식 의식 → 성리학 전래 이후 유교적 의식 보급 : 가묘 제작 • 장례 의식 : 화장, 49재, 100일재, 조부와 장인, 장모의 상에 1년 애도, 윤행(아들과 딸들이 돌아가면서 제사 거행)
혼인	• 일부일처제　　※ 왕실과 귀족은 축첩과 일부다처제 → 충렬왕 시절 박유가 일부다처제 상소 → 여성 반대, 시행 × • 서류부가혼 : 솔서혼, 남귀여가혼, 처가살이 → 조선 후기에 친영제(시집살이)가 일반적 • 이혼과 재혼 자유로움 → 공양왕 시절 재혼 금지 시도 → 조선 초기 성종 때 재가금지법 제정 • 조혼 유행 : 원 간섭기 공녀 문제로 조혼 유행 • 근친혼과 동성혼 등이 유행 → 충선왕 : 재상지종 발표 후 왕족 내 족내혼은 감소
향도	• 농민 공동체 조직 : 마을의 노역과 혼례, 상장례 등에 동원　　※ 최초 : 김유신의 용화향도 • 불교 단체 : 연등회와 팔관회 등에 동원, 석탑과 불상 등 제작에 동원 • 매향 활동과 미륵신앙　　※ 사천매향비 : 우왕 시절 제작 • 향도의 변화 : 고려 후기로 가면서 종교 색채 약화, 마을의 상장을 도움 → 조선 시대 향약에 흡수, 상두꾼은 독립
법률	• 특징 : 당나라 법률 도입 → 필요할 때 율문을 제정 • 일상생활 : 관습법 사용 • 법률 관청 : 형부, 지방관(사법권 행사, 태, 장, 도는 지방관이 처벌) • 중범죄 : 반역죄와 불효죄 • 형벌 : 태(볼기), 장(곤장), 도(징역), 유(유배), 사(사형)　　※ 유형 : 귀양 + 귀향(본관 지역에 유배) ★ 법률 운영 • 죄수를 다루는 관리는 복수로 임명, 재판 기간을 정해 놓고 진행, 사형수는 삼심제, 속동제(동을 납부하여 형벌 면제) • 부모상 시 7일간의 휴가 • 형벌주의 보다 배상주의를 우선 → ×

※ 고려 시대 기타 풍속
• 명절 : 정월 초하루, 삼짇날(3월 3일), 단오(5월 5일), 유두(6월 1일), 추석(8월 15일)
• 격구 : 군사 무예, 상류층의 놀이, 조선 시대 무과 시험 과목으로 시행
　└ <무예도보통지>(정조)에 자세히 기록
• 김장 : 고려 시대에 생겨남　※ 고추는 조선 후기 전래
• 풍입송 : 고려 시대 연회나 팔관회 등의 행사 시 부르던 노래, 천자 강조
• 강릉 단오제 : 고려 시대 축제가 이어져 옴, 5월 1일 축제 시작, 유네스코 무형유산
　└ 선종 승려 범일(사굴산파)을 대관령 산신으로 모심

※ 개경 : 송악, 송도, 황도, 왕경, 개성
　└ 고려 : 예성강 포구 벽란도, 만월대(궁궐터 / 궁궐은 공민왕 때 홍건적 침략으로 소실)
　└ 조선 : 송상(개성), 면화와 인삼 재배 적합
　└ 현대 : 6·25 전쟁 때 휴전회담이 처음 개최

3. 불교 행사

	연등회	팔관회
기원	신라 시대	신라 진흥왕 때 시작
시행	봄철 1월, 2월, 4월	겨울, 10월(서경), 11월(서경)
지역	전국적	개경과 서경
성격	• 호국불교 • 순수한 불교 행사로 부처 공양	• 호국 불교, 불교 입문 상징(여덟 가지 계율 실천) • 천신과 오악, 명산에 제사 • 불교 + 도교와 전통 신앙 결합
특징	행사 후 봉은사 태조 사당에 참배	• 관리들이 글을 써서 올리는 하례 의식 • 팔관보로 경비 조달 • 송, 요, 여진 등의 상인이 무역 • 여진과 탐라의 지배층이 조공을 바침

★ 팔관 치어 <동문선>
"태조의 공과 후대 임금님들의 덕이 만세에 드리웠고, 성스러움이 일어나고 명철함이 따르니, 백년의 예약이 일어나 하늘과 신이 함께 기뻐하여 나라 안이 고르게 은혜롭습니다."

4. 가족제도와 여성의 지위

	고려~조선 전기	조선 후기
여성 지위	• 여성 ≒ 남성 ★ 모계사회(×) → 양측적 친족사회 • 여성의 관직 진출은 허용 × → 여성의 사회적 진출은 가정 내로 한정 • 고려 시대 여성은 남편을 통해 정책에도 영향력을 행사하기도 하였다. ★ 배우자의 부모에게 불효 또는 간통한 여성은 같은 죄를 지은 남성보다 더 강한 형벌을 받음	가부장적 사회, 여성의 지위 하락
호주	• 여성 호주 가능, 재산권 행사, 재산 소유 가능 ★ 고려시대 여성은 자기 재산을 소유, 사업에 투자, 각종 기부	호주가 될 수 없었고, 재산권 행사가 금지되었다. 법률 행위 시 남편의 동의 필요
혼인	• 가족제도 : 부부와 자녀(일반적), 부모를 봉양하는 대가족도 존재, 부계와 모계를 모두 중히 여김 • 일부일처제 → 후기에는 여러 명의 처를 두는 경우도 있음 → 조선 : 일부일처제, 축첩 허용 • 동성혼과 근친혼 유행 : 충선왕 때 문무 양반의 동성동본금지령 반포 → 조선 전기부터 동성혼과 근친혼 금지 • 처가살이 : 사위가 처가와 처의 부모 봉양, (솔서혼, 남귀여가혼, 서류부가혼) ★ 재산 • 부부가 재산을 합치지 않고 독립적으로 관리 • 결혼 시 데려온 노비에 대한 소유권은 여전히 부인에게 있음	• 일부일처제, 축첩 허용 • 친영제도(시집살이) 일반적
재산 상속	• 결혼 유무에 관계없이 균분 상속, 제사 봉양 시 1/5을 추가 세습 • 상속자가 없을 때는 형제와 자매, 조카에게 상속 • 외조부나 외가로부터 재산 상속 • 정호의 직역과 토지를 물려줄 때 아들이 없으면 친손자, 외손자, 사위, 조카에게 상속 ★ 율곡 이이 남매의 분재기 : 조선 전기 <경국대전>의 균분상속의 원칙을 따름 ※ 분재기 : 유산 분배 내용을 기록한 문서	아들과 장자 우선 상속, 장자 이외에는 제사와 상속에서 제외
장례와 제사	• 불교식 제사, 윤행 → 성리학 전래 이후 : 가묘 등장 → 조선 전기 가묘 유행 • 조선 전기 : 신분에 따라 제사 범위가 달랐다. • 장례 : 화장이 유행 → 조선 후기에는 매장이 유행	• 장자 제사 • 아들이 없을 때 양자 제도 유행 • 가묘 유행, 평민들도 가묘 제작 ※ 신분에 관계없이 4대 봉사(주자가례)
호적, 묘지명	• 아들과 딸 상관없이 태어난 순서대로 기록 • 사위와 외손도 기록 ※ 딸 : 결혼 후에도 호적에서 지워지지 않음	선남 후녀로 기록
친가와 외가	• 친손과 외손 차별 × • 사위와 외손도 음서, 장모와 장인도 포상 • 상복에 차별 × → 15세기부터 차별 ★ 고려 시대 친족 용어 • 부계와 모계의 구분 × • 조부와 외조부 → '한아비' • 조모와 외조모 → '한아미' • 삼촌과 외삼촌 → '아자비' / 고모와 이모 → '아자미'	★ 족보 : 외손은 3대 → 이후 1대까지 기록 └ 최초의 사찬 족보 : 세종, <문화 유씨 영락보> / 현존 최고의 사찬 족보 : 성종, <안동 권씨 성화보>

이혼	• 여자가 이혼을 요구하기도 함, 이혼 시 재산을 따로 가져감
	• 이혼과 재혼이 자유로움 → 재혼 시 차별 ×
	   └ 재혼을 통해 왕비가 되는 경우도 있음 (충선왕 + 순비허씨)
	   └ 고려 말 : 공양왕 시절 재혼 금지 주장 재기 → 금지보다는 수절에 중점
	• 15세기 : 성종, 재가금지법 제정 → 재혼 금지, 재혼한 자의 자녀 차별 (문과 응시 금지)
		• 재혼 금지
		• 재혼 시 자식 차별
		※ 동학농민운동 : 과부의 재가 허용 요구 → 1차 갑오개혁 : 과부의 재혼 허용

적서차별	고려 : 차별 × → 15세기 : 서얼차대법(태종 → 경국대전에 법제화) → 16세기 : 적서차별 심화
	                      └ ※ 어숙권 <패관잡기> : 적서차별 비판
		성리학 강화로 적서차별 강화 → ★ 조선 후기 서얼 정치적 차별 완화
		       └ 영조 : 서얼의 청요직 진출 부분적 허용
		       └ 정조 : 이덕무, 유득공, 이덕무 등이 규장각 검서관 진출
		       └ 철종 : 신해허통, 서얼의 승진 제약 폐지

호적 관련 (조선 후기):
★ 호적
• 3년마다 작성, 호주의 신고로 관청에서 작성
• 호의 소재지, 호주의 직역, 성명, 처의 성명 기록
• 본관과 4조부 기록, 함께 사는 가족과 노비 기록
• 양반 : 관직과 품계   ※ 무관직자 : 유학으로 기재
• 평민 : 군역 기록 / 노비 : 이름 기록
• 준호구 : 개인의 호적 사항을 읍의 수령이 확인해준 문서

1. 고려 역사서

	삼국사기	동명왕편	해동고승전	삼국유사	제왕운기
시기	인종, 묘청의 난 직후 1145	1193년 무신집권기(이의민)	1215년 무신집권기(최충헌)	1281년 충렬왕	1287년 충렬왕
저자	김부식 등	이규보	각훈	일연	이승휴
방식	관찬 사서	사찬	관찬	사찬	사찬
서술방식	기전체(본기, 열전, 지, 표 등)	서사시		기사본말체	서사시
역사관	신라 계승 / 삼국을 우리로 표현	고구려 계승	자주적 입장, 불교사 정리	고조선 강조	고조선 강조
사상	• 유교적 합리주의 • 괴력난신은 수록 ×	• 자주적 사관 강조 • 금에 대한 자신감	교종의 입장	불교적 입장	• 유교 + 불교 + 도교 • 고려를 중국의 제후로 인식
주요 내용	• 현존 최고 역사서 • 신라 통일 강조, 삼국 건국 설화 • 건국 : 신라 - 고구려 - 백제 • 단군 신화 × • 구삼국사의 신비한 내용 삭제	• 구삼국사를 토대로 저술 • 주몽설화(동명왕의 업적 강조) • 오언시, 무신 층의 역사관 대변 • 삼국사기의 구삼국사의 동명왕의 　신비한 사적 삭제 비판	• 귀족적 입장 • 중국과 대등함을 강조 • 삼국시대 300여명 전기 수록	• 왕력, 기이편, 효선편 등 • 단군신화 수록(현존 최고) • 설화와 전통문화 등 수록 • 향가 14수 수록 • 가락국기 수록	• 상권 : 중국의 역사 • 하권 : 우리나라 역사 • 중국과 대등함 과시 • 단군 신화 수록 [3조선설] • 대조영 : 고구려 장수로 인식

★ 기타 역사서
• 고려왕조 실록 : 거란 침입 때 소실
　└ 7대 실록 : 소실
• 구삼국사 : 고려 초기, 고구려 계승, 현존 ×
• 편년통록 : 의종, 김관의, 왕건 가계 정리
• 본조편년강목 : 충숙왕, 민지, 최초의 강목체
　└ 성리학적 입장
• 사략 : 공민왕, 이제현, 태조~숙종 치적 정리
　└ 사론만 현존, 정통의식과 대의명분
　└ 도덕 정치와 영토 확장 강조
　└ 사치, 낭비, 간신을 등용한 왕 비판
• 천추금경록, 고금록, 세대편년절요 : 충렬왕

2. 도교와 풍수지리, 유학

	도교	풍수지리
수용	삼국시대 고구려에서 영류왕 시절 공식적 전래 → 연개소문 장려	신라 말 선종 승려 도선이 전래 → 호족과 결탁, 신라 정부의 권위 부정
사상	노장사상 + 신선 사상 + 음양오행의 예언 사상	지리를 체계화한 전통적 논리구조로 불교와 음양오행, 도참사상과 결합
특징	전성기 → 민간생활에 영향 / 일관된 체계 ×, 교단 성립 ×	민간신앙화, 도참사상과 결합, 고려말 천도 운동에 영향
서적	<도덕경> : [지족] 을지문덕이 오언시, 막고해 장군이 인용	<도선비기> / <해동비록> : 예종, 김인존, 현존 ×
영향	★ 고대 도교 • 사신도, 연개소문이 지원 　└ 산수무늬벽돌, 무령왕릉 매지권, 금동대향로, 사택지적비, 화랑도 　└ 세속오계 임전무퇴, 정효공주묘의 묘지석 등	• 고려 시대 북진정책의 사상적 기반 → 서경길지설 • 한양명당설 → 공민왕, 우왕 시절 한양 천도 시도
발전	• 태조 : 구요당에서 초제 거행 • 예종 : 복원궁(도교 사원) • 인종 : 서경에 묘청이 팔성당 건립 ★ 초제 : 11개 별자리 십일요와 여러 신에게 제사 ※ 주의 : 숙종 때 평양에 기자 사당 건립 / 환구단 : 성종, 유교의식	• 태조 : 훈요 10조에서 서경 강조 → 북진정책, 비보사찰 [풍수지리 + 호국불교] • 정종 : 서경 천도 시도 • 성종 : 중경(개경) + 서경(평양) + 동경(경주) • 문종 : 한양(목멱양) 명당설 → 한양을 남경으로 승격 ※ 3경 : 중경, 서경, 남경 • 숙종 : 남경개창도감(김위제 건의, 남경 개발) • 예종 : 해동비록(김인존, 현존 ×) • 인종 : 묘청의 서경 천도 운동, 개경 주위에 3소제
관련 사항	• 서왕모 : 도교 전설에 등장 • 수경신 : 무병장수와 욕망을 반영 • 팔관회 : 불교 + 도교, 민간신앙 등, 명산대천에 제사 • 강안전, 내원당 : 초제 거행 • 기은색, 대초색, 기은도감 → 도교 관청 • 참성단 : 강화도 마니산에서 하늘에 제사	• 잡과 시험(지리업), 산천비보도감(국토를 풍수적으로 관리) • 도선 : 현종 때 대선사 → 숙종 때 왕사 → 인종은 국사로 추존 ★ 기타 사상 • 국가 : 산천과 하천의 신령에 제사, 동명성왕과 왕건을 신으로 모심 • 성황신 : 마을의 수호신에게 제사 / 서낭신에게 제사 • 무속 신앙 : 무당, 기우제와 산신제에 무당 참여 • 국왕도 용의 후손으로 신성시 함

★ 고려 시대 유학의 발달
• 태조 : 경전 강조(훈요10조), 최언위 등이, 학교 설립
• 광종 : 과거제 실시, 정관정요 참고
• 성종 : 최승로의 시무28조, 유교정치 확립
　└ 국자감, 12목 박사 파견, 효자를 찾아 상을 줌
• 현종 : 신라 설총을 홍유후, 최치원을 문창후 추증
• 문종 : 최충, 정배걸, 노단 등의 유학자 배출
　└ 목종 때 과거 급제, 해동공자, 지공거
　└ 문종의 스승, 9재학당(문헌공도)
• 숙종 : 평양에 기자 사당 건립
• 예종 : 청연각과 보문각 설치, 경연 실시
• 인종 : 김부식이 삼국사기 편찬, 시문 강조
• 무신집권기 : 유학의 침체, 행정 보조 수단
　└ 최자, 이규보, 진화 등의 사대부 활동
　└ 진화 : 매호유고, 금에 대한 자신감
• 원 간섭기
　└ 충렬왕 : 안향, 성리학 전래, 국자감 재건
　└ 충선왕 : 은퇴 후 북경에 만권당, 이제현 등 활약
　└ 공민왕 : 이색이 성균관 정비
★ 성리학의 전래
• 전래 : 충렬왕, 안향이 원에서 전래
• 배경 : 불교 타락, 유불일치설(혜심)
• 수용 : 신진사대부가 적극 수용, 과거 과목 채택
• 특징 : 불교 비판, 실천적 윤리 강조

3. 고려 시대 불교

(1) 불교의 흐름

	초기	중기	무신집권기	원간섭기 이후
유행	• 선종 우위, 교종도 인정 • 승록사 : 불교 행정 담당 관청	교종 유행, 선종 침체 └ 왕실은 화엄종 └ 귀족은 법상종 : 현화사는 경원 이씨와 결탁	• 선종 유행 : 무신들의 지원으로 선종 유행 • 교종 침체 : 귀법사 승려들의 반란으로 탄압	• 라마불교 유행(원에서 전래) • 일연의 가지산파가 왕실과 결탁하여 부흥
불교 통합	광종 시절 불교 통합 └ 천태학 도입 : 의통(중국 천태종 교조) 제관(천태사교의) └ 교종 통합 : 균여, 화엄종을 중심, 귀법사 └ 선종 통합 : 혜거, 법안종 도입	천태종 : 의천, 국청사, 교종 + 선종 └ 교단 통합, 불완전 통합 └ 교관겸수, 내외겸전	조계종 : 지눌, 송광사, 선종 + 교종 └ 교리 통합, 완벽한 통합 └ 정혜쌍수, 돈오점수	혜근과 보우가 원에서 임제종 도입 └ 9산선문 통합 시도 ※ 신륵사 보제존자 부도 : 석종형 승탑 └ 혜근의 사리 보관
특징	• 태조 : 선종을 우위, 교종 인정, 개태사, 법왕사, 왕륜사 등 • 광종 : 승과 제도, 교종시와 선종시, 왕사와 국사, 귀법사 • 성종 : 최승로가 유교정치 강조, 불교 위축, 연등회와 팔관회 × • 현종 : 연등회와 팔관회 부활, 현화사 건립 • 문종 : 흥왕사 건립	• 현화사 승려 : 이자겸의 난 가담 • 김부식 : 관란사 절 지음 ★ 고려 시대 승려와 사원 • 승려 : 지위 높음, 왕실과 문벌에서 승려 배출 • 사원 : 가난한 사람에게 치료, 식량 지원 • 귀족 : 자식 중 한 명을 승려로 배출	결사 운동 : 전라도 중심 └ 수선사 결사 : 지눌, 송광사, 선수행, 노동, 독경 └ 백련사 결사 : 요세. 만덕사, 참회 법화신앙 등	• 불교 타락 : 왕실과 결탁, 세속적 불교 └ 결사운동 단절, 기황후 금강산에 사찰 건립 • 왕실과 권세가 후원 : 불화 제작, 수월관음도 등 • 불교 비판 : 신진사대부가 불교 비판 └ 정도전 : 불씨잡변(1398년)

(2) 주요 승려

	균여	의천	지눌	요세
시기	광종 시절	고려 중기 : 문종~숙종, 대각국사	무신집권기, 보조국사	무신집권기, 원묘국사
중심	화엄종(북악의 법손)	화엄종 → 천태종	조계종(선종)	천태종
중심 사찰	귀법사	• 영통사 : 대각국사비(김부식이 작성) • 흥왕사 : 교장도감 → 교장 조판 • 국청사 : 천태종 창시	송광사 : 순천, 조계종, 수선사 결사 └ 감로탑 : 지눌의 사리탑	만덕사 : 강진, 백련사 결사
통합	• 화엄종 통합 : 북악 중심 • 화엄종 + 법상종 : 성상융회	• 화엄종과 법상종 통합 (흥왕사) • 천태종 : 국청사, 교종 중심 └ 교단 통합 → 불완전, 분열	조계종 : 송광사, 선종 중심 └ 교리 통합, 심성의 도야 강조 └ 완벽한 통합	
사상	성상융회, 성속무애	• 성상겸학, 교관겸수, 내외겸전, 지관 • 원효의 화쟁사상 강조	정혜쌍수, 돈오점수 강조	• 참회, 법화신앙, 미타정토신앙 • 정토왕생과 보현도량 강조
결사운동			수선사 결사 : 정혜결사 └ 선 수행, 노동, 독경 강조 └ 송광사, 최씨 정권과 결탁 └ 개혁적 승려와 지방 지식인 지원	백련사 결사 : 만덕사, 지방 토호 지원 └ 참회, 법화신앙, 미타정토신앙 └ 최씨 정권 지원, 하층민 지지(대중적) └ 원 간섭기 : 묘련사 변질
저술	보현십원가(마지막 향가) └ 최행귀 : 한시로 번역	• 천태사교의주, 석원사림, 원종문류 • 신편제종교장총록 등	• 간화결의론, 수심결, 권수정혜결사문 • 진심직설 등	
특징		• 문종의 아들(왕후), 숙종의 동생 • 원효를 '화쟁국사'로 추증(숙종) • 법상종(경원이씨)의 공격을 받음	• 선을 체로 삼고 교를 용을 삼아 선교합일 • 3문 제시 : 성적등지문, 원돈신해문 등	

※ 기타 승려
• 혜거 : 광종, 법안종 → 선종 통합 시도
• 의통 : 광종, 중국 천태종 교조
• 제관 : 광종, 천태사교의 저술
• 탄문 : 광종, 왕사 출신, 귀법사에서 활동

• 혜심 : 사마시 급제 후 출가, 지눌 제자
　└ 수선사 2대 교주, 간화선 강조
　└ 유불일치설 : 성리학 수용 토대
　└ 진각국사어록, 선문염송집, 선문강요
• 각훈 : 해동고승전
• 수기 : 팔만대장경 조판 시 교종 책임
　└ 교정별록

• 보우 : 충목왕 시절 임제종 도입
　└ 9산 선문 통합 시도 → 실패
　└ 공민왕 왕사, 조선시대 조계종 증조
• 일연 : 삼국유사, 군위 인각사 보각국사탑
• 혜근 : 원에서 공부, 충목왕 때 임제종 도입
• 충지 : 원감록 저술
• 지공 : 인도 선종 도입
• 무학 대사 : 이성계 왕사, 한양 천도에 공헌

4. 대장경의 조판

	초조대장경	속장경(교장)	팔만대장경
시기	현종~선종	고려 중기 1091(2)~1101(2)	무신집권기 : 1236~1251년, 최우 때 제작
배경	거란족의 2차 침입 → 거란 격퇴 기원	초조대장경을 보완할 목적으로 제작	• 몽골 2차 침입 때 초조대장경 소실 • 3차 침입 이후 몽골 격퇴 기원 / 재조대장경
조판 장소	흥국사와 귀법사 등에서 조판	의천이 흥왕사에 교장도감을 설치 → 조판	강화도 대장도감 + 진주, 남해 등의 분사도감에서 조판
보관 장소	흥왕사 대장전 보관 → 대구 팔공산 부인사에서 보관		강화도 선원사 등에서 보관 → 조선 초기 해인사 장경판전에서 보관
특징	• 송 등의 대장경을 참고 • 경, 율, 논 등의 삼장을 토대로 제작	• 교종 중심, 선종 관련 내용 × • 송과 요의 대장경 참고 → 논·소·초(주석서)의 목록인 신편제종교장총록 제작 • 경·율·논의 삼장의 주석서(논·소·초)를 토대로 조판 • 원효 사상을 중심으로 신라 불교 전통 재확인	• 수기가 교정 책임 : 교정별록 • <대장각판군신기고문> : 이규보, 조판 취지 제작 • 다양한 신분이 참여 • 초조대장경과 거란, 송의 대장경 대조, 수정, 보완, 추가
소실	몽골의 2차 침입 때 소실	몽골의 2차와 3차 침입 때 소실	• 팔만대장경 : 유네스코 기록유산 • 해인사 장경판전 : 유네스코 문화유산

5. 석탑과 불상 등

석탑	승탑	불상

• 특징 : 신라 양식 + 독자적 + 송의 다각 다층 → 다양한 형태
• 신라 양식 : 현화사 7층 석탑(개성, 변형된 형태)
• 백제 양식 : 익산 왕궁리 5층 석탑 등
• 고구려 양식 : 개성 불일사 5층 석탑
• 송의 영향 : 평창 월정사 8각 9층 석탑, 보현사 8각 13층 석탑(묘향산)
• 원 양식 : 경천사 10층 석탑 : 충목왕, 대리석, 라마불교 영향
    └ 원각사지 10층 석탑에 영향 : 조선 세조
★ 기타 고려 시대 예술품 (동아 출판)
• 개성 남계원지 7층 석탑
• 수창궁 용머리상 : 황제를 수호하는 존재인 용머리상 세움
	• 팔각원당형 유행 : 고달사지 원종국사 혜진탑, 공주 갑사 부도 등
	• 예외 형태
	    └ 4각의 형태 : 지광국사 현묘탑
	    └ 석종형 : 신륵사 보제존자 부도
	    └ 혼합형 : 흥법국사 실상탑
	※ 주의 : 쌍봉사 철감선사탑은 신라 하대의 승탑
		• 특징 : 철불과 마애불, 다양한 불상 유행
		• 논산 관촉사 석조 미륵보살 입상 : 태조~광종, 거대 석불, 은진미륵불
		• 영주 부석사 소조 아미타 여래 좌상 : 최고 걸작, 신라 양식 등
		• 광주 춘궁리 철불(하남 하사창동 철제 석가 여래좌상)
		• 운주사 석불
		• 안동 이천동 석불

		논산 관촉사 석조 미륵보살 입상 영주 부석사 소조 아미타 여래 좌상

6. 건축양식

	주심포 양식	다포 양식
시기	고려 전기~고려 후기	고려 후기~조선 시대
공포	기둥 위에만 공포 장식	기둥과 기둥 사이에 모두 공포 장식
종류	• 안동 봉정사 극락전 : 현존 최고 목조 건축물, 배흘림, 맞배지붕 • 영주 부석사 무량수전 : 팔작 지붕, 배흘림 기둥 • 영주 부석사 조사당 : 사천왕상 벽화, 맞배 지붕, 배흘림 기둥 • 예산 수덕사 대웅전 : 모란과 들국화 벽화, 백제 건축 양식, 맞배 지붕, 배흘림 기둥 ※ 안동 봉정사와 영주 부석사 등은 유네스코 문화유산(한국의 산사)	• 성불사 응진전 : 충숙왕, 맞배 지붕 • 심원사 보광전 : 공민왕, 팔작 지붕 • 석왕사 응진전 : 우왕, 맞배 지붕

7. 과학 기술

	전기	후기
인쇄술	서적포 : 숙종, 목판 고정식(대량 생산) ※ 현존 최고 목판 인쇄술 └ 신라, <u>무구정광대다라니경</u>(발견 : 석가탑)	• **금속활자 개발** : 상정고금예문, 직지심체요절 • **서적원** : 공양왕, 활자 이동식 (다양한 서적, 소량 인쇄)
의학	• 송의 의학에 영향 • 태의감 : 의학 교육	향약구급방 : 1236년, 최우 시절, 강화도 대장도감 └ 현존 최고 자주적 의학 서적
천문	사천대 : 천문 관측 업무 / 첨성대 : 개경	서운관 : 충렬왕 → 관상감 : 조선 세조
역법	당의 선명력	충선왕 : 원의 수시력 → 공민왕 : 명의 대통력
화약		• 최무선이 원에서 전래 • 화통도감 : 1377년 우왕 • 화포 제작 → 최무선이 진포에서 화포로 왜구 격퇴
조선술		원 간섭기 : 일본 원정에 필요한 배를 제작

★ 금속활자

	상정고금예문	직지심체요절
저술	• 고려 중기 의종 시절 • 최윤의가 저술, 예법서	• 백운화상 • 불교 서적, 선종 수행서 • 상권과 하권
시기	• 1234년 최우, 28부 금속활자로 인쇄	• 1377년 우왕 시절
장소	• 강화도	• 청주 흥덕사
보관	• 현존 ×	• 프랑스 국립도서관, 하권만 전해짐
의의	• 문헌상 최초의 금속활자 └ 이규보의 <동국이상국집>	• **현존 최고의 금속활자** • 유네스코 기록유산

8. 기타 예술

	전기	후기
공예 기술	• 초기 : 송의 영향, 고려 청자 제작, 강진과 부안이 주산지 • 11세기 : **비취청자** → 송 서긍(인종 때 방문)이 <고려도경>에서 극찬 • 12세기 중엽~무신집권기 : 상감기법 개발 → **상감청자**(화려, 귀족적) └ 나전수법, 은입사 기법에 영향을 받음 ※ 나전칠기 : 통일신라는 당에서 수입 → 고려는 송에 수출	원 간섭기~15세기 조선 초기 : 분청사기(소박, 관공서, 왕실) ※ 조선 시대 공예기술 • 15세기 : **분청사기** → 16세기 : **백자**(순백자) → 조선 후기 : **청화백자**(민간보급)
그림	이령의 예성강도(현존 ×, 송 황제 극찬)	• 공민왕 : 천산대렵도(원의 영향) • 혜허의 양류관음도(일본에 현존)
글씨	왕희지체, 구양순체	조맹부의 송설체 : 만권당을 통해 전래

문학	• 초기 : 한문학 발달, 향가(**보현십원가** : 균여, 마지막 향가)
	• 중기 : 당과 송의 문학 숭상, 향가 단절
	  └ 정지상, 도이장가 : 향가 잔영이 남음
	  └ 박인량 : 수이전, 송에서 시집 간행
	★ 풍입송 : 연회, 팔관회 등의 행사시 부름, 고려를 천자로 인식
		• 가전체 문학 유행
		  └ 임춘 : 국순전(최초 가전체), 공방전
		  └ 이규보 : 국선생전, 청강사자현부전
		  └ 이곡의 죽부인전, 이첨의 저생전, 석식영암의 정시자전 등
		• 경기체가와 고려가요

문학		경기체가	고려가요
	작가	신진사대부	민중의 노래
	특징	송의 문학과 향가 영향	장가, 속요라 불림
	작품	한림별곡, 죽계별곡, 관동별곡	청산별곡, 서경별곡, 가시리, 동동

• 기타 작품
  └ 파한집(이인로), 보한집(최자), **백운소설(이규보)**, 매호유고(진화)
  └ 역옹패설과 익제난고(이제현), 목은집(이색), 포은집(정몽주)

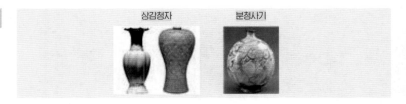

	상감청자	분청사기

• 불화 유행 : 고려 후기 왕실과 귀족 요구
• 벽화 : 둔마리 고분 벽화 등
• 죽림고회 : 강호에 은거, 문학 활동을 하는 모임

★ 고려시대 음악과 무용
• 향악 : 속악, 연회에서 연주
• 당악 : 당의 음악, 연회에서 연주
• 아악 : 송의 대성악에 영향, 제례에서 연주
• 나례 : 잡귀를 쫓는 궁중 의식, 나례도감에서 주관
• 당시 민중의 속요와 어울려 동동, 한림별곡 등이 제작

★ 이규보 : 여주 향리 가문, 무신정권에 거부감 ×
• 최충헌의 천거로 관직 진출, 최우도 기용, 강화 천도 찬성
• 몽골에 보낸 외교문서 작성, 몽골 황제가 감탄하기도 함
• 동명왕편, 백운소설, 국선생전, 동국이상국집, 청강사자현부전
• 상정고금예문이 금속활자 인쇄된 것을 기록, 대장각판군신기고문
• 유교와 불교, 도교, 전통신앙에 포용적

투자심리

PART 05

1. 조선 건국 과정

우왕	• 1374년 공민왕이 시해된 이후 우왕 즉위 : 이인임 등의 권문세족이 권력 장악 • 1376년 최영, 홍산전투 • 1377년 화통도감 설치 • 1380년 나세와 최무선의 진포 전투, 이성계는 남원(운봉, 황산)에서 왜구 격퇴 • 1383년 정지, 남해(관음포)에서 왜구 격퇴 • 1388년 최영이 이성계의 지원으로 이인임 제거　　★ 최영 : 우왕의 장인, 위국충절의 〈호기가〉 • <u>1388년 명의 철령위 통보 → 최영의 요동정벌</u> : 최영이 8도도통사, 조민수가 좌군도통사, 이성계가 우군도통사에 임명됨 • 1388년 이성계의 위화도 회군(4불가론) → 최영 제거, 창왕 옹립, 신진사대부의 권력 장악과 분열
창왕	• 1388년 10월 급전도감 설치 → 사전 개혁(권문세족의 농장 몰수) • 1389년 2월 대마도 정벌(박위) → 11월 폐가입진 : 창왕을 폐하고 공양왕 옹립 → 12월 우왕과 창왕을 시해함
공양왕	• 1391년 1월 삼군도총제부 : 이성계, 정도전, 조준이 군사권 장악 → 5월 과전법 제정 : 도평의사사 • 1391년 10월 정도전 나주 유배 • 1392년 1월 서적원 설치, 이성계가 사냥 중 낙마하여 부상을 입자 정몽주 등은 이성계를 제거하려 하였다. • 1392년 혁명파 사대부가 온건파 사대부를 제거　　★ <u>1392년 4월 정몽주가 개성 선죽교에서 피살됨</u>
조선 건국	• 1392년 7월 : 이성계가 배극렴과 정도전 등의 추대로 수창궁에서 왕에 즉위 • 1393년 2월 조선 국호 제정 : 단군조선 + 기자조선 • 1394년 4월 공양왕 부자 및 왕씨들을 살해 → 10월 한양 천도 : 풍수지리의 영향 • 1395년 경복궁 완공　　※ 창덕궁(태종) 창경궁(성종) 경희궁(경덕궁, 광해군)

★ 정도전
• 호는 삼봉, 향리 집안, 어머니가 노비 가문, 친원파 권문세족 이인임과 대립
• 1374년 공민왕의 암살 사실을 명에 고할 것 주장하다 전라도 나주로 유배
• 1388년 위화도 회군 이후 밀직부사로 임명, 이성계 등과 우왕을 폐하고 창왕 옹립
• 1389년 폐가입진으로 창왕을 폐하고 공양왕 옹립
• 1391년 반대 세력의 공격으로 서인으로 격하, 삼군도총제부의 우군총제사에 임명
• 1392년 조준, 남은, 배극렴과 함께 이성계를 왕으로 추대
• 1398년 1차 왕자의 난(무인정사) 때 방원에게 제거 됨
※ 정도전의 주요 활동
• 수도 한양의 행정 분할 결정, 경복궁과 경복궁 근정전 · 4대문(유교식 명칭) 이름 제정
• 태조 때 요동 정벌 준비 → 이방원과 조준의 반대로 실패
• 저술 : 조선경국전(재상중심), 경제문감, 고려국사, 불씨잡변, 심문천답, 금남잡영, 금남잡제 등

★ 신진사대부의 분열

	온건파 사대부	혁명파 사대부
세력	정몽주, 이색, 길재, 이숭인 등 다수파	정도전, 조준, 남은, 하륜, 윤소종 등 소수파
개혁	**불사이군**, 점진적 개혁 추진	**역성혁명**, 급진적 개혁 시도
토지	토지 사유화 인정, 점진적인 토지 개혁 대규모의 토지 소유 부정	왕토사상 주장, 급진적인 토지 개혁 ★ 정도전 : 계구수전 주장
성리학	성리학을 절대시	성리학을 수단, 〈주례〉 강조
군사	군사 기반 ×	신흥무인들과 연결, 삼군도총제부 장악
변화	조선시대 사림으로 성장	조선시대 관학파, 훈구파로 성장

※ 한양의 구조
한양은 한강(아리수)의 북쪽이라는 의미로 백악산, 낙산, 목멱산, 인왕산을 연결하는 도성을 쌓았으며, 오행을 따라서 흥인지문, 숭례문, 돈의문, 숙정문 등의 4대문과 4소문을 건설하였다. 경복궁 서쪽에 사직, 동쪽에 종묘를 두었다.
※ 조선 시대에는 도성 밖 10리 안에는 개인의 무덤을 쓰거나 벌채를 하지 못하도록 하였다.
※ 4대문 : 동대문(흥인지문), 서대문(돈의문), 남대문(숭례문), 북대문(숙정(지)문)

2. 조선 초기~15세기 주요 사건과 주요 국왕

	태조	정종	태종	세종	문종	단종	세조	성종
정치	정도전 등 개국공신	방원이 정치 주도	왕권 강화	왕권과 신권 조화	왕권 약화	고명대신 : 김종서 등	왕권 강화	한명회 등의 훈구 공신
주요 사건	• 1393년 조선 국호 • 1394년 한양 천도 • 1398년 1차 왕자의 난(무인정사)	• 개경 천도 • 1400년 2차 왕자의 난(박포의 난)	• 6조 직계제 시행 • 공신과 외척 제거 • 의금부와 승정원 • 낭사 → 사간원 독립 • 사병 혁파	• 의정부 서사제 • 집현전 설치 • 4군 6진 개척 • 대마도 정벌(이종무) • 계해약조	집현전 학자들이 주도	• 계유정난 　└ 수양대군 + 한명회 　└ 김종서 등을 제거 • 단종 : 강원도 영월 유배	• 훈구세력 형성 • 6조 직계제 • 집현전 폐지 • 경연 중단 • 5위, 진관체제 • 경국대전 편찬 시작	• 김종직의 사림 등용 　└ 훈구 세력 견제 시도 • 홍문관 설치, 경연 부활 • 경국대전 완성

3. 조선 초기~15세기 주요 국왕

	태종	세종	세조	성종
즉위	태상왕(태조)과 갈등 → 2차 왕자의 난 이후 즉위	태종의 셋째 아들로 충녕대군에 봉해지고 왕 즉위	계유정난 이후 즉위	예종이 죽고 즉위 ※ 한명회 : 성종 장인
통치체제	6조 직계제 → 왕권 강화, 재상권 약화	의정부 서사제 / 군사와 인사, 형옥 → 왕이 처리	6조 직계제 → 왕권 강화	의정부 서사제
왕권 강화	외척과 종친 견제, 언론 견제	왕권과 신권 조화	• 훈구세력 형성(한명회, 권람) • 경연 중단, 종친 등용	사림을 3사에 등용 : 김종직 등 영남 사림 └ 훈구 견제
통치기구 정비	• 도평의사사 폐지 → 의정부, 삼군부 등으로 분리 • 중서문하성 폐지 → 낭사를 사간원으로 독립 • 승정원(왕명 출납), 의금부(왕명으로 재판) 설치	• 집현전 설치 : 경연과 서연 담당 └ 신숙주, 정인지, 서거정, 성삼문 등 기용 • 도덕적 기강 확립 : 황희, 맹사성, 유관 등 배출	• 집현전 폐지 • 경연 폐지	• 홍문관 설치 : 옥당, 경연, 자문, 궁중 도서 관리 • 경연 부활
군사	사병 혁파, 최무선 아들 최해산 특채, 잡색군 조직	총통등록 ※ 동국병감 : 문종, 전쟁 역사서	5위 도총부, 5위, 진관체제, 보법(정병+보인)	병장도설(진법) : 군사 훈련 지침서
법전	속육전, 원육전 ※ 경제육전 : 태조, 조준, 최초	정전, 육전등록	경국대전 호전과 형전 편찬	경국대전 완성 : 6조의 업무 규정, 행정법 위주
사법 정비	신문고 설치 (→ 연산군 폐지 → 영조 때 부활)	사형수에 대한 삼심제, 감옥시설 개선		
지방제도	한양 재천도 → 창덕궁 건립, 8도 정비		이시애의 난 이후 유향소 폐지	유향소 복립
북방 개척	북방 개발과 사민 정책 실시	4군(압록강, 최윤덕), 6진(두만강, 김종서)	4군 폐지 / 북방 개척 : 신숙주와 남이	북방 개척 : 윤필상과 허종
일본과 관계		대마도 정벌(이종무, 기해동정) → 3포 개항 → 계해약조		해동제국기 : 신숙주, 일본 기행문(여행은 세종)
명과 관계	요동 정벌 중단 → 명과 관계 호전	명과 조공문제 해결, 명에서 토목의 변 발생	일시적으로 원구단(환구단)설치	표해록 : 성종, 최부, 중국 기행문
농민 통제	• 호패법 → 호적 작성 • 인보법 : 10가구를 인보로 정비		면리제 실시	오가작통제 정비
신분제 정비	억울하게 노비가 된 자 해방, 서얼차대법 제정	• 재인과 화척을 양민 승격, 관비와 남편에게 출산 휴가 • 문화 유씨 영락보(최초 사찬 족보, 현존 ×)		• 재가금지법, 노처녀의 혼인 비용 제공 • 안동 권씨 성화보(현존 최고)
경제	양전 사업 실시, 시전 설치, 무역소 설치	• 사창제 실시(문종 때 공식 실시) • 공법 : 연분9등법과 전분6등법(수등이척법), 여론 조사	직전법	관수관급제, 사창제 폐지, 팔결출일부
화폐	사섬서 → 저화 발행	해서체 조선통보 발행	팔방통보	
불교	• 도첩제 강화, 사원전과 노비 몰수 • 5교 양종으로 불교 종파 정리	• 선교 양종으로 불교 정비, 36개 사찰만 인정, 내불당 • 석보상절(수양대군)과 월인천강지곡	• 간경도감 설치, 원각사와 10층 석탑 건립 • 월인석보 편찬	• 도첩제 폐지 : 승려 출가 금지 • 간경도감 폐지
활자	주자소 설치 → 계미자	갑인자, 식자판 조립 개발	※ 조선 후기 정조 : 정리자, 생생자, 한구자	
궁궐	창덕궁 건립 : 동궐, 유네스코 문화유산			창경궁 건립
역사서	동국사략 : 권근 등, 삼국사략	동국세년가, 고려사 편찬 지시(완성은 문종)	삼국사절요와 동국통감 편찬 시작	삼국사절요와 동국통감 완성
지도와 지리서	혼일강리역대국도지도, 팔도도	신찬팔도지리지, 팔도도	동국지도 : 정척, 양성지, 최초의 실측 지도	팔도지리지, 동국여지승람
음악	아악서 설치	박연이 관습도감에서 음악 정비, 여민락, 정간보		악학궤범(성현 / 성현은 합자보 개발)
교육	중앙에 5부 학당 설치	5부 학당 → 4부 학당 / 훈민정음 창제		성균관에 존경각(도서관) 설립
과학	거북선 제작	• 장영실(천인) 등용, 칠정산, 경복궁에 간의대 설치 • 측우기, 혼의와 간의, 앙부일구, 자격루와 옥루	인지의와 규형 : 토지 측량	
문화		• 4대 사고, 사가독서제 실시 • 안견 <몽유도원도>, 이수문과 문청(일본 무로마치에 영향)	도교와 불교, 법가 이념 존중 → 패도 정치	독서당 설치
유교 보급		삼강행실도와 효행록, 사대부에게 주자가례 보급	오륜록	국조오례의 완성 : 가례, 길례, 빈례, 군례, 흉례
편찬	태조실록 편찬	• 용비어천가, 동국정운, 농사직설(정초) • 의방유취, 향약집성방, 향약채취월령	• 국조보감 편찬, 김시습 <금오신화> • 사시찬요(강희맹), 양화소록(강희안)	• 동문선(서거정) • 금양잡록(강희맹)

4. 15세기 말~16세기 : 사화의 시기

(1) 사화

	무오사화	갑자사화	기묘사화	을사사화
시기	1498년 연산군	1504년 연산군	1519년 중종	1545년 명종
배경	김종직의 조의제문(서초패왕) └ 제자 김일손이 성종실록의 사초에 수록	• 궁중파(임사홍)과 부중파의 대립 • 폐비 윤씨 사건	• 조광조의 위훈삭제(공신호 삭탈) • 주초위왕의 모함	• 대윤(윤임)과 소윤(윤원형)의 대립 └ 인종 외척 └ 명종 외척 • 왕위 계승 문제
가해자	유자광, 이극돈, 윤필상, 노사신 등	궁중파(궁정세력) : 연산군, 임사홍	남곤, 심정, 홍경주	윤원형, 정순명, 김명윤
피해자	• 김일손, 김굉필, 정여창 등 영남사림 몰락 • 김종직 : 부관참시 ※ 김종직 • 길재 학풍 계승, 김굉필 등 제자양성 • 세조 : 과거 합격 후 관직 진출 • 성종 : 제자들과 사림 형성 • 밀양 : 예림서원 • 조의제문 작성	정부 세력 : 부중파 └ 훈구 : 한명회(부관참시), 윤필상 등 └ 사림 : 김굉필, 정여창 등	• 조광조, 김식, 김안국 등 • 기묘사화 이후 : 향약 중단, 소학 금서 지정 ☆ 조광조 : 정암, 유허비, 심곡서원 • 김굉필 제자, 진사시 장원 대사헌 임명 • 현량과, 언론과 경연 강화, 도학 정치 강조 • 대공수미법, 내수사 장리 금지 • 균전론, 한전론 주장 • 위훈삭제 : 공신호 삭탈 • 소격서 폐지, 유향소 폐지 주장 • 소학과 주자가례 보급 시도 • 향약의 실시 주장 • 절명시 : "임금을 사랑하기를 아버지처럼 ~"	윤임, 유관, 이언적 등

(2) 15세기 말~16세기 주요 국왕

	연산군	중종	인종	명종
정치	훈구와 사림의 대립 이용	• 훈구 공신(정국공신)이 정국 주도 • 훈구 견제 위해 조광조 등의 사림 기용	윤임(대윤)의 정치 주도	윤원형(소윤)이 척신정치 → 혜택지 개간 등 권력 독점
언론	• 경연 중단, 언문청 폐지, 신언패 착용 지시 • 상소의 여론 정치 폐지, 홍문관과 예문관, 사간원 폐지	조광조의 개혁정치		
불교	승려의 도성 출입 금지	승과 폐지		승과 부활 : 문정왕후가 불교 숭상, 보우 활동 → 문정왕후 사망 후 폐지
경제				직전법 폐지 : 지주전호제 확대
사화	무오사화 → 갑자사화	기묘사화 : 조광조의 위훈삭제가 발단		을사사화 : 윤원형의 소윤이 윤임의 대윤세력 제거
반란				임꺽정의 난 : 백정 출신, 황해도, 3년만에 진압
대외관계		• 삼포왜란 : 비변사 임시 기구로 설치 • 임신약조 → 사량진왜변		정미약조 → 을묘왜변 : 비변사가 상설기구화 전국 국방 담당
군사		군포징수제 실시 : 농민에게 2필의 군포 부과		제승방략체제 : 을묘왜변을 계기로 방어체제 전환
기타	중종반정 : 1506년 박원종, 유순정 등이 연산군 폐위	주세붕이 백운동 서원 설립 : 안향을 제사		이황이 백운동 서원을 정부 사액 건의 : 소수서원
문화		• 이륜행실도 : 조신 • 동몽선습 : 박세무 • 신증동국여지승람 편찬		• 조선방역지도 제작 • 구황촬요

5. 조선 후기 정치 상황

(1) 개관

선조					광해군			인조

선조

동서분당	동인 분열 : 북인과 남인	남인 집권		북인 집권 : 권력 독점
• 배경 : 이조전랑 • 동인 : 김효원 • 서인 : 심의겸	• 배경 : 정여립모반사건 • 북인 : 조식, 서경덕 • 남인 : 이황	• 배경 : 정철의 건저의 • 남인 : 유배 주장 • 북인 : 사형 주장	→ 임진왜란 →	※ 북인의 분열 • 대북 : 광해군 • 소북 : 영창대군

광해군

대북 집권
★ 중립외교 • 명과 후금, 강홍립 • 부차 전투

인조반정 1623년
└ 서인이 주도
└ 일부 남인

인조

서인이 주도, 남인 참여
• 친명 배금 • 호란 발생 　└ 1627년 정묘호란 　└ 1636년 병자호란

효종	현종	숙종	경종

효종

• 북벌 준비 　└ 서인 : 송시열 등 　└ 어영청 강화 　└ 대동법 확대(충청도, 전라도) • 나선정벌 동원 　└ 청의 요청

현종

• 예송논쟁 : 서인 vs 남인(효종의 정통성, 정치 철학의 충돌)

	서인	남인
1차 기해 [효종 ×]	1년(기년설) : 채택	3년(참최설)
2차 갑인 [효종비 ×]	9개월(대공설)	1년(기년설) 채택
주장	왕사동례	왕사부동례
근거	주자가례	국조오례의
정치	신권강화	왕권강화

숙종

• 환국 발생 : 붕당을 자주 교체하는 방식으로 붕당 간의 균형 유지 시도 → 실패

	경신환국	기사환국	갑술환국
배경	허적 아들의 역모 사건	장희빈 아들 세자 책봉	인현왕후 복위
집권	서인	남인	서인
결과	허적과 윤휴 처형 서인 : 노론과 소론	송시열, 김수항 처형	남인 몰락

• 노론 : 이이 계승, 송시열, 강경파, 대의명분과 민생안정
• 소론 : 성혼 계승, 윤증, 온건파, 실리와 북방 개척 강조

경종

• 소론 집권 • 신임사화 : 소론이 노론 제거 ★ 신임사화 : 신축옥사 + 임인옥사 • 배경 : 노론의 세자 교체와 대리청정 주장 • 결과 : 김창집, 이이명 등 노론 4대신 처형

영조	정조	세도정치

영조

• 노론 집권 • 을사처분 : 신임사화를 주도한 소론을 제거 • 정미환국 : 소론 집권 • 이인좌의 난 이후 강력한 탕평책 실시(완론탕평, 탕평파 조직 등) ※ 이인좌의 난 : 1728년(정희량의 난) • 배경 : 영조의 정통성과 경종의 사인에 대한 의혹 • 주도 : 소론 이인좌와 정희량이 주도, 중소상인과 노비도 참여 • 전개 : 청주성 함락, 서울로 북상 → 실패 • 결과 : 영조는 강력한 탕평책의 필요성 절감 • 완론 탕평 : 붕당을 해체하자는 왕의 말에 순응하는 온건파 등용, 탕평파 조직 • 나주 괘서 사건 : 소론들이 영조를 비방한 사건으로 처형 • 영조 말년에는 노론이 정국을 주도 • 임오화변 : 소론과 연결된 사도세자를 처형 → 벽파 : 노론 vs 시파 : 노론 일부+남인+소론

정조

• 남인 시파(채제공, 정약용 등) 등용 • 준론탕평 : 붕당을 해체하는 대신 당론이라도 시시비비를 가려 옳으면 수용 • 완론탕평을 비판, 노론 벽파와 탕평파 외척들을 제거 • 정치 개혁 　└ 초계문신제, 장용영, 규장각 설치, 수령에게 향약의 통제 맡김 　└ 4유수부 : 개성과 강화, 광주, 수원 　└ 대전통편, 탕탕평평실(자신의 침전), 만천명월주인옹자서 • 경제와 사회 개혁 　└ 신해통공 : 시전상인들의 금난전권 폐지(육의전 제외) 　└ 공장안제도 폐지, 제언절목 　└ 공노비 해방 계획, 노비추쇄제도 폐지

세도정치

순조	헌종	철종
안동김씨	풍양조씨	안동김씨
김조순	조만영	김문근

★ 세도정치
• 세도 가문 : 서울, 노론 출신
• 권력 : 비변사, 호조, 선혜청, 훈련도감
• 왕권 약화, 의정부와 6조 유명무실
• 경·향 간의 연계 단절
　└ 지방 사림의 공론의 정치 반영 ×
• 정치 집단 간의 대립 구도 소멸
• 정치 기강 문란 : 매관매직, 과거제 문란
• 삼정의 문란으로 농민 몰락
• 민란의 발생
　└ 순조 : 1801년 홍경래의 난
　└ 철종 : 1862년 진주민란, 임술농민봉기

(2) 붕당정치의 전개

① 분당

	동서 분당	동인 → 남북 분열	북인 → 대북과 소북	서인 → 노론과 소론	벽파와 시파
시기	선조	선조	선조	숙종	영조
배경	이조전랑직 └ 3품 이하 관리 천거, 3사 청요직 선발 └ 후임자 천거권	정여립 모반 사건, 정철 건저의	왕위 계승 문제	경신환국 이후 남인에 대한 입장	임오화변
분열	• 동인 : 김효원 중심, 이황과 조식 • 서인 : 심의겸 중심, 이이와 성혼	• 북인 : 조식과 서경덕 문인 • 남인 : 이황 계통	• 대북 : 광해군 지지 • 소북 : 영창대군 지지	• 노론 : 송시열, 강경파 • 소론 : 윤증, 온건파	• 벽파 : 노론, 사도세자 처벌은 정당 • 시파 : 소론, 남인, 노론 일부, 사도세자 처벌은 부당

② 각 붕당의 특징

동인		서인
김효원 중심 → 이황과 조식의 문인들	중심	심의겸 → 이이와 성혼 문인들
주리론의 영남학파	학파	주기론의 기호학파
신진 사림 : 조식, 유성룡, 이산해, 이발 등 → 척신정치에 대한 강경파	정치	기성사림 : 기대승, 윤두수, 김인후, 정철 등 → 척신정치에 대한 온건파
먼저 붕당 형성	형성	나중에 붕당 형성 ★ 이이는 조정책을 제시 → 실패하고 분열
정여립 모반사건과 정철의 건저의로 북인과 남인 분열	분열	경신환국 이후 노론과 소론으로 분열

북인	남인		노론	소론
조식과 서경덕 제자들	이황의 제자들, 영남학파(주리론)	중심	이이 학문 계승 → 송시열 중심	성혼의 학문 계승 → 윤증 중심
서인에 대한 강경파	서인에 대한 온건파	성향	남인에 대한 강경파	남인에 대한 온건파
• 절의 강조, 의병장 다수 배출 • 성리학에 집착이 덜함 • 광해군 시절 정치 주도	• 인조반정 이후 정치 참여 • 집권 : 갑인예송과 기사환국, 정조 때 일부 ※ 경기도 남인 : 중농학파 실학	특징	• 대의명분과 민생안정 강조 • 호락논쟁 : 영조 시절	• 실리 추구와 북방 개척 강조 • 일부 소론 : 성리학에 탄력적, 양명학

※ 서인과 남인

서인	남인
주기론	주리론
이이와 성혼	이황
기호학파	영남학파
신권 강화	왕권 강화
현실적 문제 관심 경제안정 강조	도덕적 교화 강조
상공업에 관심 ↑	농업 중심
신분 질서 완화	신분 질서 강화
경신환국 └ 소론, 노론	예송논쟁 └ 탁남, 청남
5군영 장악	훈련별대, 도체찰사부

③ 붕당 간의 싸움

	인조반정	예송논쟁	경신환국	기사환국	갑술환국	신임사화
시기	광해군	현종	숙종	숙종	숙종	경종
배경	• 북인의 권력 독점 • 중립외교 : 명과 후금사이 └ 강홍립, 부차전투 • 폐모살제(계축옥사) └ 인목대비 폐비, 영창대군 사사	• 효종의 정통성 • 서인과 남인의 정치 철학 • 서인과 남인의 예학 차이 └ 서인 : 주자가례, 왕사동례 └ 남인 : 국조오례의, 왕사부동례	• 허적의 아들 허견의 역모사건 • 유악사건 • 삼복의 변	장희빈 소생 균의 원자 책봉 └ 서인 송시열 등이 반대	폐비 민씨(인현왕후) 복위 사건 └ 남인들이 반대	• 노론의 연잉군 세제 책봉 주장 • 노론의 연잉군의 대리청정 주장 • 신축옥사 + 임인옥사
과정	• 서인이 주도 일부 남인 참여 • 광해군의 북인 정권 축출	• 1차 기해예송 : 효종 사망 └ 서인 1년(송시열 등) vs 남인 3년 • 2차 갑인예송 : 효종비 사망 └ 서인 9개월 vs 남인 1년	허적과 윤휴 처형	• 인현왕후 폐위 • 서인들의 몰락 └ 송시열, 김수항 처형	남인 축출 └ 재기 불능상태	• 소론의 노론 공격 • 이이명과 김창집 등 노론 4대신 처형
결과	• 서인이 정치를 주도 • 일부 남인이 참여	• 1차 : 서인 1년설(기년설) 채택 • 2차 : 남인 1년설(기년설) 채택	• 서인 재집권 • 서인 : 노론과 소론 분열 • 일당전제화	남인 재집권	서인의 집권 : 소론 → 노론	소론의 집권

(3) 16세기~17세기 주요 왕들

	연산군	중종	인종	명종	선조	광해군	인조	효종	현종
주요 정치	무오사화, 갑자사화	기묘사화		을사사화	• 동서분당 • 동인 : 북인, 남인	북인 집권 ↳1623년 인조반정	서인 집권(비변사 장악), 남인 참여		예송논쟁 ↳ 서인과 남인
주도 세력	임사홍 등의 궁정세력	훈구 공신 세력	윤임[대윤]	윤원형[소윤]	사림이 주도	북인이 주도	서인이 주도		남인 기용 ↳ 목적 : 서인 견제
정치 상황	• 경연 중단, 언론 탄압 • 언문청 폐지, 신언패	조광조 기용			목릉성세	• 교하[파주]천도 시도 • 폐모살제		봉림대군(인조 차남)	
관리 선발		현량과 : 조광조							
향약		조광조 : 여씨향약 보급		이황 : 예안향약	이이 : 해주, 서원향약				
유향소, 경재소		조광조 : 유향소 폐지 주장			경재소 폐지				
반란	※14~15세기의 반란 무인정사[태조] → 박포의 난[정종] → 계유정난[단종]			임꺽정의 난 : 백정	• 니탕개의 난 : 여진족 • 이몽학의 난		이괄의 난(1624년) ↳ 공신 책정에 불만		※ 18~19세기의 반란 • 이인좌의 난(영조), 홍경래의 난(순조) • 진주민란, 임술농민봉기 : 1862년 철종
일본과 관계		삼포왜란		을묘왜변	임진왜란, 정유재란	기유약조			
중국과 관계	※ 조선 전기 중국(명)과 관계 : 사대 외교, 조공과 책봉, 조공무역 태조 : 갈등, '권지 국사', 요동 정벌 문제 → 태종 : 요동 정벌 중단, 명과 호전, '조선 국왕'				임진왜란 ↳ 명이 군사 지원	중립외교 : 명과 후금	• 정묘호란 : 후금과 형제 • 병자호란 : 청과 군신	**북벌 운동** • 나선정벌[청의 요청]	
서양과 관계							벨테브레 표류	하멜 표류	
경제	※ 보법 : 세조 정군 + 보인	군포징수제(군적수포제 2필)		직전법 폐지	• 대동법 : 경기도 • 양전 사업, 인구 조사	• 대동법 : 강원도 • 영정법 실시	• 대동법 : 충청, 전라도 • 설점수세제[별장제]	제언사 : 저수지 관리	
화폐	※ 태종 : 사섬서, 저화[지폐] → 세종 : 해서체 조선통보 → 세조 : 팔방통보						팔분체 조선통보, 상평통보	상평통보 발행	
불교		• 승과 폐지 • 소격서 폐지		• 승과 부활 → 폐지 • 승려 보우 활동					
군사		비변사 : 삼포왜란 계기 ↳ 임시 기구 ↳ 왜구와 여진 대비		• 제승방략체제 • **비변사** : 상설 기구	• 훈련도감, 속오군체제 • **비변사** : 최고 기구	어영청, 총융청, 수어청	※ 5군영 : 임기응변식, 해_씩 설치 • 선조 : 훈련도감 • 인조 : 어영청, 총융청, 수어청 • 숙종 : 금위영		
지도와 지리지		신증동국여지승람		조선방역지도 제작	곤여만국전도 전래				
궁궐	※ 경복궁[태조, 북궐] → 창덕궁[태종, 동궐] → 창경궁[성종, 동궐]					경희궁 건립[서궐]			
의학	※ 태조 : 향약제생집성방 → 세종 : 향약채취월령, 향약집성방, 의방유취					• 동의보감 : 허준 • 신찬벽온방 : 허준	침구경험방 : 허임	벽온신방 : 안경창	
사고	※ 세종 : 4대 사고 정비[춘추관, 충주, 성주, 전주] → 선조 때 임진 왜란으로 전주본만 남고 모두 소실					5대 사고	춘추관 사고 소실		
사회		백운동 서원 : 주세붕		백운동서원 : 사액 지정 ↳ 이황의 건의 ↳ 소수서원		• 인목대비 폐비 • 영창대군 사사			노비종모법 실시
문화와 편찬		• 동몽선습 : 박세무 • 이륜행실도 : 조신 • 동국사략 : 박상 • 표제음주동국사략 : 유희령 • 훈몽자회 : 최세진			• 격몽요결 : 이이 • 기자실기 : 이이 • 대동운부군옥 : 권문해	• 사림 5현 문묘 배향 • 동사찬요 : 오운 • 동국지리지 : 한백겸 • 지봉유설 : 이수광	• 휘찬여사 : 홍여하 • 유원총보 : 김육	시헌력 도입 : 김육	• 허목[동사] • 여사제강[유계] • 동국통감제강 : 홍여하

(4) 17세기 후반~18세기 주요 왕들

	숙종	영조	정조
정치 상황	환국 발생 → 붕당 간의 싸움이 치열해 짐 └ **경신환국** : 서인 집권(노론과 소론 분열), 허적과 윤휴 처형 └ **기사환국** : 남인 집권, 송시열과 김수항 등 처형 └ **갑술환국** : 서인 집권, 남인들이 재기불능	• 을사처분 : 경종 때 신임사화로 죽은 노론의 누명을 벗겨줌 • 정미환국 : 소론에게 정권을 넘김 • **임오화변** : 노론의 상소로 사도세자가 폐위 → 벽파와 시파 분열 • 후반 : 왕의 외척의 힘 강화, 사실상 노론에 의존	• 효장세자의 양자로 입적된 후 세손 → 즉위 • 외척을 누르고 붕당에 관계없이 인재 등용
정치 주도	송시열과 삼척(왕실 외척)이 정치 주도	노론과 소론을 등용 → 노론 벽파가 주도	남인 시파 : 채제공과 정약용 등
탕평책	• 서인 박세채가 황극탕평론에서 '탕평' 처음 제기 • 붕당을 자주 교체하는 방식으로 탕평 시도	• **완론탕평** : 붕당을 해체하자는 왕의 명에 순응하는 자만 등용 • 탕평파(노론과 소론 등), 탕평채, 탕평비(성균관 입구), 탕평과	• **준론탕평** : 당파를 없애기 보다 주장하는 의견이 옳으면 수용 • 탕탕평평실 : 자신의 침전을 탕탕평평실로 칭함
왕권 강화	★ 붕당정치 변질 • 왕의 외척과 종친 비중 커짐, 정치권력이 고위 관료에 집중 • 공론은 개인이나 당파의 이익 대변, 재야사족의 정치 참여 ×	• 이조 전랑의 3사 관리 추천권 폐지(실질적 폐지는 정조) • 3사의 언론 기능 약화, 상언과 격쟁을 자주 시행 • 군부일체론 : 임금에 대한 충과 효 강조 • 임금이 스승임을 강조, 산림의 존재를 부정(산림천거제 제약)	• 반대세력 숙청 : 정후겸, 홍인한 등의 반대세력 숙청 • 계지술사, 민국건설 목표로 소민들 등용, 상언과 격쟁을 자주 시행 • 규장각 : 창덕궁 설치(내규장각), 외규장각은 강화도 • 문체반정운동 : 박지원 패관소품체를 탄압하며 노론 견제
관리 선발 제도	서북인을 무인으로 등용, 서얼과 중인을 수령으로 등용	탕평과, 기로과(60세 이상 전직 관리), 충량과(호란 때 공신 자제 등용)	초계문신제(젊은 관리 재교육), 무신들 많이 등용
사법 제도		사형수 삼심제, 연좌제 완화, 신문고 부활(병조 관리), 가혹한 형벌 개선	
법전	대전속록, 열조수교 편찬	속대전	대전통편
경제	• **대동법** : 전국 시행(경상도와 황해도 확대 실시) • 상평통보 전국 유통	• **균역법** 시행, 고구마 수입(일본, 조엄), 증보산림경제(유중림) • 호포제 실시를 위해 창경궁 홍화문에서 백성의 의견 물어봄 • 수령수세제 : 광산의 세금을 수령이 징수	• **신해통공** : 육의전을 제외한 시전상인의 금난전권 폐지 • 제언절목(저수지에 대한 규정), 공장안 제도(장인등록제) 폐지 • 과농소초(박지원), 해동농서(서호수)
노비 해방		노비종모법 확정	공노비 해방 계획, 노비추쇄제도 폐지
서얼		서얼의 청요직 진출을 부분적 허용	규장각 검서관 등용 : 이덕무, 박제가, 유득공, 서이수 등
사림 세력 견제	17세기 중엽 이후 오가작통제를 전국 실시	서원에 대한 사액 금지, 1700여 개 서원 정리	향약의 통제를 수령에게 맡김
일본과 관계	안용복이 일본에서 울릉도와 독도 인정받음		
명과 관계	창덕궁에 대보단 설치 : 명 황제 제사 / 만동묘 : 송시열 명		존주휘편 : 소중화와 관련된 외교 기록
청과 관계	남인 허적과 윤휴가 북벌 주장, 백두산 정계비 건립		
북방 개척	폐4군의 일부 복구		
군사 정비	금위영 설치 → 5군영 완성		장영용 설치
국방 강화	• 대흥산성 축조, 통진에 문수산성, 평안도에 황룡산성 축조 • 남인들이 도체찰사부 부활	수성윤음 : 어영청, 금위영, 훈련도감이 도성 방어	4유수부 : 개성, 강화, 광주, 수원이 경기도에서 수도 방어
반란	• 검계와 살주계 등의 비밀 조직의 저항 • 장길산 : 광대 출신 도적, 10년 이상 지속	• **이인좌의 난** : 소론과 남인의 주도 → 영조의 탕평책의 명분 제공 • 나주괘서사건(소론들이 영조 비방), 폐사군단 등장	
추존	노산대군의 시호를 올리고 묘호를 단종으로 함		사도세자를 장헌세자로 추존
지도와 지리서	요계관방도 : 이이명, 청의 군사 요새 표시	해동지도, 동국여지도, 동국지도(정상기, 최초 100리척)	
과학	김석문 : 최초로 지전설 주장(→ 홍대용, 최한기)		활자 : 정리자, 생생자, 한구자 제작
문화		호락논쟁 : 노론 사이의 인물성동이론에 대한 논쟁 / 실사구시 강조	신해박해 : 천주교 박해, 윤지충 사형 / 강세황 <영통골입구>, 김홍도 등
기타	이순신의 사당에 현충의 호를 내림, 의주에 강감찬 사당 건립	청계천 준설, 준천사 설치, 유형원의 반계수록 보급 지시	화성 건립 : 거중기 이용, 현륭원(사도세자 묘), 대유둔전, 만석거
편찬 사업	• 색경(박세당), 산림경제(홍만선), 선원록(왕실 족보) • 기언(허목), 동국역대총목(홍만종), 동사회강(임상덕)	• 동국문헌비고, 여지도서, **어제문업**, 해동지도, 무원록, 동국여지도 • 속병장도설, 속오례의, 어제집경당편집, 훈민정음운해(신경준) • 연려실기술(영조~순조), 택리지(이중환), 성호사설(이익), **동국지도**(정상기)	• 증정문헌비고(증보동국문헌비고), 일성록, 고금도서집성 수입, 동문휘고 • 무예도보통지, 홍재전서(저술은 정조 / 편찬은 순조), 존주휘편, 전운옥편 • 송사전, 탁지지, 만천명월주인옹자서, 태학지, 고금석림, 규장전운 • 동사강목 · 열조통기(안정복), 발해고(유득공), 청장관전서(이덕무), 마과회통

(5) 19세기 세도 정치

① 19세기 정치 상황

구분	내용
세도 가문의 특징	• 영·정조 시대 명문가 도시 귀족 출신, 규장각 출신 • 서울 노론 가문 • 고증학에 치우쳐 사회 개혁 의지 상실 • 권력 기반 : 비변사, 호조와 선혜청, 훈련도감(5군영의 지휘권 장악) 등
정치 상황	• 세도 가문의 권력 독점 : 안동김씨, 풍양조씨의 권력 독점 → 비변사의 강화로 왕권 약화, 의정부와 6조 약화 • 경향 간의 연계 단절 : 서울 노론들의 권력 독점으로 지방 선비들의 중앙 관직 진출 × → 지방 사림들의 공론이 정치에 반영 × • 노론의 권력 독점 : 남인과 소론 등을 배제하고 2품 이상의 노론 고관들이 비변사를 장악하여 권력 독점 • 언론의 정치 견제와 비판 기능 상실, 붕당의 의미 퇴색 • 정치 기강의 문란 → 과거제 문란, 매관매직 성행
사회 상황	• 관리(수령과 아전)들의 백성 수탈로 삼정의 문란이 극심 → 민란 발생 (홍경래의 난, 임술농민봉기) • 삼정의 문란, 대동세 증가, 환곡의 문란 등으로 농민과 상공업자를 수탈 → 경제 성장이 둔화 ※ 삼정의 문란 : 전정, 군정, 환곡의 문란이 극에 달함

	홍경래의 난	임술 농민 봉기
시기	1811년 순조	1862년 철종
배경	서북지방의 차별대우	삼정의 문란
주도	몰락 양반 홍경래	진주 민란의 시작 → 확산
봉기	• 장기간, 치밀하게 준비 • 자금 마련, 무기 구입, 군사훈련 • 평안도 가산 다복동 봉기 • 청천강 이북 지방 점령	┗ 몰락 양반 유계춘, 백건당의 난 ┗ 홍병원과 백낙신의 폭정에 대항 ┗ 진주성 점령 ┗ 박규수가 안핵사로 파견
참여	상인들과 광산노동자, 농민	전국적 확산 → 삼남 지방 중심
목표	정감록 영향 → 조선 왕조 부정	삼정의 문란 시정
결과	관군에게 진압	삼정이정청 설치 (박규수의 건의)
한계	• 전국적 호응 → × • 평안도 전역 점령 → × • 평양, 의주, 안주 점령 → ×	• 산발적 • 조선 왕조 부정 × • 삼정이정청이 설치 → 정책 시행 ×

② 19세기 주요 왕들

	순조	헌종	철종

정치 상황	• 정순왕후 수렴청정 : 신유박해를 통해 남인 시파 탄압, 장용영 폐지
	• 안동김씨 김조순이 정순왕후 수렴청정을 중단
	  ┗ 순조의 친정 → 안동김씨 김조순(순조의 장인)이 권력 장악
	  ┗ 순조는 효명세자 빈을 풍양조씨에서 간택하여 안동김씨 견제 → 효명세자 죽음으로 실패
		풍양 조씨 조만영이 권력 장악	• 철종 : 강화도령
			• 안동김씨 김문근이 권력 장악

노비 해방	1801년 공노비 6만 6천 명 해방		
서얼	계미절목 : 서얼의 승진을 3품에서 2품 상승시킴		1851년 신해허통 : 서얼의 정치 차별 폐지(승진 제약 폐지)
군사	1802년 장용영 폐지		
반란	1811년 홍경래의 난 : 조선 후기 민란 선구, 조선 왕조 부정		1862년 진주민란 → 임술농민봉기 → 삼정이정청 설치(시행 ×)
천주교	• 1801년 신유박해 : 정약용과 정약전 유배, 황사영 백서 사건, 이승훈 사형 • 1831년 천주교 조선 교구 설립	• 1839년 기해박해 : 정하상 사형 • 1846년 병오박해 : 김대건 사형	
동학			1860년 경주에서 최제우가 동학 창시
외교	1832년 영국의 로드 암허스트호가 통상 요구(최초)		
편찬	• 홍재전서 : 정조의 시문 간행 / 만기요람 : 심상규 / 언문지와 물명고(유희) • 동사 : 이종휘, 단군-고구려-부여 흐름 강조 / 해동역사 : 한치윤, 외국 사서 참고 • 이방강역고 : 정약용 / 자산어보 : 정약전	• 오주연문장전산고 : 이규경 • 호산외기 : 조희룡, 인물전기집	• 대동여지도 : 1861년 김정호가 제작, 10리마다 방점 • 규사 : 1858년, 서얼의 역사 • 이향견문록 : 1862년 유재건
회화	동궐도 : 창덕궁과 창경궁	김정희가 제주 유배되어 세한도 그림	
경제	임원경제지(서유구 → 둔전론 : 국영농장 제도)	감자 : 청에서 전래	

1. 조선 전기 대외관계

명
• **사대 외교** : 조공과 책봉, 명 연호, 조천사(사절단), 명 사신 숙소(태평관 / 의순관 : 압록강)
• 조공 무역 : 명은 3년 1공, 조선은 1년 3공 주장, ★ (금남) 표해록 : 성종 때 최부, 중국 기행문
★ **명과 관계 변화**
• 태조 : 명과 갈등, 권지 국사(요동 정벌 문제, 표전 문제, 종계변무문제, 여진 문제 등)
• 태종 : 명과 관계 호전, 조선 국왕(요동정벌 중단)
• 세종 : 공녀와 금 · 은세공문제 해결
• 세조 : 토목의 변으로 요동 정벌 준비

여진
• 교린 관계 : 강경책과 회유책 (화전양면책)
• 회유책 : 귀순 장려(관직 수여, 토지와 가옥 제공), 무역소 설치(태종, 북평관)
• 강경책 : 4군(압록강, 최윤덕), 6진(두만강, 김종서)   ※ 사민정책과 토관제도 실시
★ **4군 폐지**
• 단종 때 4군 중 3군 폐지 → 세조 때 자성군 폐지하며 4군 폐지 → 선조 때 니탕개의 난
• 숙종 때 일부 복구 → 정조 때 장진부 → 순종 때 후주부 → 고종 때 자성군과 후창군 설치하며 4군의 행정 구역 복구
※ 임진왜란 이후 명이 약화되자 여진족의 누르하치가 후금을 건국
※ 조선은 여진과 왜 외에도 시암, 자바 등 동남아시아 국가나 류큐(오키나와)와도 교류하였다.

일본
• 교린 정책 : 강경책과 회유책
• 회유책 : 무역 허용, 관직 수여 등
• 강경책 : 대마도 정벌 등
★ **해동제국기**
• 성종, 신숙주가 편찬
• 일본 기행문 : 여행은 세종 때

★ **일본과 관계**

태조	김사형이 대마도 정벌
세종	대마도 정벌(이종무, 기해동정) → 3포 개항(부산포, 염포, 제포) → 계해약조(대마도 도주, 세견선 50척, 세사미두 200석)
중종	삼포왜란(3포 폐쇄, 비변사 임시기구) → 임신약조(계해약조 절반) → 사량진왜변(무역금지, 일본인 왕래 금지)
명종	정미약조(세견선 25척, 제한) → 을묘왜변(왜인들이 600여척의 배로 전라도 약탈, 국교 단절, 비변사가 상설기구화, 제승방략 체제)
선조	임진왜란(비변사 최고 기구) → 국교회복(1604년), 포로송환 담판(유정) → 1607년 회답사 파견
광해군	기유약조(부산포, 세견선 20척, 세사미두 100석)

2. 임진왜란

배경	• 일본의 통일 : 도요토미가 일본 통일 → 정한론 등장 • 조선의 상황 : 당쟁으로 국방 약화, 통신사의 엇갈린 보고 ※ 임란 전 정세 : 명은 북로남왜의 침략을 받고, 사림은 동서 분당 발생, 일본은 전국시대를 거치며 무사계급이 성장, 도요토미 히데요시(풍신수길)이 대륙 침략 야욕
침략	일본이 정명가도를 명분으로 **1592년 4월** 수륙병진 작전으로 조선 침략
결과	• 정치 : **비변사 기능 강화** → 의정부와 6조 약화 / 대북파 집권 • 군사 : **훈련도감과 속오군 정비**, 비격진천뢰(선조, 이장손) 제작 • 사회 : 공명첩과 납속으로 신분제 변동, 동의보감(허준) • 문화 : 경복궁 등 왕궁 소실, 불국사와 사고 소실(전주본 유지 → 5대 사고) • 문화 전래 : 조총과 담배, 호박, 고추 등의 전래 • **일본** : 에도막부 성립, 이황의 성리학 전래, 도자기(이삼평) 전래, 몽유도원도 약탈 　└ 피로인 : 임란 때 포로로 끌려간 조선인, 외국에 노예로 팔려가기도 함 • **중국** : 명이 쇠퇴, 후금의 성장으로 명 · 청교체 　└ 임란 이후 조선에서 명을 숭상하며 '재조지은' 강조 / 명군이 백성 수탈 • 쇄미록 : 오희문, 임진왜란 당시 참상 기록

일본의 침략 (1592년 4월) └ 수륙 병진 작전	조선 반격	휴전회담	정유재란(1597)
★ **1592년** • 4.14 정발 패배(부산진) • 4.15 송상현 패배(동래성) • 4.28 충주 탄금대(신립) 패배 • 5.2 한양 함락(선조는 평양 피난) • 5.7 옥포 승리 → 사천 승리 • 6.15 평양 함락 (선조는 의주 피난) 　└ 광해군 세자 책봉, 분조 ★ **의병장** : 문반 다수, 남부 지방 • 곽재우 : 최초 의병장 　└ 홍의장군, 경상도 의령 　└ 김시민과 활동하기도 함 • 유정 : 사명당, 포로송환 문제 해결 • 휴정 : 서산대사, 평양성 전투 • 김덕령 : 이몽학의 난으로 옥사 • 고경명(담양), 정인홍(합천), 김천일 • 이정암, 정문부(북관대첩비, 숙종)	• 7.8 : 한산도 대첩(이순신) • 10.10 : 진주대첩(김시민) ★ **1593년** • 1.8 : 평양 탈환 • 1.27 : 벽제관 패배 • 2월 : 행주 대첩(권율) • 4월 : 한양 탈환 ※ 고흥 발포진성 　└ 이순신장군 청렴 일화비 ※ 판옥선 : 임란 때 주력선 　└ 주력선, 이층구조	• **일본이 명에 제의** 　└ 3년 진행 　└ 결렬 • 훈련도감 설치 • 속오군 설치 • 이몽학의 난	★ **1597년** • 7월 칠천량 : 원균 패배 • 9월 명량 대첩, 직산 전투 • 11월 노량 대첩(이순신 전사) • 1598년 11월 일본군 철수 • 1599년 명군 일부 용산 주둔 • 1600년 일본 화해 요청 • 1604년 유정(사명당) 포로송환 담판 • 1607년 회답사 파견 : 국교 재개 • 1609년 광해군 : 기유약조 • 임진왜란 당시 회령의 국경인들은 반란을 일으켜 임해군과 순해군을 일본군에게 포로로 넘겼다. • 건주의 여진족 조선에 병력 지원 제의 → 명이 거절

3. 조선 후기의 대외관계

광해군	인조				효종	숙종
	정묘호란 : 1627		**병자호란 : 1636**			

광해군	인조	배경/과정/결과	병자호란 내용	효종	숙종
• 일본 : 부산포, 기유약조 • 중립외교 : 명과 후금 사이 └ 강홍립 부차전투(싸얼후산) ★ 통신사 : 조선 후기 • 파견 : 비정기적, 12차례 • 요청 : 일본이 막부 교체 시 • 목적 : 정권 안정과 승인 • 역할 : 일본에 조선 문화 전파 • 영향 : 일본에서 반한감성 ↑ • 단절 : 1811년 순조 때 단절 • 통신사 기록물 └ 해유록, 동사록, 해사일기 └ 해사록, 동사 등	**정묘호란 : 1627** • 서인의 친명 배금 정책 • 이괄의 난 잔당이 정벌 요청 • 가도사건 : 명의 모문룡 제거 목적 • 명과 교역 중단의 경제 문제 해결 • 후금의 침입 • 인조는 강화도 피신 • 의병 : 정봉수(용골산성)와 이립(의주) └ 적의 보급로 차단 • 후금과 정묘조약 체결 • 후금과 형제관계 • 개시 무역 허용	**배경** **과정** **결과**	**병자호란 : 1636** • 청의 군신 관계 요구 → 윤집(척화) vs 최명길(주화) • 인조는 척화 채택 • 봉림대군, 비, 빈 → 강화도 피난 • 청의 침입 → 임경업(백마산성) 저항 • 인조는 남한산성으로 피난 → 김상헌(척화) vs 최명길(주화) └ 유네스코 문화유산 • 인조는 최명길의 주화 채택 → 청 황제에게 항복(삼전도 굴욕) • 청과 군신 관계 체결 → 청은 '청태종송덕비'(삼전동) 건립 • 인질 압송 • 소현세자, 봉림대군 : 8년 만에 귀국 • 삼학사 : 홍익한, 오달제, 윤집 → 청에서 사형 • 김상헌 : 6년 만에 귀국 • 환향녀 문제 발생	• 호란 이후 청에 대한 적개심 ↑ • 소중화 사상 강화 └ 창덕궁 대보단(숙종) └ 화양동 서원 만동묘(숙종, 송시열) └ 존주휘편(정조) • 북벌 준비 ★ 북벌 : 서인의 정권 유지 수단 • 송시열, 송준길, 이완 기용 • 어영청 강화, 산성 정비 • 실시한 적은 없음 • 나선정벌 : 청의 요청 └ 러시아 정벌에 두 번 동원(변급과 신유)	• 북벌 운동 재등장 : 허적과 윤휴 남인 └ 배경 : 청에서 오삼계의 난 발생 └ 주도 : 남인 허적과 윤휴 └ 과정 : 훈련별대와 도체찰사부 강화 └ 결과 : 남인들의 권력 강화 수단으로 이용 • 안용복 └ 조선 수군 출신, 어민 └ 17세기 후반 일본에 두 차례 건너갔다 옴 └ 울릉도와 독도가 우리 영토임 확인 • 백두산정계비 : 18세기 초, 1712년 └ 청의 요청, 양국 관리 답사 후 건립 └ 청과 조선의 국경 확정 └ 백두산 남동쪽, 서위압록, 동위토문 ★ 간도귀속문제 : 19세기 후반 • 토문강 해석 : 조선은 송화강, 청은 두만강 • 1902년 간도관리사 : 이범윤, 함경도 • 1907년 간도파출소 : 일본이 설치 • 1909년 간도 협약 : 청과 일본

★ **조선 후기 청과 관계**
• 연행사 파견 : 500회 이상
• 북벌 운동 : 효종(송시열, 이완, 남한산성과 북한산성 고치고 군대양성, 어영청 강화) → 숙종(허적과 윤휴의 남인들이 주장)
• 북학 등장 : 박지원과 박제가 등
 └ 박지원 : 박명원 수행, 열하일기 (친명 비판, 수레, 지전설) / 박제가 : 북학의, 무역선 파견, 청의 세계무역 동참 주장

4. 울릉도와 독도

삼국시대	고려	조선	대한제국	해방 이후
• 우산국 정벌 └ 신라, 지증왕 때 ※ 삼국사기 • 지증왕본기 • 이사부가 정벌	• 고려 직할로 관리 • 행정 구역 : 동계 울진현 ※ 태조 : 우산국, 토산물 바침 ※ 현종 : 주민을 본토 피난	• 태종 : 섬 주민을 본토로 이주 → 해적 격퇴 후 다시 관리 • 숙종 : 안용복, 두 차례 일본에 건너가 확인 • 고종 : 울릉도와 독도를 적극적 개척 ※ 세종실록지리지 • 강원도 울진현조에서 기록 • 무릉(울릉도)과 우산(독도)를 구별한 최초 기록 ※ 팔도총도 • 신증동국여지승람의 지도 • 울릉도와 독도를 구별하여 그린 최초 지도	• 칙령41호 : 1900년 └ 강원도 울도군으로 승격, 독도 관리 • 일본의 불법 편입 : 1905년 2월 러·일전쟁 중 └ 대한매일신보, 황성신문 등이 반박 └ 1906년 심흥택이 정부에 보고 ★ 독도 명칭 • 1881년 처음 사용 • 1906년 심흥택 보고서 : 공식적 독도 명칭 • 리앙쿠르, 호넷섬 등으로 불림	• 연합국 최고 사령부 지령 : 한국 영토로 인정 • 일본은 자국의 영토로 주장 └ 근거 : 1951년 샌프란시스코강화조약 • 인접해양의 주권에 관한 대통령 선언(평화선) └ 1952년 LEE 라인, 이승만이 한국의 영토로 주장 ★ 일본 기록 : 대부분이 독도를 우리 영토로 기록 • 은주시청합기, 죽도기사, 삼국통람도설 • 삼국접양지도, 통항일람 • 태정관지령 : 메이지 정부가 우리 영토로 인정

1. 중앙 통치제도

(1) 의정부와 6조

의정부	• 설치 : 태종 때 도평의사사 혁파 → 의정부와 삼군부로 분리 • 역할 : 국왕 다음 최고 기구, 의정의 합의로 국정 운영, 왕권 견제, 군사권 × • 구성 : 영의정 + 좌의정 + 우의정 + 좌·우찬성 + 좌·우참찬
6조	• 이·호·예·병·형·공조, 행정 업무 분담, 정책을 지방관에 전달하여 시행, 판서(경연과 주요 회의참석) • 이조와 병조 : 문반과 무반의 인사권 / 속사와 속아문 설치 ※ 이조 전랑 : 자대권, 3사 관리 추천, 당하관 이하 관리 추천

★ 6조와 속아문
• 이조 : 사옹원(그릇), 상서원(옥새와 마패), 내수사(왕실 재산)
• 호조 : 평시서(시전감독), 사섬서(저화), 제용감(왕실 진상품)
• 예조 : 교서관(출판, 인쇄), 관상감(천문), 홍문관, 성균관, 승문원(외교문서)
• 병조 : 군기시 등
• 형조 : 장례원(노비) 등
• 공조 : 상의원(의류), 수성금화사(소방), 조지서(종이), 와서(기와) 등

(2) 기타 주요 기구

의정부	태종 (고려 시대 순마소의 후신), 왕명으로 재판 → 왕권 강화
승정원	태종 (고려 시대 중추원의 후신), 왕명 출납, 조보 편찬, 승정원일기 작성, 상소 접수
예문관	왕의 교서와 명령 작성, 사초 작성 ※ 사초 : 왕과 신하 사이의 대화를 기록
춘추관	실록 편찬, 시정기 작성 ※ 시정기 : 각 관청의 업무일지인 등록을 모아 편찬
3사	사헌부 + 사간원 + 홍문관의 언론기구, 청요직 ※ 사헌부와 사간원 : 양사
기타	• 사역원(외국어 교육, 역과), 관상감(천문, 음양과), 전의감(의학, 의과), 소격서(도교 관청) • 포도청(상민치죄), 금화도감(세종, 한양 화재 예방), 한성부(수도 행정, 치안, 전국 토지 항소심) • 상소 : 재야 유생도 상소 가능, 승정원에 제출 후 왕이 답변, 답변이 만족 × → 대궐에서 농성

★ 3사 : 사헌부 + 사간원 + 홍문관
 └→ 사헌부 : 대사헌, 관리 감찰과 탄핵, 고려 시대 어사대, 대관
 └→ 사간원 : 대사간, 간쟁, 고려 시대 낭사 간관   ※ 태종은 낭사를 사간원으로 독립하여 왕권 강화
 └→ 홍문관 : 대제학, 집현전의 후신, 옥당, 왕 자문, 경연, 궁중 도서 관리 등
• 역할 : 언론 담당 → 권력의 독점과 부정을 방지, 사림이 장악하여 훈구 견제
• 청요직 : 3사의 언관은 청요직이라 불렸고, 벼슬은 높지 않지만 이곳을 거쳐야 정승으로 승진 가능
• 폐단 : 후기에 공론 반영보다 상대당의 공격에 앞장 → 정비 : 영조가 삼사의 언권권 약화시킴
• 대간 : 사헌부(대관)와 사간원(간관), 왕 직접 대면, 서경(5품 이하 관리 임명 동의), 간쟁, 봉박, 재직 중 함부로 체포 ×

(3) 비변사와 관직 체계

정비	• 삼포왜란 : 중종, 왜구와 여진족의 침략에 대비 임시기구로 설치 • 을묘왜변 : 명종, 상설기구, 전국의 국방 문제 담당
변화	• 임진왜란 : 선조, 최고 권력 기구, 최고 정무기구로 발전 → 세도정치 시기 권력 기구 • 참여 : 의정부의 3정승, 5조판서(공조 제외), 홍문관 대제학, 5군영 대장 등이 참여 • 비변사의 강화로 의정부와 6조의 기능 약화 → 비변사 합의 내용을 왕에게 보고하는 역할
폐지	흥선대원군이 왕권 강화를 위해서 비변사 혁파 → 의정부와 삼군부 부활

※ 조선 시대 관직체제의 운영
• 특징 : 과거를 더 중시하여 관료적 성격 강화   ※ 양반 신분 세습 : 음서(2품), 대가제(3품 이상)
• 관료 조직 : 문반(문산계) + 무반(무산계, 3품까지만 승진)   ※ 향리는 5품, 서얼 3품까지만 승진
• 관직 운영 : 상피제(출신 지역, 친인척 같은 부서 임명 ×), 임기제, 서경제, 행수제(관직 ≠ 품계)
• 관등 체제 : 정1품~종9품까지 18품계, 실질적으로 30단계   ※ 관직 제한 : 왕족과 부마는 관직에 나가지 못함
※ 당상관 : 정3품 통정대부와 절충장군 이상 → 중요 정책 결정 참여, 각 부처 장, 관찰사 임명
※ 당하관 : 정3품 통훈대부와 어모장군 이하 → 참상관(수령, 문과장원)과 참하관

2. 사법제도

특징	행정과 사법의 미분화, 소송은 신분에 관계 없이 제기, 항소 가능, 신분에 따라 처벌이 다름, 연좌제
형법	• 가장 중시, 경국대전 형전 미흡 → 대명률에 의존 • 중죄 : 불효죄와 강상죄가 중범죄 • 형벌 : 태·장·도·유·사 + 능지처참, 자자형, 보석금 등 → 영조 때 형법 보완되어 악형 폐지 • 재판 : 수령은 태형 이하, 관찰사는 유형 이하의 죄를 처결 • 사형 : 교형과 참형, 왕족과 사대부는 사약, 사형수는 삼심제
민법	• 관습법 적용, 재판관의 재량에 의존 • 소송 : 초기에는 노비 소송 → 후기에는 산송이 주류

★ 조선 시대 법전
• 경제육전 : 태조, 조준, 최초의 통일 법전, 이두와 방언   ※ 조선경국전 : 태조, 정도전, 재상 중심
• 원육전과 속육전 : 태종, 원육전은 경제육전을 한문으로 번역, 속육전은 추가된 법 정리
• 정전과 육전등록 : 세종
• 경국대전 : 세조 때 호전과 형전 → 성종 때 완성, 호전과 형전 미흡, 6조 업무 규정(행정법)
• 속대전 : 영조, 비변사 규정, 5군영 법제화, 호전과 형전 보완, 악형 폐지
• 대전통편 : 정조, 경국대전(원) → 속대전(속) → 대전통편(증)
• 대전회통 : 흥선대원군, 총정리 법전, 경국대전(원) → 속대전(속) → 대전통편(증) → 대전회통(보)

3. 관리 선발 제도

과거제도 특징	• 응시 : 천인을 제외하고 양인 이상이면 응시 가능, 현직 관리 응시 가능 ※ 문과 : 중죄인의 자손, 서얼, 재혼한 여자의 아들과 손자 등은 제한
	• 절차 : 3년마다 시행하는 식년시가 원칙 / 증광시, 별시, 알성시[성균관 문묘 제사 후 실시] 등이 유행

문과
• 주관 : 예조에서 주관
• 구분 : 소과(생원과 진사과 : 초급 관리 선발) → 대과(문과 : 고급 관리 선발)로 구성

	소과 : 생원과(경전)와 진사과(사장), 초급 관리 시험	대과 : 고급관리 시험, 문과
절차	초시(각 700명) → 복시(각 100명)	초시(240) → 복시(33) → 전시(갑, 을, 병 / 1등 장원)
초시	• 지역별 선발 : 지역할당제, 인구비례와 성적에 따라 선발 • 생원·진사과 : 각 700명	지역별 선발 : 지역할당제, 인구비례와 성적 → 240명
복시	한양에서 성적으로만 선발 : 생원과 100명, 진사과 100명	한양에서 성적으로만 선발 → 33명
전시	×	왕 앞에서 순위 경쟁 : 갑, 을, 병 / 1등은 장원으로 참상관 임명
특권	• 백패, 생원과 진사 칭호, 성균관 입학 자격 • 대과 응시 가능, 군역 면제, 하급 관리 임명	홍패, 장원은 참상관 임명, 현직 관리 합격 시 승진

무과	• 실시와 주관 : 고려 말 공양왕 때 제도화 → 태종 때 실시 (용호방) / 주관 : 병조에서 주관, 무예와 무경도 시험
	• 응시 : 문과 자격이 없는 서얼 등이 주로 응시
	• 절차 : 초시(지방, 190명, 지역할당제) → 복시(한양, 28명, 성적으로만) → 전시(왕 앞에서 등급 결정, 갑, 을, 병 / 무예로만 선발)

잡과	• 주관 : 해당 관청 ※ 역과(사역원, 외국어 시험), 의과(전의감, 의예), 율과(형조, 법률), 음양과(관상감, 천문과 지리)
	• 응시와 절차 : 중인들이 주로 응시, 양반도 역과와 의과는 응시, 초시와 복시로 실시 ※ 초시 : 문과와 무과와 달리 인구비례 고려 ×
	• 선발 인원 : 46명(역과는 19명, 의과와 율과, 음양과는 9명), 합격생은 최고 3품까지 승진 ※ 중국어 : 노걸대, 박통사 / 일본어 : 첩해신어

승과	중종 때 폐지 → 명종 때 문정왕후의 지원으로 잠시 부활 → 문정왕후 사망 후 다시 폐지

★ 조선 시대 관리 선발 종류
• 음서 : 2품 이상 관리 자제로 축소
• 천거 : 현량과(조광조), 산림천거제(영조가 제한)
• 과거 : 문과(예조), 무과(병조), 잡과(해당관청) 등
• 취재 : 하급 관리 선발 시험, 산학, 서화, 도학, 약학 등
• 리과 : 서리 선발, 훈민정음 시험
• 중시 : 현직 관리 승진 시험, 10년마다 실시

※ 유외잡직
공조, 교서관, 사섬시, 사용원 등에서 물품제조, 책 인쇄, 종이 제조, 바느질, 요리 등을 한 사람들에게 주는 벼슬

※ 만과 : 조선 후기 천민들에게도 무과 자격을 얻고, 숙종 때는 1800명 선발하기도 하였다.

4. 교육제도

조선 시대 교육의 특징	4부 학당 : 한양	향교 : 지방 국립 중등 교육	성균관 : 국립대학
• 관학 중심 : 4부 학당, 향교, 성균관 등 • 교육은 과거를 준비하는 수단 • 기술교육은 해당 관청, 무술 교육은 별도 기구 × • 사립 교육 : 서당, 서원 등 ★ 서당 : 초등 사립 학교, 7~8세 입학, 천자문 등	• 5부 학당 (태종) → 4부 학당(세종) • 동부, 서부, 남부, 중부 학당 • 구조 : 명륜당(강의실), 재(기숙사), 문묘 × • 운영 : 정원 100명 • 교육 : 교수와 훈도가 교육, 소학과 사서오경 • 학생들은 유학으로 호칭 받음 → 사회적 존경	• 설립 : 모든 군현 마다 설립 • 관리 : 수령이 관리 (학교흥) • 구조 : 명륜당(강의실), 재(기숙사), 문묘(대성전, 제사) • 운영 : 교수와 훈도 파견 • 정원 : 군현별로 인원이 다름 • 입학 : 15세 이상, 양반과 평민 자제 입학 • 교육 : 소학과 사서오경 강의 • 특권 : 성적 우수 시 소과 초시 면제 └→ 성적 미달 시 군역 부담	• 국립대학, 학장은 대사성 ※ 태학지 : 성균관 역사 ★ 성균관 구조 • 명륜당 : 강의실 • 문묘 : 대성전, 제사 • 양재 : 기숙사, 동재와 서재 • 존경각 : 도서관, 성종 때 설립 • 비천당 : 시험장 • 입학 : 소과합격생(생원과 진사, 상재생) + 특채생(하재생) • 특권 : 성적 우수자는 대과 초시 면제, 알성시 ※ 권당(동맹휴학)

★ 서원
• 최초 : 중종, 백운동 서원(주세붕, 안향 제사, 영주)
• 최초 사액 서원 : 명종 때 이황의 건의로 백운동 서원이 사액 됨 → 소수서원
• 폐지 : 영조는 사액 금지, 1700여개 정리 → 흥선대원군이 600여 개 정리, 47개의 사액서원만 남겨 둠

5. 지방 행정 조직

8도	• 정비 : 태종 때 정비 • 관리 : 관찰사 파견(당상관, 감영에 상주, 임기 1년, 절도사 겸직, 수령 감독)

군과 현	• 구성 : 부(부사) – 목(목사) – 군(군수) – 현(현령, 현감) / 인구와 면적이 기준, 고려보다 군현 수 감소 • 특징 : 모든 군현에 수령(목민관) 파견 　※ 수령 : 임기 5년(→ 3년), 참상관, 동헌(사무실), 수령 아래 아전이 6방에서 실무 처리 　　└ 수령 7사 : 농상성, 부역균, 간활식, 호구증, 사송간 + 학교흥, 군정수 (조선 시대 추가) • 중앙집권 강화 : 면(면장) – 리(리정) – 통(통주)으로 정비 • 향리 : 중인, 무보수, 잡색군 편성, 수령 보좌하는 아전으로 격하, 문과 가능(제약)　　※ 연조귀감 : 향리 역사, 정조 　※ 암행어사 : 왕명을 직접 수행, 수령 감찰, 청요직에 근무하는 당하관 임명, 의금부 소속[×] 　※ 제주도 • 행정 구역 : 제주는 전라도 제주목에 편입 • 백제 동성왕이 탐라 복속 → 고려 : 숙종 때 탐라군 → 1270년 탐라총관부 설치 → 충렬왕 때 반환, 제주로 개칭 　※ 기타 기구 ★ 한성부 : 수도의 행정과 치안 담당 ★ 4유수부 : 개성, 강화, 광주, 수원 → 정조 때 정비, 수도를 군사적 방어하는 도시

★ 유향소와 경재소

	경재소	유향소
설치	중앙	지방 군현
기능	• 중앙집권, 유향소 통제 • 중앙과 지방의 연락업무	• 좌수와 별감이 향촌 자치 • 수령보좌, 향리 감독, 풍속 교화
변화	선조 때 폐지	• 세조 때 이시애의 난 때 폐지 • 성종 때 부활 → 중종 때 조광조 폐지 주장 • 선조 때 향청으로 변화

★ 향약

• 가입 : 신분에 관계없이 가입
• 역할 : 약정(양반)의 통제, 양반들의 농민 통제 역할
• 덕목 : 덕업상권, 과실상규, 예속상교, 환난상휼
• 보급 : 중종 때 조광조가 보급 → 전국 확산 : 이황의 예안향약, 이이의 해주향약 등으로 전국 보급
• 변화 : 정조가 향약의 통제를 수령에게 맡김

6. 향촌 사회의 변화

조선 초기(15세기)	조선 중기(16~17세기)	조선 후기(18세기 이후)
중앙 집권	향촌 자치 강화	성리학 질서 약화
• 수령권 강화 : 모든 군현에 수령 파견 　└ 부민고소 금지법, 원악향리 처벌법 • 향리 세력 약화 　└ 단순한 아전으로 격하 　└ 대다수 향리를 타 지역으로 이주 　└ 무보수, 잡색군 편성 　└ 문과 응시 가능(단 허가를 받아야 함)	• 재지 사족 강화 : 성리학 질서 강화, 보학과 예학, 서원 설립 　└ 향촌에 소학과 주자가례의 성리학 보급 　└ 향안 : 군현단위 양반 명단 　└ 향회 : 양반 사족의 회의 → 향규 제정 　└ 향규 : 향회에서 제정한 향촌 규칙 　└ 향약 : 양반들이 약정을 하며 농민 통제 • 향리 세력의 약화	• 수령권 강화 : 수령과 향리, 신향이 결탁 → 농민 수탈　　※ 신향은 향임직(향청)에 임명되어 수령과 결탁 • 재지 사족의 영향력 약화 : 성리학 질서 약화, 향전의 패배, 향회와 향약의 통제권 상실 ★ 향전 : 구향(예파, 양반, 재지 사족)과 신향(교파, 부농, 요호부민 등)이 향회의 주도권을 두고 경쟁 　└ 결과 : 신향의 승리 → 향회가 부세자문기구로 변질 　└ 신향이 향촌 사회를 완전히 장악하였다.[×] ★ 정조가 향약의 통제권을 수령에게 넘김 → 양반의 향촌 통제력 약화 ★ 양반 사족(구향)의 세력 유지 노력 : 족적결합(동족마을), 서원과 사우 남설, 청금록 과시, 동약(촌락) 강조

7. 조선 시대 군역제도

양인개병제	군포징수제	균역법
• 16세~60세 미만 양인 정남이 군역 담당 • 면제 : 현직관리와 학생, 향리 등은 면제 • 병농일치 : 농민들이 주로 군역을 담당　※ 군적 : 6년마다 작성 • 보법 : 세조, 농민들은 정병(현역) + 보인(비용부담)으로 군역	• 배경 : 불법적인 군역 기피 → 대립제, 방군수포제 • 실시 : 중종, 군포징수제(군적수포제) • 원칙 : 농민들은 2필의 군포를 부담 → 중앙군 면제	• 배경 : 지방군으로 군포징수제 확대 → 농민들의 군포 부담 증가로 군역 문란 　※ 군역의 문란 : 족징, 인징, 동징, 황구첨정, 백골징포　　※ 애절양 : 정약용, 군정문란 비판 • 균역법의 실시 : 영조, 균역청 설치 (→ 선혜청에 통합) 　└ 농민들의 군포 부담을 1필로 축소 　└ 보충 : 선문군관포(일부 상류층) 1필, 결작(지주, 1결당 2두), 어세와 염세, 선세

8. 조선시대 군사 조직

(1) 중앙군

전기 : 5위	후기 : 5군영		
• 정비 : 세조 • 지휘 : 5위 도총부, 최고 지휘관은 문반 • 5위 : 의흥위, 용양위, 호분위, 충좌위, 충무위 • 5위의 구성 　└ 특수병과 직업군인 갑사 : 품계와 녹봉 지급 　└ 농민병 : 정병 지방에서 상경 / 녹봉 ×, 보인이 비용 부담	• 설치 : 임기응변식, 하나씩, 필요할 때마다 설치, 국내외 정세에 따라서 설치 • 과정 : 훈련도감(선조) → 어영청(인조) → 총융청(인조) → 수어청(인조) → 금위영(숙종, 경신환국 이후) • 특징 : 왕이 지휘 ×, 서인들의 군사 기반　　※ 남인들의 군사 기반 : 훈련별대, 도체찰사부		
		설치	**특징**
	훈련도감	선조	• 유성룡의 건의, 명의 척계광의 기효신서의 영향 (절강병법) • 벨테브레와 하멜 소속, 포수(총)·사수(활)·살수(칼, 창)의 삼수병의 직업군인 • 1결당 2.2두의 삼수미세를 거둬 급료 지급, 조선 후기 난전에 가담
	어영청	인조	효종 때 북벌 기구로 강화
	총융청	인조	북한산성에서 경기도와 수도 방어
	수어청	인조	남한산성에서 경기도와 수도 방어
	금위영	숙종	경신환국 이후 서인들이 정초군과 훈련별대를 합쳐 설치, 수도와 궁성 수비

(2) 지방군

전기 : 영진군	후기 : 속오군
• 농민병으로 영과 진에서 근무 • 세조 : 병영(병마절도사)과 수영(수군절도사) 설치 ※ 잡색군 : 조선 초기, 예비군, 서리와 향리, 노비, 신량역천인 등 (농민 ×)	• 임란 이후 기효신서의 영향을 받아 설치 • 양천혼성군 : 양반부터 노비까지 편성, 비용은 본인 부담, 농한기에 훈련 → 유사시 전투 참여

(3) 지방 방어 체제

진관 체제	제승 방략 체제	속오군 체제
• 실시 : 세조, 지역단위 방어 체제 • 장점 : 신속 • 단점 : 대규모 전투에 불리	• 실시 : 명종, 을묘왜변을 계기로 정비 • 유사시 도내 병력 동원, 중앙에서 지휘관 파견 • 장점 : 대규모 전투에 유리 • 단점 : 신속 ×	• 배경 : 임진왜란 당시 충주 탄금대에서 신립의 부대 패배 → 제승방략체제의 문제점 노출 • 운영 : 진관을 복구 → 속오군(양천혼성군)이 자기 지역을 방어 • 영장체제 : 인조 때 정묘호란을 계기로 중앙에서 영장이 파견되어 속오군 지휘 → 효종 때 수령이 영장 겸함

9. 기타 제도

	전기	후기
역원제와 파발제	역원제 : 중앙과 지방의 신속한 연락 업무 담당	파발제 : 임란 이후 역원제 붕괴로 정류소인 참을 설치하여 기발과 보발로 연락업무 수행
조운제도	• 지방의 조세를 조창에 보관 → 서울의 경창으로 운송　★ 잉류지역 : 평안도, 함경도, 제주, 4유수부, 현지 경비 사용 • 호조에서 관리 → 16세기 이후 경강상인의 배 이용　※ 가흥창 : 충주	• 경강상인의 조세 운반을 담당하면서 거상으로 성장 • 1차 갑오개혁 때 조세의 금납화로 조운제도 소멸
봉수제도	지방의 중요한 정보를 중앙에 전달하는 군사 통신 제도, 산마다 봉수대 설치　★ 평시1개, 적이 출현 2개, 국경에 접근 3개, 국경을 침범 4개, 전투 시 5개	
진	육로와 연결되는 나루터에 진을 설치	

1. 토지제도

	과전법	직전법	직전법 폐지 → 녹봉제
제정	고려 말 공양왕 1391년 도평의사사에서 제정 → 신진사대부의 경제 기반	세조	16세기 명종
지급 대상	전·현직 관리에게 전지의 수조권 지급 ※ 향리와 직업군인은 제외 → 향리 무보수, 직업군인은 녹봉 ※ 향리 : 초기에 인리위전을 받았지만 세종 때 모두 폐지 ※ 군전 : 지방 한량(조선 건국에 부정적)에게 지급	현직 관리(직관)에게만 전지의 수조권 지급	현직 관리에게 수조권 지급 × → 녹봉만 지급
지급 기준	18과로 나누어 150결~10결의 전지를 차등적 지급, 1대 한정, 세습 × ※ 예외적 세습 : 공신전, 별사전(외교적 공헌자, 3대 세습, 경기외 지급)		
지급 지역	경기도 내의 토지 지급 ※ 태종 : 경기 외 지급 → 세종 때 모두 회수	경기도	
특징	• 조와 세 : 전주(관리)는 전객(농민)에게 1/10의 조를 수취하여 이 중 1/15을 정부에 세로 납부 • 유가족에게 수신전(부인), 휼양전(자식) 지급 • 문무 차별 금지, 경작권 매매 금지, 농민들의 경작권 보호 • **병작반수 금지** → 외거노비가 경작, 작개지(주인에게 모두 납부), 사경지(노비 사용)	• 수신전과 휼양전 폐지 • 공해전(관청경비) 폐지 → 능전 지급 • 지급량은 전보다 감소	• 토지에 대한 수조권적 지배 소멸 • 토지의 소유권적 지배 강화
문제점	토지 부족 현상	수조권자의 횡포 → 관수관급제(성종) 시행 ※ 관수관급제(성종) • 관수 : 정부에서 수취 • 관급 : 정부에서 관리에게 지급 • 의미 : 국가의 토지에 대한 지배력 강화	• 양반 관리의 토지에 대한 사적 소유욕 증가 • 지주·전호제의 확대 └ 양반들은 지주화 → 토지 확대 └ 농민들은 전호화 → 소작농 증가, 자작농 감소

2. 수취제도

	전기	후기 : 수취제도의 개혁
조세	• 조 : 농민(전객)이 토지 1결(300두)당 쌀과 콩을 1/10(30두)를 납부 • 세 : 관리(전주)가 30두 중 1/15(2두)를 정부에 납부 • 손실답험법(태종) → **공법(세종)** : 연분9등법과 전분6등법 • 전분6등법 : 비옥도에 따라 6등급, 수등이척법(양전척이 6개) • 연분9등법 : 매년 풍흉에 따라 9등급, 1결(400두)당 20두~4두 ※ 양전사업 : 20년마다 시행이 원칙 → 20년마다 시행 ×	★ 영정법 └ 배경 : 연분9등법의 문제점 → 계산 복잡, 관리 부정 └ 원칙 : 인조, 풍흉에 관계없이 1결당 4두~6두로 조세 조정 └ 문제점 : 무전 농민들에게 혜택 ×, 추가 비용 → 농민들의 부담이 줄지 않음 • 도결 : 조세 총액을 마을 단위로 부과하는 방식, 또는 환곡과 군포 등의 부족분과 경비를 수령들이 토지에 부과하는 방식, 수령 농간으로 농민 고통 ※ 조선 후기 총액제 → 삼정의 문란 발생 • 전정(비총제) → 전정의 문란 • 군정(군총제) → 군정의 문란 • 환곡(환총제) → 환곡의 문란
공납	• 의미 : 공안을 토대로 호에 현물(토산물, 특산물)을 부과 • 종류 : 상공, 별공, 진상(식료품) • 문제점 : 16세기 방납의 폐단으로 농민들 몰락 ※ 16세기 방납 폐단 시정 노력 • 조식(서리망국론), 수미법(조광조, 이이, 유성룡)	★ 대동법 └ 의미 : 공납의 전세화 → 호에 현물로 부과하던 것을 토지에 쌀(16두 → 12두), 베, 돈으로 부과 / 별공과 진상은 현물 유지 └ 실시 : 경기도(광해군) → 강원도(인조) → 충청도, 전라도(효종) → 전국(경상도, 황해도, 숙종) └ 반발 : 지주의 반발로 전국 시행에 100여 년이 걸림, 무전 농민들은 환영 └ 결과 : 정부는 선혜청을 설치 → 공인을 고용 → 관수품 조달 → 상업과 수공업 발달, 상품 화폐 경제 발달, 양반중심 신분질서 약화 └ 대동세 : 상납미(봄, 선혜청), 유치미(가을, 수령) → 상납미의 증가로 유치미 감소 → 수령 수탈 증가
역	• 요역 : 토지 8결당 1명 1년 6일 (성종, 팔결출일부) • 군역 : 양인개병제, 병농일치(정군과 보인 : 보법, 세조) • 16세기 군역제도의 문란 : 불법적인 대립제와 방군수포제 • 군포징수제 : 중종, 군적수포제, 2필씩 받고 군역(중앙군) 면제	★ 균역법 └ 실시 : 영조, 균역청(→ 후에 선혜청 통합)설치, 농민들의 군포를 2필에서 1필로 축소 └ 보충 : 선무군관포(일부상류층, 1필), 1결당 결작 2두, 어세와 선세, 염세 등으로 보충

3. 조선 시대 경제활동

	전기	후기
농업	• 논농사 : **직파법** 유행, 남부지방 이앙법(정부는 금지) • 밭농사 : **농종법**(이랑)이 유행, 2년3작이 일반화 • 시비법과 녹비법의 실시 → 휴경지 소멸 • 목화의 전국 재배	• 논농사 : **이앙법**의 전국 유행 → 생산량 증가, 노동력 감소로 광작 가능, 벼와 보리 이모작 등 • 밭농사 : **견종법**(고랑)이 유행, 그루갈이, 사이짓기 등 유행 • **상품 작물 재배 유행** : 담배와 인삼, 고추 등의 상품 작물 재배 / 구황작물의 전래 : 감자와 고구마(감저보, 감저신보) 등 재배 • **농촌 사회의 변화** : 농민층 계층분화, 쌀의 상품화, 지주는 직접경영 선호 ※ 광작의 유행으로 부농(일부)과 몰락 농민(다수)으로 농민층 계층 분화 → 몰락 농민이 도시로 이동 ※ 쌀의 상품화로 밭을 논으로 바꾸는 번답이 유행 → 수리 시설의 확충으로 수리답 증가 (여전히 천수답이 더 많음) ※ 지주는 소작보다 머슴과 노비를 통한 직접 경영 선호 / 조선 후기에는 두레에 의한 공동노동 방식이 보편화되었다.
지대	**타조법** : 정률지대 수확량의 1/2을 납부	정액 지대인 **도조법** 등장(지주와 소작농 : 경제적 계약 관계), 타조법도 여전히 시행　　※ 도전법 : 지대를 동전으로 납부
농서	• **농사직설** : 세종, 정초, 실제 농민 경험담, 한문, 이앙법 소개 → 직파법 권장 • **양화소록** : 세조, 강희안, 화초 / **사시찬요** : 세조, 강희맹, 사계절의 농작물 소개 • **금양잡록** : 성종, 강희맹, 실제 농사 경험 소개, 시흥지방 • 구황촬요 : 명종, 이택 건의	• **농가집성** : 효종, 신속, 전기의 농서 집대성, 이앙법 보급에 기여, 지주제 인정 • **색경** : 숙종, 박세당, 농가집성 비판 • **산림경제** : 숙종, 홍만선 → 증보산림경제 : 영조, 유중림 • **과농소초** : 정조, 박지원, 한민명전의에서 한전론 주장 / **해동농서** : 정조, 서호수, 우리 고유농학을 중심에 두고 중국 농학을 선별적으로 수용 • **임원경제지** : 순조, 서유구, 농촌 생활 백과사전　　※ 서유구의 둔전론 : 국영농장 제도
수공업	• 관영수공업 : 관장에 기술자(공장안 : 명단)를 부역으로 동원 • 부역제의 붕괴 → 관영 수공업 쇠퇴 → 납포장 증가(포를 납부, 부역 면제)	• **민영 수공업 발달** : 선대제 수공업(상인자본이 수공업자 지배) → 독립수공업(일부) / 농촌 수공업 : 무명, 모시, 유기, 옹기 등을 제작 판매 • 공장안제도 폐지 : 정조, 장인등록제 폐지 → 자유로운 수공업 종사　　※ 점촌 : 수공업 전문 마을
상업	• 중농억상 정책 → 상업 부진 • **관허 상업** : 정부에 세금을 내고 상업 종사, 시전상인과 보부상 • **시전** : 태종 때 한양에 설치 → 개성과 평양으로 확대 • **장시** : 15세기 말 전라도에 등장 → 16세기 중반 전국 확대 　　└ 18세기 : 1000여개 　　└ 주로 5일장, 상설시장도 등장, 보부상 ★ 관허 상인의 활동 • **시전상인** : 관허 상인, 세금납부, 관수품 조달, 독점상인 • **보부상** : 장돌뱅이, 장시를 돌아다니며 행상	• 상업 발달 : 대동법의 시행 → 공인(관허상인)들의 활약으로 상업 발달　　※ 강경, 전주, 수안, 안성, 대구 등의 상업 도시 발달 • **도시** : 난전 확대(종루, 이현, 칠패) → 정부는 시전상인에게 금난전권 부여 → 정조 : 신해통공으로 시전상인 금난전권 폐지 ※ 신해통공 : 정조, 육의전을 제외한 시전상인의 금난전권 폐지 → 시전상인 위축, 정부 수입 증가, 물가↓, 난전 활발 • **장시 확대** : 전국에 1000여 개 등장, 정기시장과 상설시장 등장 → 장시의 발달로 지역상인 성장 ※ 지역 상인 : 만상(의주, 청과 무역, 임상옥), 유상(평양), 송상(개성, 송방, 중계무역, 인삼재배업, 홍삼), 내상(동래, 일본과 무역) • **포구 상업 발달** : 장시보다 규모가 큼, 객주와 여각, 선상, 경강상인 등이 활동 　　└ 경강상인 : 한성, 강주인, 서해안과 한강을 근거지, 정부의 조세 운반 독점, 한양의 쌀값 폭등 유발(순조), 운송업과 조선업에 종사 　　└ 객주와 여각 : 포구에서 위탁, 도매업, 숙박업, 금융업, 무역 등의 활동을 하는 상인 • **도고** : 독점적 도매상인, 매점 매석 → 물가 폭등 유발
광업	• 관영광산 : 부역 노동으로 운영 • 16세기 부역 붕괴 → 관영광산 쇠퇴 → 사채 허용(은광 등) • 은광 개발 : 임진왜란 당시 명군 비용 부담, 청과 무역, 단천은광 등	• **민영화** → 세금 수취로 운영 방식을 전환　　※ 별장(효종)이 수취 → 수령이 수취(영조) 　　└ 설점수세제 (효종 : 관설점, 민경영) → 물주제(민설점, 민경영)　　※ 물주(투자자), 덕대(전문 경영인) 　　└ 덕대제 : 18세기 후반, 물주가 덕대에게 광산 임대, 덕대는 혈주(채굴업자), 광군(연군, 노동자) 등을 고용, 분업과 협업으로 광산 개발 • 잠채 : 정부의 민영화 정책에도 불구하고 세금을 회피하기 위해 불법적인 채굴이 이루어짐 • 은광 개발 : 17세기 말 단천 은광이 대표적, 경기도 파주와 교하도 유명 → 금광 개발 : 18세기 중엽 이후 금광 개발이 활발
무역	• 명과 조공무역, 여진과 무역소에서 무역, 일본과는 왜관을 설치하여 무역 • 동남아시아와 조공의 형태로 무역	• **청** : 조공무역(사신들 통한 무역) 개시(공적 무역)와 후시(사상, 사적 무역) 무역　　※ 청과 무역 : 의주의 만상이 중강 지방에서 주도, 임상옥 　　└ 수입 : 비단, 약재, 문방구 / 수출 : 은, 종이, 무명, 인삼 등 • **일본** : 부산포에서 왜관 개시와 후시　　※ 동래의 내상이 주도, 일본에게서 은과 구리, 유황, 후추 등을 수입 　　└ 수입 : 은, 구리, 유황, 후추, 향목, 물소뿔 등, 은은 다시 청으로 수출 / 수출 : 인삼, 무명, 쌀, 마른 해삼, 청의 비단 등을 수출
화폐	• 유통 부진 : 자급자족의 경제로 유통 부진 • 저화(태종), 해서체 조선통보(세종), 팔방통보(세조)	• 전국 유통 : **상평통보**(인조 때 → 효종 때 김육의 건의 → 숙종 때 전국 유통), 어음과 환 등 사용 → 18세기 : 지대와 세금을 동전 납부 • 전황 현상 : 통화량 감소 → 화폐가치 상승 → 물가 하락, 농민 몰락 → 이익이 <폐전론> 주장 　　└ 동전 원료 가격이 올라 주조 비용 상승, 상품 화폐 경제의 걸림돌, 부유층과 국가기관이 동전을 고리대에 이용, 농민 생활이 어려워짐

1. 신분제도

조선 초기 : 양천제[법적]		조선 중기 : 반상제[실질적, 성리학적 신분제]		조선 후기 : 신분제 변동		
양인	• 양반 : 문반 + 무반, 직역 의미 • 기술관 • 농민, 상인, 수공업자 등 • 신량역천 : 신분은 양인, 직역이 천한 자들 ※ 신량역천 • 법적 양인, 천역 담당 → 15세기 말 정식 양인 격격 • 조군, 봉화군, 수릉군, 염간, 역졸, 나장 등	**양반**	• 신분의 의미 • 4조부 이내 품관과 산관의 벼슬을 한 사람의 가문	**양반** 증가	• 상민들이 군포 부담으로 양반으로 신분 상승 • 정부는 납속, 공명첩으로 양반 신분 매매	
		중인	• 좁은 의미 : 직역의 의미, 기술관 • 넓은 의미 : 양반과 상민의 중간, 서리와 향리 포함	**중인** 신분 상승운동	• 중인 : 기술직 중인들이 신분 상승 운동 → 소청 운동 전개 → 실패 • 서얼 : 신분 상승 운동 → 성공, 신해허통[철종]	
		상민	농민, 상인, 수공업자	**상민** 감소	• 상민수의 감소로 국가 재정 감소, 상민들의 감소로 승려들의 역 동원 증가 └ 해결책 : 노비 해방, 균역법, 총액제, 호포제 등 • 양반들은 천민 출신의 상민들이 증가하자 이들을 '상한'으로 부르며 천대하였다.	
천민	노비 등	**천민**	노비	**노비** 감소	• 노비종모법 : 현종 → 영조 • 공노비 해방 : 정조가 계획 → 1801년 순조 때 6만 6천 명 해방	

2. 각 신분의 특징

	전기	후기

양반	• 15세기 : 양천제, 문반 + 무반 직역의 의미
	• 16세기 : 성리학 질서 강화 → 특권 계층, 신분의 의미, 문·무관직자의 가문을 의미
	
	※ 양반수 제한 : 중인들 과거에 제약, 서얼은 문과 응시 금지
		• 양반 수 증가 : 납속, 공명첩 등으로 신분 매매, 상민들이 군포 부담을 줄이기 위해 양반으로 신분 상승
		• 양반층의 계층 분화 : 권반[벌열양반], 향반, 잔반 ★ 공명첩 : 임란 때 발행, 실제 관직 ×, 호적에 기록, 양반 행세
		• **양반의 권위 하락** : 성리학 질서 약화로 양반의 향촌 지배력 약화
		  └ 향전으로 향회의 주도권을 신향에게 빼앗기고, 향약의 통제권을 정조가 수령에게 넘김
		  └ 양반들의 세력 유지 노력 : 향안과 청금록 과시, 서원과 사우 남설, 족적결합[동족마을], 동약[촌락단위] 강조

중인	• 좁은 의미 : 기술관, 직역의 의미 • 넓은 의미 : 기술관 + 서리와 향리, 양반과 상민의 중간 계층[신분의 의미] ※ 중인은 같은 신분끼리 혼인, 직역 세습 ※ 역관 : 사신을 수행하면서 무역을 통해 부 축적	• 신분 상승 운동 : 철종 때 기술직 중인들이 소청 운동 전개 → 실패 • 시사 조직, 위항문학[이항문학], 과거 급제시 교서관 임명 • 조선 후기 중인의 역사서 : 호산외기[조희룡], 연조귀감[이진흥, 향리역사], 이향견문록[유재건], 희조일사[이경민]

서얼	• 국초 : 개국공신의 다수가 서얼 → 차별 ×
	• 태종 : 서얼차대법 제정 → 성종 : 경국대전, 차별이 법제화
	
	※ 서얼 차별 : 중서라 불리며 중인과 비슷한 대우
	• 문과 금지, 3품으로 승진 제한, 제사나 상속에도 차별
	• 어숙권 〈패관잡기〉 : 16세기, 적서차별 비판
		서얼 차별 완화 → 신분 상승 운동 성공 ※ 규사 : 조선 후기 서얼의 역사 정리
		  └ 영조 : 호부호형, 일부 서얼의 청요직 진출을 부분적 허용
		  └ 정조 : 서얼에게 문과 응시 자격 부여, 규장각 검서관 기용[이덕무, 유득공, 박제가 서이수 등]
		  └ 순조 : 서얼의 한품을 2품으로 상승
		  └ 철종 : 1851년 신해허통 → 서얼의 승진 제한 폐지

상민	• 농민, 상인, 수공업자 등 • 신량역천 : 법적으로 양인, 천한 역 담당 → 15세기 말 대부분 정식 양인 승격 ※ 신량역천 : 조군, 봉화군, 수릉군, 목자간, 생선간, 화척, 재인, 나장, 조예, 일수, 역졸 등 └ 고을과 관청에서 잡일, 형벌 담당, 노젓는 사람, 조세 운반, 역원, 봉수대 근무 등	• 농민층의 계층 분화 : 부농[일부], 몰락 농민[대부분] • 신분 상승 : 군포 부담으로 양반으로 신분 상승 • 상민 수 감소 → 국가 재정 감소 → 해결책 : 노비 해방, 균역법, 총액제, 호포제 등
노비	• 재산으로 취급, 매매와 상속, 증여 대상, 노비가 노비를 소유하는 경우도 있음 • 관직 진출 ×[예외 : 유외잡직 진출], 국역은 없고 공노비는 국가 기관의 천역 담당 ※ 공노비 : 입역노비[관청 소속] + 납공노비[신공 납부], 노비안 작성[장례원, 3년마다] ※ 사노비 : 솔거노비[주인과 거주, 행랑] + 외거노비[신공 납부], 주인집 호적 기록 ※ **외거노비** : 사유재산 소유, 독립된 생활, 주인에게 신공 납부 ※ 백정, 광대, 무당, 기생 등은 노비와 같은 천민 대우를 받았고, 공납과 역의 의무 ×	노비 수 감소 : 도망, 납속과 군공, 족보매입, 주인에게 값 지불, 노비 해방, 입역 노비를 납공노비로 전환 ※ 조선 후기 노비 해방 • 영조 : 노비종모법 ※ 유형원 : 노비세습제 폐지 주장 • 정조 : 공노비 해방 계획, 노비 추쇄 제도 폐지 ※ 이익 : 노비 매매제도 금지 주장 • 순조 : 1801년 6만 6천명 공노비 해방 • 고종 : 1886년 노비세습제 폐지 → 1894년 1차 갑오개혁 : 공사노비제도 폐지

3. 가족 제도

	전기	후기
개관	양측적 친족사회	성리학적 질서의 강화로 부계 중심의 가부장적 사회
상속	균분 상속 : <경국대전>, 남녀 결혼 유무에 상관없이 균분 상속　　※ 제사 계승 시 1/5을 더 줌 ★ 율곡 이이의 분재기 : 균분 상속의 경국대전 체제 따름	적장자 상속, 장자 외에는 제사와 상속에서 제외
제사	• 아들과 딸 구분 없이 제사 • 신분별로 제사 범위 달리함 : 6품 이상은 3대, 7품 이하 관리는 2대, 평민은 부모만 제사 ※ 고려 후기 등장한 가묘 유행 → 조선 후기 평민들도 가묘 제작 ※ 전기 : 화장 유행 → 후기 : 매장	• 장남 위주로 제사를 지내고 아들이 없을 때 양자를 들여 제사, 딸과 차남은 제사에서 배제 • <주자가례>에 영향으로 신분에 관계 없이 4대 봉사
호적	아들, 딸 구별 없이 태어난 순서대로 기재 ★ 호적 • 기록 : 3년마다 작성 • 내용 : 호주의 거주지, 관직이나 신분, 성명, 나이, 본관, 4조부, 거느리고 있는 자녀와 사위와 노비 등도 기재 • 양반은 관직, 품계 기록, 무관직자는 유학으로 기재 / 농민은 역 기재 / 노비는 이름 기재	• 부계 중심 • 아들 먼저 기록, 외손은 축소, 여성은 성만 기재
족보	• 아들과 딸 출생 순서대로 기재, 친손과 외손 모두 기재 • 항렬 : 형제간에만 사용 ★ 족보 • 문화 유씨 영락보 : 세종, 문중에서 발행한 최초의 사찬 족보, 현존 × • 안동 권씨 성화보 : 성종, 문중에서 발행한 현존 최고의 족보 • 딸 : 사위의 이름으로 기재, 재혼 시 후부라 하여 재혼한 남편의 성명 기재 • 부인 : 친정의 성과 부친 가문을 기록	• 선남후녀의 순서, 외손은 축소(3대 → 1대) • 항렬 : 8촌 간에도 같은 항렬 사용
결혼	남귀여가혼(솔서혼, 처가살이)	17세기 이후 친영제도(시집살이)가 일반화
	일부일처제, 축첩 허용[첩의 자식 차별], 남자는 15세, 여자는 14세 이상이면 혼인 가능 [→ 보통 20세 전후에 결혼]. 동성혼 금지	

4. 향촌 사회 모습

향촌 의미	• 향(군현단위) + 촌(면리통의 자연촌락) • 반촌(양반 마을)과 민촌(평민마을)으로 구분되었지만 실질적으로 섞여 살았다.　　※ 점촌(수공업 마을) · 역촌 · 진촌 · 원촌(교통마을)
향촌 정비	• 전기 : 동 · 서 · 남 · 북면 → 세조 : 면리제 실시 → 성종 때 오가작통제 정비 • 후기 : 양반들의 족적 결합 → 동성 마을을 중심으로 발달

※ 양반 조직 : 동계와 동약, 향약, 향음주례, 향사례
※ 농민 조직 : 향도, 계, 두레, 향도계와 동린계

5. 사회 구호 제도

	역할
환곡 제도	• 전기 : 의창(무이자. 강제성 ×) → 상평창(강제성, 이자)　　※ 환곡 : 농민에게 정부가 곡식 대여하는 제도 • 후기 : 환총제 → 환곡의 문란이 극심 → 흥선대원군 : 사창제 도입
사창 제도	세종 : 대구에서 시험 삼아 실시 → 문종 : 경상도에서 공식 시행 → 성종 : 폐지 → 흥선대원군이 부활
사회 구호 제도	• 전의감 : 국가 의료 기구 • 제생원 : 태조, 빈민 치료 기구 [≒ 고려 제위보] → 세조 때 혜민서로 통합 • 혜민서 : 의약과 서민의 질병 치료, 의녀 교육 담당 [세조 때 혜민서로 개칭]　　※ 고려 시대 혜민국 • 동서활인서 : 도성 부근 서민[여행자와 유랑자] 환자 치료 　└ 동서대비원을 1414년 동활인서와 서활인서로 개칭 → 세조 때 활인서로 통합

※ 호패법 : 태종, 16세이상 모든 남자에게 착용하게 함
※ 인보법 : 태종, 10호를 하나의 인보로 묶어 농민 통제
※ 오가작통제 : 조선 초기 5호를 1통으로 묶어 농민 통제
　└ 정확한 실시 시기는 알 수 없으나 경국대전의 완성과 더불어 정비 됨
　└ 17세기 중엽 이후 숙종 때 전국 확대 실시
　└ 19세기 헌종 때 기해박해 때 천주교 탄압에 이용

6. 향촌 사회 변화

	조선 초기 : 15세기	조선 중기 : 16~17세기	조선 후기 : 18세기 이후
향촌 통제	중앙집권	향촌자치	중앙집권
주도 세력	수령	양반 사족(재지사족 : 구향, 약파)	수령
향리 세력	약화	약화	강화, 수령과 결탁

향촌 사회	• 모든 군현에 수령 파견
	※ 수령권 강화 : 원악향리처벌법, 부민고소금지법
	• 향리 지위 약화
	  └ 넓은 의미 중인, 무보수, 잡색군 편성
	  └ 문과 응시 가능(단 허가 조건)
	• 지방 유향소를 중앙 경재소가 통제
	※ 유향소 : 지방, 좌수와 별감이 수령 보좌, 향리 감독
	※ 경재소 : 중앙, 유향소 통제, 중앙과 지방 연락업무
		• 양반들의 향촌 지배력 강화
		  └ 성리학 질서 강화 : 소학과 주자가례 보급
		  └ 서원과 족보 등을 통해 양반의 권위 향상
		• 양반의 농민 통제 수단 : 향회와 향약
		※ 향안 : 군현단위 양반들의 명단
		※ 향회 : 양반들의 자치 회의, 사족 이익 대변
		※ 향규 : 양반들이 향회에서 제정한 규정
			• 양반(구향)들의 향촌 영향력 약화
			  └ 성리학 질서 약화로 향촌에서 양반들의 권위 약화
			  └ 양반들의 지위 유지 노력 : 족적 결합, 동족 마을, 서원과 사우 남설, 청금록 과시, 동약(촌락) 실시
			• 향전의 발생
			  └ 구향(재지사족, 약파)과 신향(교파, 요호부민 등)이 향회 주도권을 두고 경쟁 → 신향 승리
			  └ 신향이 승리하며 향회를 신향이 장악하며 향회는 부세 자문기구화되었다.
			  └ 신향 : 향촌을 신향이 완전히 장악 ×(구향과 타협 → 향촌 지배 참여 / 구향의 저항 → 향촌 지배 참여 못한 경우 ○)
			  └ 신향은 수령, 향리와 결탁하여 농민들을 수탈
			• 관권(수령권)이 강화
			  └ 정부는 면리제 강화, 오가작통제의 전국 실시 → 중앙집권 강화 / 수령은 재정 위기 해결을 위해 신향 지원
			  └ 정조는 향약의 통제권을 수령에게 넘김 → 양반 사족 약화
			  └ 정부는 납속과 향직 매매를 통해 신향을 향임직에 임명, 향회에도 참여시킴
			  └ 수령은 신향 · 향리와 결탁하여 농민을 수탈 : 삼정의 문란(전정, 군정, 환곡)
			• 민란의 발생 : 농민들은 벽서, 괘서 등의 소극적 저항 → 적극적 저항 : 항조, 거세, 집단 항의, 민란
			  └ 1811년 순조 : 홍경래의 난, 서북 지방 차별대우, 조선왕조 부정, 민란의 선구
			  └ 1862년 철종 : 단성, 진주 민란 → 임술 농민 봉기, 삼정의 문란, 삼정이정청 설치(시행 ×)

7. 조선 후기 민란의 발생

	홍경래의 난	임술 농민 봉기
시기	1811년 순조	1862년 철종
배경	서북지방의 차별대우	삼정의 문란 (특히 환곡의 문란이 극심)
목표	정감록을 내세우며 조선 왕조 타도 목표	삼정의 문란 시정 요구

준비와 발단	몰락 양반 홍경래가 10여 년간 치밀하게 준비
	  └ 몰락 양반 홍경래 + 우군칙(서얼) + 상인들 + 광산 노동자 중심 준비
	  └ 금광 경영과 인삼 무역 등으로 자금 마련과 무기 구입, 군사 훈련
		• 1862년 단성민란과 진주민란을 시작으로 발발
		• 산발적인 민란이었지만, 전국적 민란으로 발전
		※ 정부를 부정하거나 토지 개혁, 신분제 폐지 요구 → ×

과정	• 1811년 순조 때 평안도 가산 다북동에서 봉기 • 홍경래와 김사용 등이 선천과 정주 등 청천강 이북 8개 군 점령 • 송림 전투 패배 → 정주성에 반란군 집결, 농민들의 자발적 참여 • 5개월 만에 진압, 1812년 홍경래는 전투 중 사망	• 함흥과 제주를 포함하여 전국적으로 민란 발생 • 삼남 지방이 중심, 산발적이었고, 조직적인 민란은 아니었다. • 요호부민들도 초기에 민란 가담 → 농민들의 공격으로 이탈 • 정부는 1862년 박규수의 건의로 삼정이정청을 설치 • 정부는 삼정이정절목 반포 → 삼정이정책은 시행되지 못하였다.
의의	조선 후기 민란의 선구	조선 양반 사회 체제를 붕괴시키는 결정적 역할
주의	• 삼정의 문란과 사족들의 수탈이 반란의 배경이었다. → × • 평안도 전역을 점령하고 평양 진출, 안주와 의주 점령하였다. → × • 전국적 호응 → × ★ 홍경래 : 27세 과거 낙방, 1811년 난 주도, 1812년 전투 중 사망	임술 농민 봉기 이후에도 삼정의 문란이 해결되지 못하였다. ★ 농민들의 자구책 • 농민은 '계'를 조직, 소작료 인하와 조세 납부 투쟁 전개 • 농민들은 명화적, 수적, 폐사군단, 채단, 유단 등의 도적떼 가담

※ 진주 민란
• 시기 : 1862년 철종(백건당의 난)
• 배경 : 탐관오리 홍병원(진주 목사), 백낙신(진주 우병마사)의 가혹한 탐학
• 성격 : 삼정의 문란에 대항한 자연발생적 민란
• 과정 : 몰락 양반 유계춘이 농민 선동
  └ 관청 습격, 지주 폭행 → 진주성 점령, 조세 장부 소각
  └ 아전과 양반 지주의 집을 불태움
  └ 읍권을 장악하려 하였지만 수령을 해치지 않음
  └ 조선왕조를 부정하지 않음
  └ 안핵사 파견 : 정부는 박규수를 안핵사로 파견하여 민란을 토벌
  └ 박규수의 건의로 삼정이정청 설치 약속
• 의의 : 임술 농민 봉기의 발단, 조선 양반 사회 체제를 붕괴시키는 역할

※ 요호부민 : 조선 후기 서민 지주, 상인, 광산업자, 공인 등 부를 축적한 자
• 불만 고조 : 경제력 성장에도 불구하고 정치 권력, 사회 특권에 차별
• 환곡과 도결 등으로 과도한 수탈을 당함
• 농민봉기를 지원하거나 참여하기도 함

THEME 031 조선시대 문화

조선 시대

1. 조선 시대 역사서

(1) 실록

조선왕조실록	
편찬	태종 때 태조실록을 편찬하면서 조선왕조실록 편찬 → 유네스코 기록유산 ※ 조선부터 왕조실록을 편찬하였다.[×] → 고려도 실록 편찬 (현존 ×)
내용	• 태조부터 철종까지 25명의 왕대의 사실을 편년체로 기록 • 연산군과 광해군은 일기 ※ 단종실록 : 노산군일기로 불리다 숙종 때 단종실록으로 개칭
제작	왕 사후 춘추관 실록청에서 사관들이 참여하여 제작, 사관의 비평도 수록 ※ 수정 실록 : 선조, 현종, 경종실록은 수정된 실록이 존재 ※ 현종개수실록 : 처음부터 내용을 완전히 고치는 수준
과정	• 초초 → 중초 → 정초 ※ 세초 : 자료를 삭제하는 과정 • 실록은 사관을 제외하고 왕을 포함한 누구도 볼 수 없었다.
사료	• 등록 : 관청별 업무 일지 • 시정기 : 등록을 모아 춘추관에서 편찬 • 사초 : 국왕과 대신의 회의 대화 내용 기록, 예문관 사관이 기록, 왕 열람 × • 승정원일기 : 승정원에서 왕의 하루 일과와 왕과 신하 사이 주고받은 문서 정리
보관	사고에 보관, 3년마다 포쇄 작업 ※ 사고 • 전기 : 4대 사고(춘추관, 성주, 전주, 충주) → 임진왜란 때 전주본 외 모두 소실 • 광해군 : 5대 사고(춘추관, 오대산, 적상산, 정족산, 태백산 등) • 인조 : 이괄의 난 이후 춘추관 사고 소실

★ 의궤
• 반복되는 왕실 주요 행사의 시행착오를 줄이기 위해서 편찬
• 조선 전기부터 제작 → 선조 이후 것이 현존
• 현존 최고 의궤 : 선조, 의인왕후 장례기록의 의궤
• 행사 과정 참가자, 비용, 과정을 자세히 기록, 그림도 첨부(반차도)
• 1부는 어람용 제작, 나머지는 사고에 보관
• 병인양요 때 프랑스군이 강화도 외규장각에 보관 중이던 의궤를 약탈
• 김영삼 정부 시절 1부 반환 → 2011년 임대형식으로 반환
• 유네스코 기록유산

★ 국조보감
• 역대 왕의 행적 중 모범이 되는 것을 뽑아 편년체로 편찬
• 세종 : 태조와 태종보감을 제작 → 세조 때 세종과 문종보감을 제작하여 4조보감으로 편찬
• 1908년 이용원이 전 조선의 보감을 모두 모아 편찬

★ 선원록 : 숙종 때 편찬된 조선왕실족보, 선원계략기보

※ 승정원일기
인조 이후 것이 존재, 실록보다 양이 많음, 단일기록물로 최대 분량, 유네스코 기록유산

(2) 조선 초기의 역사서

	고려국사	동국사략	동국세년가	고려사	고려사절요	삼국사절요	동국통감
시기	태조	태종	세종	세종의 명~문종 때 완성	문종	세조~성종	세조~성종
저자	정도전	권근, 하륜	왕명으로 편찬	김종서, 정인지 등	김종서 외 17인	서거정 · 노사신 등	서거정 등이 왕명으로 편찬
방식	편년체	편년체 + 강목체	서사시 형태(노래형식)	기전체(본기 ×)	편년체	편년체	편년체
정치	재상 중심			왕 중심	관료적 입장 반영		왕 + 훈구 + 사림
내용	고려사 정리	단군조선~삼국시대	단군~고려 말	고려사 정리	고려사 정리	단군조선부터 삼국시대, 통일신라	단군조선~고려 말
특징	• 건국의 정당성 • 고려 후기 : 부정적	<삼국사략>	• 단군~고려 • 노래형식으로 서술	• 자주적으로 고려사 재정리 • 우왕과 창왕 : 열전, 부정적 기록	고려사 보완	고조선 - 고구려-고려체계 강조	• 고려사절요 + 삼국사절요 • 최초의 통사, 관찬 사서 완성 • 단군을 민족의 시조, 도덕적 이상주의 강조 • 구성 : 외기, 삼국기(무통), 신라기, 고려기

(3) 16세기~17세기 역사서

역사서	16세기 : 사림, 존화주의, 기자 강조			17세기 : 사림들의 붕당정치 → 당색이 반영				
				남인 : 왕권 강화				서인 : 신권 강화
	동국사략	표제음주동국사략	기자실기	동사찬요	휘찬여사	동국통감제강	동사(東事)	여사제강
시기	중종	중종	선조	광해군	인조	현종	현종	현종
저자	박상	유희령	이이	오운	홍여하	홍여하	허목(청사열전, 기언 저술)	유계
방식	강목체	편년체		기전체	기전체	강목체	기전체	강목체
내용	동국통감 비판	동국통감 비판	기자 강조	의병과 애국 장군 찬양	고려사 정리	기자조선 - 마한 - 신라 강조	북벌 비판, 도덕과 평화 강조	고려 북진 정책 강조
특징	조선사략	<십팔사략> 형태		왕권 강화	왕권 강화	왕권 강화, 붕당정치 비판	왕권 강화, 붕당정치 비판	신권 강화, 북벌 강조

(4) 18세기 이후 역사서

	기언	동국역대총목	동사회강	연려실기술	동사강목	발해고	동사(東史)	해동역사
시기	숙종	숙종	숙종	영조~순조	정조	정조	순조	순조
저자	허목(남인)	홍만종(소론)	임상덕(소론)	이긍익(소론)	안정복(남인)	유득공(노론)	이종휘(소론)	한치윤(남인)
방식		연표	강목체	기사본말체	강목체	기전체	기전체	기전체
내용	시문집	단군조선~조선까지	삼국시대~고려말	조선 시대 정치·문화	단군~고려	발해의 역사, 문화	고조선, 부여, 고구려계통	단군~고려까지
특징	• 북벌 비판 • 붕당 비판 • 왕권 강화 • 호포제 반대	• 단군정통론 강조 • 이익·안정복에 영향	• 단군과 기자 고종 • 동사강목에 영향 • 마한 정통성 부정	• 백과사전식 • 실증적, 객관적 • 400여 종의 야사 참고 • 사견을 빼고 객관적 • 인용한 서적 출처 기록	• 독자적 정통체계 • 단군-기자-마한-삼국(무통)-통일신라-고려 • 성리학적 명분론 수용 • 신라의 통일 평가 절하 • 고증사학의 토대	• 남북국 용어 사용 • 발해를 우리 역사로 인식 • 역사 무대 → 만주 확대	• 단군-부여-고구려 흐름 • 고구려 역사 강조 • 발해를 우리 역사 강조 • 역사 무대 → 만주 확대	• 500여 종의 외국 사서 참고 • 발해사 강조 • 신라 정통론 탈피 • 역사 인식의 폭 확대 • 동이총기 : 해동역사 서문 　└ 중국 중심 탈피

※ 열조통기
• 안정복, 편년체, 태조~영조 야사

★ 조선 후기 중인들의 역사
• 규사(철종, 서얼의 역사) 연조귀감(정조, 향리 역사)
• 후산외기(헌종, 조희룡), 희조일사(고종, 이경민), 이향견문록(철종, 유재건)

2. 조선시대 지도와 지리서

(1) 지도

	혼일강리역대국도지도	팔도도	동국지도	조선방역지도	곤여만국전도	요계관방도	동국지도	대동여지도
시기	태종	태종, 세종	세조	명종	선조	숙종	영조	철종(1861년)
제작	• 권근, 김사형, 이무, 이회 • 권근이 발문	• 태종 : 이회가 제작, 현존 × • 세종 때 제작	정척, 양성지	제용감 관리가 참여	마테오리치가 제작	이이명	정상기	김정호(1834년 청구도 제작) 　└ 지구전후도 : 1834년 세계지도
특징	• 동양 최고 세계지도 • 혼일강리도 + 팔도도 등 • 중국 중심, 조선을 크게 그림 • 아메리카대륙은 없음 • 일본에 필사본이 현존	태종 때 팔도도 　└ 혼일강리역대국도지도에 첨가	• 최초의 실측지도 • 현존 ×	• 현존 최고 원본 지도 • 만주와 대마도 포함 • 팔도별 색깔 표시	• 이광정이 전래 • 서양식 세계지도 • 중국 중심 탈피 계기	• 비변사에서 제작 • 10개 병풍에 그림 • 청의 군사 요새지 • 조선 북방, 만주 등	• 최초로 100리 척 • 김정호에 영향	• 대축척 지도, 청구도의 영향을 받음 • 국가지도 + 답사 후 제작 • 목판, 대량생산, 지도의 대중화 • 신경체 체제를 지도에 반영 • 기호 사용, 10리마다 방점 • 분첩절첩식, 국가에서 압수

(2) 지리서

	신찬팔도지리지	팔도지리지	동국여지승람	신증동국여지승람	동국지리지	택리지	여지도서	기타
시기	세종	성종	성종	중종	광해군	영조	영조	• 여지고 : 영조, 신경준
제작	변계량, 맹사성, 권진 등	양성지	노사신 등	이행, 윤은보 등	한백겸	이중환	읍지를 모아 편찬	• 도로고 : 영조, 신경준
특징	• 최초의 인문 지리지 • 지방 연혁, 인구, 호구 등	• 신찬팔도지리지 보완 • 현존 ×	• 팔도지리지 + 동문선, 반포 × • 군현의 연혁, 지세 인물 등	• 동국여지승람 보완 • 사림의 영토관 반영 • 팔도총도 수록	• 최초의 역사 지리지 • 고구려의 중심 : 만주 • 삼한의 위치 고증 • 가야 역사 보완	• 노론에 비판적 • 살만한 곳 소개 • 지리, 생리, 인심 등	• 신증동국여지승람 보완 • 군현별 읍지 첨부(최초) • 전국지리지	• 산경표 : 영조, 신경준 • 아방강역고 : 순조, 정약용 　↳ 백제, 발해 도읍 입증 • 지승 : 허목

3. 기타 서적

(1) 윤리서

	효행록	삼강행실도	오륜록	국조오례의	이륜행실도	동몽선습	격몽요결	가례집람
시기	세종	세종	세조	성종	중종	중종	선조	숙종
저자	고려 말 권준 → 세종 개정	설순	양성지, 노사신	신숙주, 정척 등	조신	박세무	이이	김장생
특징	• 중국 효행 고사 모아 편찬 • 세종 때 개정	• 충신, 효녀, 열녀 사례 • 그림 + 설명, 한글, 한문	백성들 윤리서	• 세종 때 편찬 • 성종 때 보완 완성 • 길례, 가례, 빈례, 흉례 군례	• 장유유서 • 붕우유신	• 어린이 학습서 • 유학 입문 교재	• 한문 • 어린이 학습서	• <가례>를 중심으로 증보, 해설 • 예학을 집대성

(2) 백과사전 : 조선 후기 문화 인식의 폭 확대로 백과사전류의 저서가 편찬되었다.

	대동운부군옥	지봉유설	유원총보	동국문헌비고	성호사설	청장관전서	동문휘고	만기요람	오주연문장전산고	동국통지
시기	선조	광해군	인조	영조	영조	정조	정조	순조	헌종	고종
저자	권문해	이수광	김육	홍봉한	이익	이덕무	정창순	심상규	이규경	박주종
내용	어휘 백과사전	• 백과사전 효시 • 천주실의 소개 • 곤여만국전도 소개 • 자주적 문화 의식	중국 서적 참고	• 영조의 명으로 편찬 • 한국학 백과사전 ※ 증보동국문헌비고 　↳ 편찬 : 정조 　↳ 증정문헌비고	• 삼한정통론 • 천지, 만물, 인사, 시문, 경사	이덕무 시문 　↳ 아들 이광규가 정리	• 조선 외교 정리 • 소중화 사례	• 조선 후기 제도 • 세금제도 • 군사제도	• 변증법 • 서양 의술, 발전기	고증적 역사 서술

(3) 의학 서적

① 조선 전기

	향약제생집성방	향약채취월령	향약집성방	의방유취	태산요록	신주무원록
시기	태조	세종	세종	세종	세종	세종
저자	김희선	유효통	유효통	전순의	노중례	최치운, 이세형, 변호문, 김황
특징	• 우리나라 약초 이용 • 향약 적용	• 일반대중의 향약 채취와 활용 • 토산 약재 수백종 검토, 연구	• 향약채취월령 토대로 편찬 • 자주적 치료 방법, 1천여 종 질병 예방법 소개 ※ 향약구급방 • 고려, 1236년 최우 시절, 강화도 대장도감 • 현존 최고 자주적 의학서적	• 왕명으로 편찬 • 중국 의학 서적 참고 • 365권 동양 최고 의학 백과사전	산부인과 의서	법의학서적

② 조선 후기

	동의보감	신찬벽온방	침구경험방	벽온신방	마과회통	동의수세보원
시기	광해군	광해군	인조	효종	정조	고종
저자	허준	허준	허임	안경창	정약용	이제마
내용	• 동양 의학 백과사전, 유네스코 기록유산 • 일본과 중국에서도 간행 • 치료보다 예방 강조, 도교의 영향, 향약명을 한글 표기 • 의료 지식의 민간 보급 기여	전염병에 대한 치료 서적	• 자신의 경험 토대 • 침술 정리	전염병 치료서	• 제너의 종두법 소개 • 박제가와 함께 종두법 연구	• 사상의학 • 태양인, 태음인, 소양인, 소음인

※ 제중신편 : 정조, 강명길, 임상치료   방약합편 : 고종, 황도연

(4) 한글 서적

한글	
창제	세종 1443년 훈민정음 창제 → 1446년 반포
목적	고유문자 필요성, 양반 지배 질서 유지
과정	정음청 설치, 집현전 학자들과 연구
특징	**자음(발음기관의 상형), 모음(천·지·인 상징)**
반발	양반들이 한글에 대한 반감↑, 언문으로 불림, 주로 부녀자층에서 사용
보급	• 불경, 농서, 윤리서, 병서 등을 훈민정음으로 편찬, 기밀문서를 훈민정음으로 기록 • 리과 : 서리 선발 시험을 훈민정음 시험
주의	훈민정음 해례본 : 한문 목판본, 훈민정음 창제 동기와 목적, 발음 운용 원리 설명, 유네스코 기록유산 ※ 주시경 • '한글' 용어 최초 사용 • 독립신문사 내 국문동식회 조직, 1907년 국문연구소(지석영과 함께 활동) • 〈국어문법〉〈말의 소리〉 저술

★ 한글 연구와 보급

세종	용비어천가(최초, 한글서적), 삼강행실도 언해, 동국정운, 홍무정운역훈, 월인천강지곡, 석보상절
세조	간경도감, 불경언해, 월인석보
연산군	언문청 폐지, 한글 교수 금지, 언문 구결 소각
중종	• 훈몽자회 : 최세진, 27글자 이름 붙임 ※최세진 : 역관출신, 이문집람, 노걸대와 박통사 언해 • 사서통해, 경서언해 등
선조	대동운부군옥 : 권문해, 어휘 수집
숙종	경세정운 : 최석정, 음운을 그림으로 설명
영조	훈민정음운해 : 신경준, 한글 음운을 역학적으로 설명, 한글의 우수성 강조
정조	• 고금석림 : 이의봉, 우리언어와 해외언어 정리 • 규장전운 : 이덕무, 사성에 따라 설명 • 제물보 : 이성지
순조	언문지와 물명고(유희), 아언각비(정약용), 자모변(황윤석) └→ '언문이 부녀자의 학문이라 경솔히 하지 말라'

4. 성리학의 발달

(1) 성리학의 전래와 발전

전래	고려 말 충렬왕, 안향이 원에서 전래
수용	신진사대부가 적극적으로 수용 ※혁명파 : 성리학보다 주례 강조 → 훈구파(관학파)로 발전 vs 온건파 : 성리학을 절대시 → 사림으로 발전
배경	불교의 타락, 혜심의 유불일치설
특징	형이상학적 측면보다 실천적 윤리 강조

★ 훈구와 사림의 비교

	훈구	사림
기원	혁명파 사대부, 역성혁명	온건파 사대부, 불사이군
정치	중앙집권, 치인 강조, 왕도와 패도	향촌 자치, 수기 강조, 왕도 정치
사상	성리학 이외 포용적, 주례 강조	성리학 이외 배타적
경제	대지주	중소지주
과학	과학과 기술학 중시, 부국강병	과학과 기술학 천시, 정신 문화 강조
학문	사장 강조	경학 강조
역사	단군 강조	기자 강조
성향	자주적, 민족적	사대적, 존화주의

(2) 성리학의 흐름 정리

16세기	광해군	인조	호란 이후 : 성리학 강화	17세기 후반 이후 : 성리학에 대한 반발
• 4단 7정론 : 이황과 기대승 사이 • 주리론과 주기론으로 분리	• 북인 집권 ※ 북인의 특징 • 절의, 의병장 배출 • 성리학 질서에 집착에 덜함 • 초기 실학 • 1623년 인조반정으로 몰락	서인 집권 : 성리학 질서 강화 ※ 서인의 특징 • 친명 배금의 외교 → 호란 발생 • 예치 강조 • 예학 발달 "가례집람"	소중화 사상 강화 → 북벌 강조 ※ 소중화 사상의 강화 • 창덕궁 대보단 : 숙종 • 화양동 서원의 만동묘 : 송시열의 명 • 조종암 대통묘, 존주휘편(정조)	• 성리학 교조화 : 주자 → 신(神)으로 신봉 • 성리학에 반발 　└ 17세기 후반 : 윤휴(중용주해), 박세당(사변록) → 주자 비판 　└ 18세기 : 천주교(남인), 양명학(소론), 동학, 실학, 호락논쟁(노론)

(3) 주리론과 주기론 비교

	주리론	주기론
연구	이언적 → 이황(집대성, 영남학파)	서경덕(기 > 리) → 이이(집대성, 기호학파)
붕당	동인 → 남인	서인 → 노론
학문	도덕적 교화 강조	경제적 문제와 제도 개혁 강조
정치	왕권 강화	신권 강화
경제와 사회	농업 중심, 양반 중심의 신분 질서 강화	상공업에도 관심, 양반 중심의 신분 질서 완화
예학	주자가례	가례집람(김장생)
서원	도산서원(이황)	문화서원, 자운서원(이이)
영향	위정척사, 의병에 영향	북학과 개화에 영향

☆ 호락 논쟁 : 18세기 영조 시절, 노론들 사이 논쟁

	호론	낙론
출신	충청도 노론	서울 노론
대표자	권상하, 한원진, 윤봉구 등	이간, 이재, 김창협, 김원행 등 ※ 주의 : 서울 노론 모두가 북학은 아님
학설	인물성이론, 마음의 본체에 선악이 있음	인물성동론, 마음의 본체는 원래 선함
성리학 입장	성리학적 세계질서 강조, 화이론 지지	성리학적 질서 부정, 화이론 부정
이와 기	기의 차별성 강조	리의 보편성 강조
영향	• 북벌 지지, 위정척사에 영향 • 흥선대원군의 통상수교 거부 정책 지지	• 영조의 정책지지 • 북학과 개화사상에 영향

(4) 이황과 이이

	이황	이이
활동	• 기묘 사화 이후 위축된 사림의 유교적 이상사회 건설을 이론적으로 정립하고 노력하였다. • 주자의 이론을 조선의 현실에 맞게 반영하고자 하였다.	이이는 사림이 중앙 정계에 진출하여 직접 개혁을 실시하는 시기에 활동하였다.
별칭	동방의 주자	동방의 공자, 구도장원공
학파	영남학파 → 유성룡, 김성일, 정구 등, 남인 / ※조식 : 지리산 처사, 학문의 실천성, 경과 의	기호학파 : 정엽, 김장생, 성혼, 조헌, 송시열 등, 서인→ 노론
향약	예안향약 : 도덕적 교화 강조	해주향약, 서원향약 : 경제 안정 강조
성학군주론	성학십도 : '군주 스스로 성학을 따를 것 강조', 성학을 체계적으로 설명, 선조가 성군이 되기를 희망 　└ 태극, 서명, 소학, 대학, 심학, 경재잠 등으로 구성	성학집요 : <대학>의 본의에 의거, 성현의 말씀 인용 → 현명한 신하가 성학을 군주에게 가르칠 것 ※ 성학군주론 : 이언적(주리론 선구) 회재집에서 처음 언급
정치 철학	왕권 강화, 신분 질서의 강화	신권 강화, 신분 질서의 완화
학설	• 이기이원론, 이기호발설(이의 절대성, 능동성과 자발성 강조), "이는 존귀, 기는 비천" 경 사상 강조 　※ 서경덕 : 리보다 기를 강조 • 이황은 우주론보다 도덕 수양의 근거가 되는 심성론 확립에 노력하였다.	• 이통기국 : 이는 보편성, 기는 차별성 / 기발(이승)일도설 강조 • 일원론적인 이기이원론(이와 기는 논리적으로 구분, 현실적 구분 ×), 기의 활동성 • 이와 기의 조화 : 이와 기의 선후 관계가 없음, 도덕적 이상사회와 현실적 경험세계의 조화 • 사회경장론 강조, 도덕 사관(동기의 선악으로 역사를 평가할 것), 성 사상 강조
영향	임란 이후 이황의 <자성록>은 일본의 성리학 형성에 영향을 주었고, 개항 이후 위정척사에 영향	실학과 북학에 영향을 주었고, 개화 사상에 영향
저술	주자서절요, 도산십이곡, 퇴계전서, 이학통록, 전습록변, 심경, 성학십도 등	만언봉사, 10만양병설, 동호문답, 격몽요결, 소학장려, 소학집주, 경연일기, 성학집요, 기자실기 등 ※ 동호문답 : 수미법 주장, 왕도 정치 구현 강조, 통치제도와 수취제도 개혁 제시
서원	도산서원(안동) 　※ 주세붕의 백운동 서원의 사액을 건의	문화서원, 자운서원(파주), 소현서원(해주) 등

5. 기타 사상

(1) 천주교와 양명학, 동학

	천주교	양명학	동학
수용·창시	• 17세기 초 선교사의 입국 없이 중국을 다녀오던 사신들에 의해서 전래 • 서학으로 전래	• 창시 : 명의 왕수인(왕양명), 〈전습록〉 • 16세기 중종 때 서경덕 학파가 종교로 수용	창시 : 1860년 경주, 최제우
교리	• 제사 거부, 평등을 강조 • 이수광의 지봉유설에서 천주실의 소개, 유몽인의 어유야담, 허균의 천주교 12단	• 사상 : 양지, 치양지, 지행합일, 심즉리 • 성리학의 관념성과 비실천성 비판, 신분제 폐지 주장 • 친민설 지지, 일반민을 도덕적 실천의 주체로 인정	• 유교 + 도교 + 샤머니즘 + 전통 신앙 등 • 천주교의 교리도 일부 수용 • 궁궁을을의 부적 강조, 성리학과 불교, 천주교 배격, 평등 • 인내천, 후천개벽, 보국안민, 시천주(한울님), 사인여천
탄압	• 제사 거부와 평등의 사상으로 정부의 탄압 • 이익 : 서양 천주 ≒ 동양 상제, 신중한 입장, 불교처럼 허망하다. • 안정복 : 〈천학문답〉에서 천주교 비판, 서양 기술은 수용 • 정조(신해박해) → 순조(신유박해) → 헌종(기해박해, 병오박해) → 고종(병인박해, 최대 박해)	• 이황은 〈전습록변〉에서 양명학 비판 • 유성룡도 양명학 비판 • 양주음왕 : 내면적으로 연구되어 실천성 약화	• 1863년 철종 때 사교로 지정 • 1864년 최제우가 사형(대구 / 혹세무민)
발전	• 18세기 후반 남인학자들이 신앙으로 발전시킴, 천주교 서적이 한글로 번역되어 보급 ※ 천주교의 발전 • 1777년 교리연구회 (정조) → 1784년 이승훈이 영세를 받고 귀국 • 1785년 명례동 교회 (김범우의 집) • 1831년 조선교구 설치 • 19세기 서양 선교사가 입국, 한국인 신부 등장(김대건)	• 18세기 소론 학자들과 불우한 종친이 연구 • 서해안 지방에서 호응, 실학에 영향 • 강화학파 : 18세기 소론 정제두 • 이건창, 박은식, 정인보, 김택영 등이 발전 ※ 정제두 • "나의 학문은 안에서 구할 뿐 ~" • 일반민을 도덕 실천의 주체, 신분제 폐지 주장 • 존언, 만물일체설, 변퇴계전습록변, 하곡문집	• 최시형 : 2대 교주 ※ 최시형 : 머슴 출신, '최 보따리' • 포접제 : 교단, 충주에 법소 • 〈동경대전〉 : 한문, 포덕문, 수덕문 등 • 〈용담유사〉 : 한글, 용담가, 안심가 등 • 손병희 : 3대 교주. 1905년 동학을 천도교로 개칭
박해	• 신해박해 : 1791년 정조, 윤지충과 권상연 사형(진산사건) ※ 윤지충 : 최초의 순교자 • 신유박해 : 1801년 순조, 정약용과 정약전 유배, 이승훈과 선교사 주문모 사형, 황사영 백서 사건 • 기해박해 : 1839년 헌종, 정하상〈상재전서〉 사형, 모방 사형, 척사윤음, 오가작통제로 천주교 탄압 • 병오박해 : 1846년 헌종, 김대건(최초 한국인 신부) 사형 • 병인박해 : 1866년 고종, 흥선대원군이 탄압, 최대 박해 → 병인양요의 발달		

(2) 불교와 도교, 풍수지리

불교	도교	풍수지리
숭유억불 : 사원전과 노비를 몰수, 승려로의 출가 제한 / 왕실과 부녀자층, 민간에서는 신봉 ★ 불교 탄압과 발전 • 태조 : 도첩제 실시, 무학대사(왕사)와 조구(국사)가 활동 • 태종 : 도첩제 강화, 사원전과 노비 몰수, 5교양종으로 종파 정리, 242개 사찰 인정, 내원당(개성 → 창덕궁) • 세종 : 선교양종 정리, 36개 사찰 인정, 내불당, 월인천강지곡·석보상절(수양대군), 기화(현정론 : 유교와 불교 일치) • 세조 : 간경도감 설치, 월인석보 언해, 원각사와 원각사지10층석탑 건립, 신미와 수미 등 활동 • 성종 : 도첩제 폐지(승려 출가 금지) • 중종 : 승과 제도 폐지 • 명종 : 문정왕후의 지원으로 보우 등의 활동 → 승과 부활 → 문정왕후 사망 후 폐지 • 후기 : 양반 지주 지원 → 금산사 미륵전, 화엄사 각황전, 법주사 팔상전(현존 최고 목탑) 건립	• 15세기 : 강화도 마니산에서 초제 거행, 소격서 • 16세기 : 중종 때 조광조가 소격서 폐지, 도교 배격 • 17세기 : 북인 한백겸, 이수광, 허균, 유몽인 등이 관심 ★ 도교 영향 • 정감록과 토정비결에 영향, 동의보감 • 해동이적 : 17세기 말 홍만종 • 청사열전(허목), 사부고(허균), 어우야담(유몽인)	• 한양 천도에 영향 • 주택과 정감록에 영향 ★ 무격신앙 • 서울 장안에 무당 거주 금지 • 국무당 : 궁내 설치, 무당의 심리치료

6. 실학 : 청의 고증학에 영향을 받음

중농학파 : 경세치용, 경기도 남인, 지주제 개혁

	유형원	이익	정약용
시기	17세기 후반, 현종	18세기 영조 시절	18세기~19세기
지역	전북 부안 우반동 반계서당	경기도 안산 첨성촌 은거	• 전남 강진 다산 초당 • 1818년 경기 남양주 귀향
활동		• 관직 진출 × • 성호학파	• 정조 시절 활동 • 천주교 신봉 • 신유박해 때 강진 유배
경제·토지	• 균전론 : 반계수록 └ 신분에 따른 차등 배분 └ 병농일치, 사농일치 • 결부제 폐지 → 경무법 주장 • 토지를 기준 → 역역 부과	• 한전론 : 성호사설 곽우록 └ 영업전 : 매매 × └ 그외 매매 ○ • 폐전론 • 사창제 실시 주장	• 여전제 : 전론, 병농일치 └ 30호 = 1여 └ 공동소유, 경작 └ 노동량에 따른 분배 • 정전제 : 경세유표 └ 모든 재원 1/10세율 └ 1/9을 공전 지정 └ 나머지 농민 경작
역사		• 실증적 비판적 역사 서술 • 중국 중심 탈피 강조 • 삼한정통론 : 안정복에 영향 • 시세 강조	
정치	• 북벌 완수 주장 • 과거제 폐지 주장	붕당론 : 선비들 먹이다툼 └ 선비도 생업 종사 강조 └ 과거 3년 → 5년 └ 이조전랑 권한 폐지	• 군주 선거제, 관리고과제 • 전국 : 12개 성으로 구획 • 군주 중심 정치 확립 등 • 백성에 의해 왕 교체 가능 • 3사 등 언론기구 폐지 주장
사회	• 노비세습제 폐지 주장 • 양반 문벌 비판	• 6종론 • 노비 매매 금지	• 선박, 수레, 도로 규격화 • 마과회통 : 종두법 소개
과학		시헌력 강조, 지심론	거중기, 이용감, 기예론
저술	• 동국여지지 : 현종 • 반계수록 : 현종 때 저술 └ 영조가 편찬, 보급	• 성호사설, 곽우록 • 성호집성록 등	• 3부작 └ 경세유표 : 중앙 개혁 └ 목민심서 : 수령 지침서 └ 흠흠신서 : 형옥 법정서 • 3논설 : 탕론, 원목, 전론 • 아방강역고, 아언각비, 아학편

중상학파 : 이용후생, 서울 노론, 상공업 발전 강조

	유수원	홍대용	박지원	박제가
시기	18세기	18세기	18세기 영조~순조 초	18세기 영조~순조 초
출신	소론	서울 노론	서울 노론	서울 노론
활동	나주괘서사건 : 처형	• 북학파 선구 • 교육균등 : 사민개학론 • 역외춘추론	• 북학 집대성 • 박명원 수행(연행사, 정조) • 서얼 차별 비판 └ 제자들이 서얼 출신 └ 박제가, 이덕무, 유등공	• 청에 연행사 파견 • 북학파 형성 • 정조 : 규장각 검서관
정치	• 능력에 따른 관리 선발 • 사농공상 전문화 • 직업적 평등 강조	기술혁신과 문벌 폐지	• 양반 문벌 비판 • 문체반정운동 : 정조 └ 발단 : 패관소품체	존주론 └ 북벌 비판
경제	• 양반 생업 종사 강조 • 대상인 사회 기여 강조 └ 생산자 고용 └ 생산과 판매 주도 • 화폐 사용 • 농업 전문화		• 과농소초 : 상업적 농업 강조 • 화폐 유통 주장 • 수레와 선박 이용 강조	• 북학의 : 청 문물 소개 └ 소비 강조 └ 재물 = 우물 └ 수레. 배, 벽돌 강조 • 국제교역 : 서양국가와 교역
과학		의산문답 : 실옹과 허자 └ 지전설 └ 무한우주론 └ 인여물균		종두법 연구 └ 정약용과 함께
토지		균전론 : 임하경륜 └ 성인 남자 2결 지급 └ 병농일치	한전론 └ 과농소초, 한민명전의 └ 토지 소유의 상한선 지정	
저술	우서	• 담헌연기 • 의산문답 • 임하경륜 • 주해수용 : 수학책	• 열하일기 : 청의 문물 소개 └ 수레 사용 / 친명의식 비판 └ 지전설을 논함 • 북학의 서문 작성 • 방경각외전 • 과농소초 : 한전론 • 양반전, 허생전, 호질(한문)	• 건연집 : 시집 └ 이덕무와 합작 • 북학의 : 청 문물 소개

7. 과학기술과 건축

	전기	후기
기술 전래	훈구파 : 과학에 관심 → 사림 : 과학과 기술학 천시	• 정두원 : 인조, 천리경, 화포, 자명종, 지구의 전래, 천주교 서적 전래 • 소현세자 : 인조, 청에서 아담 샬과 교류, 과학 서적과 서양 역법, 천문학, 천주교 서적 전래 • 벨테브레 : 인조, 제주도 표류, 조선에 귀화, 박연으로 개명, 훈련도감에서 서양식 대포의 제조법과 조종법 전래 • 김육 : 효종 때 아담샬의 시헌력 도입, 대동법의 전라도와 충청도(양호지방) 확대 건의, 동전 발행 건의 • 하멜 : 효종 때 제주도 표류, 현종 때 돌아가 <하멜표류기> 저술
활자 · 인쇄술	• 태종 : 주자소에서 계미자 • 세종 : 갑인자, 식자판 조립 개발　　※ 조지서(종이), 교서관(인쇄소)	정조 : 정리자, 생생자, 한구자
토지 측량	인지의와 규형 : 세조, 토지 측량	
천문학	• 관측 기구 : 사천대(고려) → 서운관(고려 말 충렬왕) → 관상감(조선 세조) • 천상열차분야지도 : 태조, 고구려의 천문도 토대로 제작 • 세종 때 천문학과 과학 기술의 발달 ※ 세종 때 과학기술 • 경복궁에 간의대 설치, 칠정산 내편과 외편의 역법서 제작, 혼의와 간의(천문관측) • 측우기 : 강우량, 세계 최초, 서울과 각 도의 군현에 설치 • 옥루와 자격루(물시계), 앙부일구 · 현주일구 · 천평일구(해시계) • 규표 : 해그림자로 1년 길이 측정　　※ 일성정시의 : 시계, 낮에는 해, 밤에는 별	• 숙종 : 창경궁에 천문관측 기구인 관천대 설치 • 지전설 : 김석문(숙종, 역학도해, 최초) → 홍대용(의산문답) → 최한기(지구전요, 인정, 명남루총서) 　　　　　　　　　　　　　　　　　└ 무한우주론, 다른 생명체 언급 • 이익 : 시헌력 강조, 지전설 언급(주장 ×) • 이수광 : 지봉유설, 일식과 월식, 벼락 조수 간만 등에 언급, 인조 때 12개 상소 올림, 창신동 거주, 비우당
역법	칠정산 : 세종, 내편(중국 역법, 원의 수시력 등) + 외편(아라비아 회회력), 한양 기준	시헌력 : 효종, 김육이 도입, 서양 역법(아담샬), 이익도 강조 → 태양력 : 을미개혁
수학	상명산법 : 명의 수학 서적	• 기하원본 : 마테오리치가 유클리드의 기하학 소개, 이승훈이 중국에서 전래 • 구수략(최석정), 주해수용(홍대용), 황윤석(전통 수학 집대성), 홍길주(19세기, 나눗셈과 뺄셈으로 제곱근 구함)
병서	• 세종 : 총통등록(화약무기 제조), 신기전, 역대병요(세종 → 문종 보완 → 단종 완성) • 문종 : 동국병감(전쟁 역사, 김종서, 고조선~고려말) • 성종 : 병장도설(진법), 군사 훈련 지침서	• 벨테브레와 하멜 : 훈련도감 소속되어 근무 • 무예도보통지(무예서, 이덕무, 박제가, 백동수)
어업		자산어보 : 정약전이 신유박해(순조) 때 유배, 흑산도 부근의 해산물 정리
건축	• 14세기 말~15세기 : 관공서, 검소와 실용 ※ 불교 건축 : 무위사 극락전, 원각사와 10층 석탑(세조), 해인사 장경판전 ※ 경복궁(태조) → 창덕궁(태종) → 창경궁(성종) → 경희궁과 경운궁(광해군) 　└ 태조 : 정도전이 이름 지음, 근정전 건립 　└ 태종 : 경회루(사신 접대, 연회), 아미산(인공 동산) 　└ 을미사변, 조선총독부 청사(1926년) ※ 창덕궁 : 유네스코 문화유산, 대보단(숙종), 규장각(정조), 선원전 설치 ※ 경운궁 : 월산대군 집, 선조가 임진왜란 때 거처, 광해군 때 궁 승격, 덕수궁으로 개칭 • 16세기 : 서원 건축 발달, 가람 양식과 주택양식 결합 ※ 주요 서원 • 옥산서원(경주, 이언적), 도산서원(이황, 안동), 소현서원(해주, 이이) • 자운서원 (파주, 이이), 예림서원(밀양 김종직), 병산서원(안동, 유성룡) • 화양동 서원 (괴산, 송시열)	• 17세기 : 불교 건축과 종묘 중건(태조 → 임란 때 소실 → 광해군 때 중건 / 경복궁 동쪽, 유네스코 문화유산) 　└ 양반 지원 : 금산사 미륵전 · 화엄사 각황전 · 법주사 팔상전(현존 최고 목탑), 외부 다층 → 내부는 하나로 통함 • 18세기 : 화성(정조, 유네스코 문화유산), 부농과 상인 지원 → 쌍계사 · 석암사 · 개암사 등이 건축, 불국사 대웅전 중건 • 19세기 : 흥선대원군 집권 시기 경복궁 근정전과 경회루 중건

8. 예술 활동

	전기		후기	
서예	• 양반 필수 교양 • 한호(석봉체, 천자문, 외교문서 등), 안평대군은 송설체, 양사언은 초서에 능통		• 이광사 : 동국진체, 원교체, 중국과 다른 독자적 서체 • 김정희 : 추사체, 고금의 필법 두루 연구 → 오경석과 신헌에게 영향	
공예	• 조선 초기~15세기 : 분청사기(소박, 왕실과 관공서에서 사용) • 16세기 : 백자(순백자) → 임란 때 기술자(이삼평 등)이 일본에 끌려가 영향을 줌 ※ 사옹원 : 도자기 제작 : 분원 : 경기도 광주와 경상도 고령 ※ 화문석 : 강화도, 중국에 조공		• 다양한 백자 제작 : 철사백자(갈색), 청화백자(푸른색), 진사백자(붉은색) • 청화백자 : 대량생산 → 민간에서 유행, 서민은 여전히 옹기 사용 • 조선 후기 경제력이 있는 사람들은 백자를 장식용이 아니라 일상적으로 사용하였다.	
음악	• 세종 : 박연이 관습도감에서 음악 정리, 정간보, 여민락 • 성종 : 성현이 악학궤범(음악의 원리, 역사 정리) 편찬, 성현이 합자보 개발		• 양반은 가곡과 시조, 서민은 민요를 선호 • 광대와 기생들이 판소리와 산조, 잡가(평민 노래 총칭) 등을 창작하여 발전시켰다.	
무용	나례청(궁중 의례 담당), 민간(농악무, 무당춤, 승무 등 유행)		탈놀이(민중 오락으로 서민문화), 산대놀이(산대라는 무대 위 가면극, 서민문화로 양반의 위선 풍자)	
회화	15세기	• 진취적 분위기 반영 씩씩하고 낭만적 그림 • 안견 : 전문적 화원, 몽유도원도(세종) → 임란 때 일본으로 유출 • 강희안 : 문인화, 고사관수도 • 이수문과 문청 : 세종, 일본에 건너가 그림을 그려줌, 무로마치 미술에 영향 • 최경 : 도화원 소속, 산수화와 인물화	18세기	• 천기주의 유행, 진경산수화(정선, 심사정)와 풍속화(김홍도, 신윤복, 김득신 등) • 정선 : 잔반 출신, 중국화법 수용, 금강전도, 인왕제색도, 박연폭포 등 • 김홍도 : 도화원 소속, 정조 궁중 화가, 화성 행차, 서당, 씨름, 행상, 논갈이, 대장간, 무동, 단원풍속도첩 • 신윤복 : 김홍도 화풍 계승, 풍류 생활, 단오풍경, 월하정인, 주유도, 주막도, 혜원풍속도첩, 연소답청 등 • 김득신 : 대장간도, 파적도, 노상알현도 • 강세황 : 정조, 문인화가, 영통골입구(서양 수채화기법을 동양화 접목)
	16세기	• 사군자 등이 유행 • 이상좌 : 노비 출신 화원, <송하보월도> • 3절 : 이정, 어몽룡, 황집중 • 이암(묘견도), 신사임당, 김시(문인화, 동자견려도), 이경윤, 조속 등	19세기	• 실학적 화풍 쇠퇴, 복고적 문인화 유행 • 동궐도 : 순조, 창덕궁과 창경궁 ※ 서궐도(경희궁), 경기감영도(사실적, 행인을 그림) • 김정희 : 헌종, 세한도(제주도 유배 시) 　※ 김정희 : 추사체, 실사구시 학파, 금석과안록(북한산비 고증) • 장승업 : 군마도, 호취도 등 → 안중식에게 영향 • 민화 유행 : 작자 미상, 서민 문화, 한국적 정서, 사실성 미흡, 소재 다양(문자도 등)
문학	15세기	• 맹사성 : 세종, 강호사시가 • 김시습 : 세조 <금오신화> 최초의 한문소설 • 서거정 : 성종, <동문선>, 필원잡기, 동인시화 • 성현 : 성종, <악학궤범>, <용재총화>　　※ 용재총화 : 성종 때 저술 → 중종 때 간행 • 시조 : 김종서와 남이(왕조 건설 찬양) vs 원천석과 길재(고려 왕조에 대한 충성) • 악장문학 : 세종 때 용비어천가, 월인천강지곡, 동국세년가 등 • 수필문학 : 한글 창제 이후 발달 → 여성 국문 수필 유행	후기	• 사회 비판적 : 박지원의 소설 (한문 소설), 정약용의 한시(애절양 : 군정의 문란 비판) • 중인들의 작품 활동 : 시사 조직, 위항문학(이항문학) • 서민문화의 발달 : 한글 소설, 사설시조, 판소리, 민화, 풍속화, 산대놀이, 탈놀이 등 ※ 한글 소설 : 홍길동전, 장화홍련전, 흥부전, 심청전, 춘향전 등 / 세책방 유행, 전기수 등장 ※ 김만중 : 숙종, 한글소설, 사씨남정기, 구운몽 등 • 시조 : 17세기 말 홍만종이 <소화시평>에서 우리나라 시학사 정리 ※ 조선 후기 시조 • 사설시조 : 최초의 사설시조 → 정철의 장진주사 • 18세기 : 서리 출신 김천택(청구영언)과 김수장(해동가요) 등 • 19세기 : 풍자 시인, 김삿갓, 정수동 등 • 판소리 : 서민과 양반 사이에 유행 ※ 판소리 • 창과 사설, 유네스코 무형유산 • 18세기 등장 → 19세기 신재효가 6마당 정리 → 현재 5마당이 전래
	16세기	• 여류작가 : 신사임당, 허난설헌 등 • 시조 : 황진이, 윤선도(주로 작품 활동은 17세기 : 오우가, 어부사시사) • 가사문학 : 정극인(상춘곡 : 가사 효시), 송순, 박인로, 정철(관동별곡 : 한글가사) • 패관문학 : 어숙권 패관잡기(적서차별비판), 임제의 원생몽유록(세조 비판), 화사 등 • 방외인 문학 : 15세기 김시습 → 16세기 전우치, 정희량, 양사언 등			

근대 사회의 전개

집권	1863년 집권
하야	1873년 최익현의 상소로 하야　　※ 임오군란과 1차 갑오개혁 때 재집권
	★ 최익현(이항로의 제자) • 사당 : 정읍과 경기도 포천과 충남 청양 등 • 강화도 조약 때 왜양일체론, 도끼들고 반대 상소, 1905년 을사의병 때 제자 임병찬 등과 거병, 대마도에서 순국 • 청양 : 최익현이 제자를 가르치던 고택, 모덕사(유물 전시관)

대내적 정책

왕권 강화
- 비변사 혁파 → 의정부(정치), 삼군부(군사)로 분리
- 인재 등용 : 남인과 북인 등 사색을 고루 등용, 종친 등용 → 종친부를 권력 기구화, 무신들도 기용
- 서원 정리
  - └ 목적 : 왕권 강화와 민생 안정
  - └ 과정 : 600여개의 서원 정리, 47개 서원은 유지, 화양동 서원과 만동묘 폐지, 대로사 → 강한사 격하
  - └ 결과 : **국가 재정 확충**, 왕권 강화, 사액서원을 수령이 관리하게 함
    - └ 서원 소속의 토지와 노비를 향교와 지방관아에 귀속
  - └ 반발 : 양반 유생들이 반발
- 경복궁 중건 : 왕실의 권위 회복
  - └ 주도 : 영건도감 설치, 경회루와 근정전 복원
  - └ 과정 : 당백전 발행, **원납전** 징수, 묘지림 벌목, 결두전, 통행세와 성문세 징수, 농민들의 노동력 동원
    - └ 원납전은 경복궁 중건이 끝난 후에도 계속 거둠
  - └ 반발 : 양반들과 농민들의 반발
- ※ 당백전 : 물가 폭등을 유발 → 1867년 사용 금지 후 청전 수입
- 종묘와 종친부, 의정부와 6조 관아, 도성 복원, 북한산성 수축
- 광화문 앞 6조 거리 등 한양의 도시구조 복원
- 대전회통과 육전조례 편찬

민생 안정
- 삼정의 문란 시정
  - └ 전정 : 경기도 내 양전 사업, 은결 색출, 지방관과 토호의 토지 겸병 금지
  - └ 군정 : 호포제(동포제)실시로 양반에게 군포 징수 → 양반들의 반발
  - └ 환곡 : 사창제 실시(경기, 삼남, 해서 등지에서 실시)
- ※ 상공업 통제 : 의주와 동래 무역 감시, 홍삼 밀무역 금지, 서양 면 밀수 금지, 도고 금지, 잡세 징수 금지

대외적 정책

국방 강화
- 훈련도감과 삼수병 강화, 순무영 설치, 포군 설치, 서양 화포 수입, 강화도 진무영 위상 높임, 수뢰포 제작
- 심도포량미 : 해안 포군 양성 위해서 1결당 1두 징수

통상 수교 거부
- 척화비 건립 : "양이침범, 비전즉화, 주화매국 계오만년자손, 병인작 신미립"
- 위정척사묵 제작, 이항로 등의 척화주전론 수용

서양과 전쟁
- 1866년 병인박해 → 제너럴셔먼호 사건(미국, 평양, 박규수) → **병인양요**(프랑스)
- 1868년 오페르트 도굴 미수 사건 : 충남 덕산군 남연군 무덤 도굴 시도 → 실패
  - └ 조선 정부 대응 : "우리나라 신하와 백성은 있는 힘을 다해 한 마음으로 네놈들과 같은 하늘을 이고 살 수 없다는 것을 다짐할 뿐이다.
- 1869년 서계사건 (일본 수교 요청 거부) → 일본에서 정한론 등장 (실행 ×)
- 1871년 신미양요(미국) → **척화비** 건립 : 병인작 신미립

※ 대원군 집권 시기 상황
- 1863년 집권
- 1864년 비변사 축소 : 외교, 국방, 치안만 담당, 최제우 사형
- 1865년 비변사를 의정부에 병합, 만동묘 철폐 명함, **경복궁 중건 시작**, 대전회통 편찬
- 1866년 병인박해, 서프라이즈호 평안도 표류(미국), 제너럴 셔먼호 사건, 병인양요
- 1866년 당백전 주조 (→ 1867년 당백전 주조 금지, 청국의 화폐 통용 허가)
- 1867년 육전조례 편찬
- 1868년 오페르트 도굴 미수 사건
- 1869년 일본의 국서 접수 거부(서계사건)
- 1871년 사액서원 47만 남기고 전국의 서원 철폐, 호포제 시행, 신미양요, 이필제 검거
- 1872년 박영효를 철종의 사위로 정함, 경복궁 중건 완료
- 1873년 최익현의 상소로 흥선대원군 탄핵 → 고종의 친정 시작

※ 1860년 연해주를 차지한 러시아가 남하 정책을 펴자 조선의 위기감이 높아졌다. → 흥선대원군은 프랑스와 동맹을 맺어 러시아의 위협에 맞서려고 하였다. → 프랑스 천주교 선교사를 통해 교섭 시도했으나 실패 → 1866년 병인박해

※ 흥선대원군 집권 시기 : 전주 이씨의 문과 합격률이 2배 이상 높아짐

	병인양요	신미양요
시기	1866년	1871년
침략	**프랑스 로즈** 제독, 강화도 공격	**미국 로저스, 콜로라도호**
배경	**병인박해** : 천주교 박해	**제너럴 셔먼호 사건**(평양, 박규수) └ 미국이 배상금 지불과 통상 요구 └ 흥선대원군이 이를 거부
저항	한성근(문수산성) 양헌수(정족산성, 삼랑성)	어재연 전사
격전지	강화도 문수산성, 정족산성	강화도 초지진, 덕진진, 광성보
약탈	의궤 약탈	수자기 약탈
척화비	제작(병인작) ※ 서양 제품 수입 금지	건립(신미립)

1. 각국과 조약 체결 과정

J	A	C	E	G	시	랑
일본	미국	청	영국	독일	러시아	프랑스
1876년	1882년	1882년	1883년	1883년	1884년	1886년
운요호 사건, 청의 권유	조선책략, 청의 알선	임오군란 이후 체결	청의 알선	청의 알선	직접 수교	직접 수교
최초로 외국과 맺은 조약	최초로 서양과 맺은 조약	청의 속국 인정			청 견제 목적	천주교 포교 인정

2. 강화도 조약 vs 조·미 수호 통상 조약 vs 조·청 상민 수륙 무역 장정

	강화도 조약	조·미 수호 통상 조약	조·청 상민 수륙 무역 장정
시기	1876년	1882년	1882년
배경	• 대내적 : 조선 내 통상 개화론 성장 • 대외적 : 1875년 운요호 사건, 청의 권유(일본과의 충돌 피할 것 요구) └ 운요호가 허가 없이 강화도 접근, 강화도 수비대가 포격 └ 운요호는 초지진 포격, 영종도 상륙 후 살인과 약탈 • 조·일 수호 조규(병자 수호 조규) 체결 뒤 조·일 수호 조규 부록, 조·일 무역 규칙(통상 장정) 체결	미국의 노력, 청의 알선 ※ 조선 책략 • 황쭌셴이 저술, 1880년 김홍집이 일본에서 전래 • 방러책, 친중국, 결일본, 연미국 • 이만손 <영남만인소>의 상소로 반발	임오군란 이후 청의 간섭 심화되면서 체결
의의	• 외국과 맺은 최초의 근대적 조약, 불평등 조약 • 주권 침해 : 해안측량권과 치외법권	최초로 서양과 맺은 근대적 조약, 불평등 조약	조선은 청의 속국임을 명시 ※ 1899년 한청통상조약 : 청과 대등하게 체결
사절단	수신사 파견 ※ 1876년 김기수 : 일동기유 저술 → 1880년 김홍집 : 조선책략, 이언 전래	• 1883년 미국은 푸트를 초대 공사로 조선에 파견 • 1883년 보빙사 파견 : 민영익, 홍영식, 서광범 등을 미국 파견 • 1887년 박정양을 주미 공사로 파견	
조약 내용	★ 조·일 수호 조규 • 조선의 자주국, 일본과 대등한 권리를 갖는다. → 청 견제 목적 • 부산 외의 두 곳 개항 → 조계 설정과 가옥 건축 등 거주 편의 제공 └ 부산(1876년 경제) → 원산(1880년, 군사) → 인천(1883년, 정치) • 일본국 항해자가 자유로이 해안을 측량 허가 → 주권 침해 • 치외법권(영사재판권) 인정 → 주권 침해 • 양국 민간 무역에 관리들이 불간섭 • 조약 이후 양국은 서로 사신을 파견한다. → 수신사 파견 ※ 주의 : 목포는 1897년 대한제국이 스스로 개항 ★ 조·일 수호 조규 부록 • 외교관의 여행 자유 인정 • 개항장에서 일본 화폐 사용 허가 • 개항장 10리 → 1882년 조·일수호조규 속약에서 50리 확대(2년 뒤 100리) ★ 조·일 무역 규칙(통상 장정) • 무관세와 무항세 → 1883년 무역규칙 개정 시 저관세 규정 • 양곡의 무제한 유출 허용 → 1883년 개정 시 방곡령 규정(단 1개월전 통보) ★ 조·일 무역 규칙 개정(1883년) • (저)관세, 방곡령(1개월전 통보), 최혜국대우	• 거중 조정 : 조선과 미국은 서로 불경한 일이 있을 시 원조한다. • 관세 조항 : 최초, 일용품의 수출입에 협정 세율 정함 • 최혜국 대우 : 최초 • 치외법권 인정 • 방곡령 허용 • 조계 설정, 토지 매매와 주책 건축 허용 • 병권 대신 파견 • 군기 구입은 조선 정부의 허가를 받을 것 • 유학생 편의 제공 • 양국 간 문서에 한문과 영문 기록 • 아편 금지	• 조선의 청의 속국임을 명시 • 북양대신이 조선 국왕과 대등한 위치 규정 • 청국 상무 위원 파견 • 청의 상무위원의 치외법권 인정 • 내지통상권, 북경과 한성, 양화진에서 개잔 무역 허용 • 관세 규정 • 국경 무역에서 홍삼을 제외한 상품에 관세 부과 • 장정의 수정 : 북양대신과 조선 국왕 자문으로 결정

3. 강화도 조약 이후 정부의 개화 정책

(1) 정부의 개화 정책

강화도 조약 이후 정부 개화 정책	
목표	동도서기의 입장에서 개화 정책 추진
개화파 형성	김옥균, 박영효, 김윤식, 유길준 등이 정계 진출

수신사 파견	• 강화도 조약 이후 일본에 파견
	• 1차 : 1876년 김기수, 일동기유, 수신사일기
	   └ '하나의 증기 기관으로 천하의 모든 일을 다한다.'
	• 2차 : 1880년 김홍집, 조선책략과 이언 전래
	   └ 나라를 부강하게 만드는 일에 힘쓰는 것이 급선무다.

통리기무아문	• 설치 : 1880년(1881년) 청의 총리아문 모방 • 역할 : 개화 업무 추진 • 구성 : 의정부, 6조와 별도, 영의정이 총리대신 • 참여 : 김윤식, 김홍집, 김옥균, 홍영식 등의 개화 세력 등용 • 12사 : 개화 업무를 분담 • 역할 : 1881년 조사시찰단(일본), 영선사 파견(청), 2영(무위영과 장어영) + 별기군 설치 ★ 별기군 : 교련병대, 왜별기 • 설치 : 1881년, 무위영 소속의 국왕 근위병 • 구성 : 사관생도 100명 + 일반군졸 300명 • 교관 : 일본인 호리모토 • 폐지 : 임오군란 때 폐지 ★ 조사시찰단 동래부 암행어사 이헌영은 뜯어보아라 일본 사람의 조정 논의와 시세 형편, 풍속, 인물과 다른 나라들과의 수교, 통상 등의 대략을 한번 염탐하는 것이 아주 좋겠다. … 이 밖에 뒷일은 별도 문서로 조용히 보고하라.

개화 사상 형성	
박제가	• 〈북학의〉, 청과 일본, 서양 국가와의 통상 주장
이규경	• 로드 암허스트호의 통상 요구 수용 주장
최한기	• 지구전요, 인정, 명남루총서, 지전설
강위	• 강화도 조약 당시 필담 역할
이동인	• 승려 출신, 개화파에 영향
박규수	• 박지원 손자, 진주 민란 당시 안핵사 • 제너럴셔먼호 사건 당시 평안도 감사, 미국과 개항 주장
오경석	• 역관 출신, 김정희의 영향, 해국도지와 영환지략 전래
유홍기	• 한의사, 유대치, 백의정승 • 박규수 사후 개화파 지도, 박영효와 김옥균에게 영향

★ [환재] 박규수
• 박지원 손자
• 1861년 청에 사신으로 가서 영국과 프랑스에게 베이징이 점령당한 모습을 보고 옴
• 1862년 진주 진주 민란 당시 경상도 안핵사, 삼정이정청 설치 건의
• 1866년 제너럴 셔먼호 사건 주도 (평안도 감사) → 이후 미국과 통상 요구
• 1872년 청 방문 : 청의 양무운동을 보고 옴, 청을 다녀오면서 서양 기술의 우수성 경험
• 일본과 미국 등과의 수교 강조
  "우리가 주도권을 잡고 일본에게 능동적으로 개국하지 않으면 일본이 무력으로 개항을 요구했을 때 나라가 큰 위험에 부딪히게 될 것입니다."

(2) 개항 이후 파견된 주요 사절단

	수신사	조사시찰단	영선사	보빙사
시기	1차 : 1876년 김기수 → 2차 : 1880년 김홍집	1881년	1881년	1883년
국가	일본	일본	청	미국
파견	• 1차 : 1876년 김기수 → 일동기유, 수신사 일기 저술 • 2차 : 1880년 김홍집 → 조선책략, 이언 전래	신사유람단, 동래 암행어사로 위장하여 비밀리 파견	김윤식 외 학생과 기술자 파견	민영익, 홍영식, 서광범 등 파견
활동		• 박정양, 어윤중, 홍영식 등 62명 파견 • 산업시설 시찰 • 미국과 수교에 대한 정보 수집, 3개월 체류	• 무기 제조법, 군사 훈련법 등 교육 • 3년간 수학 계획 → 1년 만에 귀국 • 1883년 기기창 설립에 영향	• 미국 대통령 접견, 근대 시설 시찰 • 귀국 후 우정국(1884), 육영공원(1886년)에 영향 ★ 유길준 : 보빙사 파견, 미국에 남아 유학, 서유견문 저술 └ 중립론, 갑오개혁 참여, 조선문전과 대한문전

1. 임오군란

임오군란	
시기	1882년 6월 9일
주도	구식 군인과 도시 빈민이 참여
배경	• 개화에 대한 반발, 흥선대원군과 명성왕후의 권력 쟁탈전　　※ 이재선 사건 : 1881년 • 구식 군인에 대한 차별 대우 : 13개월 치 봉급 미지급
발단	무위영 군인들이 선혜청 도봉소에서 폭동 → 임오군란
과정	• 구식 군인들의 반란 　└ 선혜청 당상관 민겸호의 집을 습격 　└ 포도청과 의금부, 경복궁 습격 　└ 정부 고관과 별기군의 일본군 교관 살해 　└ 일본 공사관 습격 • 한양 하층민 합세 • 명성 왕후의 탈출 → (충주) 장호원 피신 → 청에 파병 요청 • 흥선대원군 재집권 : 고종과 구식 군인들의 요청, 왕비 사망 발표 　└ 개화 중단 → 통리기무아문 폐지, 별기군 폐지, 5군영 부활
진압	• 청이 진압 → 흥선대원군을 청으로 압송 • 일본은 군함과 호위군을 제물포에 파견

임오군란의 결과	
청 간섭 ↑	• 청의 군대 주둔(청국식으로 군대 정비 : 4영), 조 · 청상민수륙무역장정(내지통상권) 체결 • 고문 파견 : 묄렌도르프(최초의 서양인 고문), 마젠창, 위안스카이 등
정부 변화	민씨 정권 → 청의 세력에 의존, 동도서기 개화 추진
일본과 조약	• 조 · 일 수호 조규 속약 : 개항장 10리 → 50리 (2년 뒤 100리) • 제물포 조약 : 배상금, 일본 공사관에 일본군 주둔, 사죄사 파견 ※ 사죄사 : 3차 수신사 • 박영효 일행 파견, 태극기, 일본 메이지 유신 견문 → 귀국 후 개화당 형성 → 개화파 분열 　└ 1883년 박영효의 태극기를 국기로 인정
고종의 개화 정책	• 고종은 교서를 통해 개화 정책을 계속 추진할 것을 분명히 하였다. • 이에 정부는 흥선 대원군이 세운 척화비를 철거하였다. "그들의 종교는 배척하면서, 기술을 본받는 것은 진실로 사리에 어그러지지 않는다. … 서울과 지방에 세워 놓은 척양에 관한 비문들을 모두 뽑아 버려라.
개화파 분열	온건 개파화(사대당, 수구당)과 급진 개화파(개화당, 독립당)

	온건 개화파	급진 개화파
영향	청의 양무운동의 중체서용	일본 메이지 유신의 변법개화
목표	동도서기	변법개화 → 근대 국가 수립
정치	왕 중심의 정치	입헌군주제
사회	양반 중심 신분제 사회	평등사회
외교	친청 세력 "조선이 중국의 속방이라는 것을 각국에 알리고 조약에 적어 놓으면, 우리나라에 일이 생겼을 때 청이 힘껏 구하지 않는다면 다른 나라들이 비웃을 것이다.(김윤식)	친일 세력 "이전부터 청이 스스로 조선을 속방이라 여겨 온 것은 참으로 부끄럽다. 첫째로 해야 할 일은 독립하여 완전한 자주국을 수립하는 것이다.(김옥균)
특징	수구당, 사대당	개화당, 독립당
중심	어윤중, 김윤식, 김홍집 등과 민씨 정권	박영효, 홍영식, 서광범, 김옥균, 서재필 등

2. 갑신정변

	갑신정변 과정
시기	1884년 10월 (음력)
주도	급진개화파(개화당, 독립당, 김옥균, 박영효, 홍영식, 서광범, 서재필 등)가 주도
목표	내각제를 실시하여 국왕의 전제권 제한 → 근대국가 수립 ※ 의정소 설치 : 경복궁 밖의 의정부와 달리 경복궁 안에 설치 └ 법령을 제정하고 국왕의 재가를 받아 집행하는 정치 형태 구상

배경	• 임오군란 이후 사대당의 집권으로 개화 부진
	• 개화 정책 자본 부족 : 사대당은 당오전 발행 주장(묄렌도르프) vs 김옥균 차관도입 주장
	• 김옥균의 차관도입 실패 → 온건 개화파의 급진 개화파 탄압
	• 급진 개화파는 미국과 공사에 도움을 요청 → 결렬
	• 일본 공사의 지원 약속
	  └ 청프전쟁으로 청의 군대가 베트남 이동
	  └ 일본이 세력 확대의 기회로 삼음

발단	• 우정국 개국 축하연 → 급진개화파가 온건개화파 제거
	• 신정부 수립 → 신정부 강령 14조 발표
	※ 민영익 : 명성왕후 조카, 개화파와 친분, 보빙사 파견
	  └ 개화당 개혁이 민씨 정권의 약화를 목표로 한다고 판단 후 개화파 견제
	  └ 갑신정변 당시 개화당의 공격으로 큰 부상을 당함
	  └ 알렌이 치료 → 1885년 광혜원 설립 건의

과정	• 개화당은 고종을 창덕궁에서 경우궁으로 이동 → 신정부 수립 발표 → 개혁 정강 • 명성황후가 청의 위안스카이에게 원군 요청 → 청군 개입 → 일본군 패퇴(창덕궁) • 민중들은 개화당 인사와 일본 공사관 공격하여 불태움 • 고종은 개화당 인사들의 체포령 반포
진압	청이 집압 → 3일 만에 실패

결과	• 청의 간섭 심화
	  └ 고종은 조ㆍ러비밀협약 추진 → 청의 방해로 실패
	  └ 영국의 거문도 점령(러시아 견제 목적, 1885~1887 / 헤밀턴 항)
	• 중립론 : 독일 부영사 부들러, 유길준은 중립론(발표 ×) 저술, 김옥균 → 고종은 거부
	• 고종은 자주 외교 추진
	  └ 미국에 공사관 개설, 내무부 설치(1885년, 군사ㆍ재정ㆍ외교 담당, 전환국ㆍ전운국 운영)
	• 정변 이후 사대당인 친청 세력이 정권 장악
	• 한성 조약 : 1884년 11월 조선과 일본, 공사관에 신축 비용 부담
	• 톈진 조약 : 1885년 3월, 영국 중재, 청과 일본, 동시 철병, 동시 파병, 청ㆍ일전쟁 원인
	★ 갑신정변 전후의 주요 사건
	• 1882년 4월 조ㆍ미수호통상조약
	• 1882년 6월 임오군란 → 제물포 조약과 조ㆍ청상민수륙무역장정
	• 1883년 7월 보빙사 파견 : 미국
	• 1884년 5월 김옥균, 차관도입 실패
	• 1884년 7월 조ㆍ러수호통상조약
	• 1884년 10월 갑신정변 → 11월 한성조약(일본)
	• 1885년 3월 거문도 사건, 톈진조약(청과 일본)

	갑신정변의 주요 인물
김옥균	• 22세 문과 장원, 박규수, 유홍기, 오경석에게 개화 전수, 갑신일록, 기화근사 저술 • 1881년 일본 시찰 → 1884년 일본에서 차관 도입 시도 → 실패 • 1884년 충의계를 중심으로 갑신정변 주도 → 일본 망명, 조선 중립화 주장 • 1894년 상해에서 홍종우에게 암살 "일본이 동방의 영국 노릇을 하려 하니, 우리는 아시아의 프랑스가 되어야 한다."
박영효	• 철종의 부마, 민권론 저술, 1882년 일본에 사죄사로 파견 → 개화당 형성 • 1883년 박문국에서 한성순보 발행, 한성부 판윤으로 치도국, 경찰국 설치 • 1884년 갑신정변 실패 → 일본 망명 → 1894년 귀국, 2차 갑오개혁 참여 → 1895년 추방
홍영식	• 영의정 아들, 박규수와 유홍기에게 개화 전수, 1881년 조사시찰단 파견, 1883년 보빙사 파견 • 1884년 우정국 총판 → 갑신정변 때 청군에 피살
서광범	• 1882년 김옥균, 박영효와 함께 사죄사 파견 시 동행 • 1883년 보빙사의 종사관으로 미국에 파견 → 유럽 순방 • 1884년 갑신정변 이후 일본을 거쳐 미국에 망명 → 1894년 귀국 후 갑오개혁 참여, 법부대신 • 1895년 2차 갑오개혁 때 독립된 사법 제도 정비 추진, 재판소 구성과 법관 양성을 위해 법령 제정
서재필	• 19살 문과 급제, 갑신정변 실패 후 미국 망명 • 1895년 귀국 후 1896년 독립신문 창간, 이후 독립협회 주도(고문), 중추원 고문

★ 신정부 강령 14조
• 대원군을 가까운 시일 안에 돌아오게 하고, 청에 조공하는 허례의 행사를 폐지할 것
• 내시부를 없애고 그 가운데 재능이 있는 자는 등용할 것
• 국가에 해독을 끼친 탐관오리를 처벌할 것
• 규장각을 폐지할 것
• 4영을 합쳐 1영으로 하고 영 중에서 장정을 뽑아 근위대를 설치할 것
• 육군 대장은 세자를 추대할 것
• 대신과 참찬은 합문 안의 의정소에서 회의 결정하고, 정령을 공포해서 시행할 것
• 정부는 6조 외의 불필요한 관청은 모두 없애고, 대신과 참찬이 협의해서 처리할 것
• 지조법을 개혁하여 간사한 관리를 뿌리 뽑고 백성의 곤란을 구제하며 국가 재정을 넉넉하게 할 것
• 각 도의 환곡을 영구히 폐지할 것
• 혜상공국(보부상 조직)을 폐지할 것
• 재정은 모두 호조에서 관할케 하고, 그 밖의 재무 관청은 폐지할 것
• 문벌을 폐지하여 인민 평등의 권리를 제정, 능력에 따라 관리를 등용
• 급히 순사를 두어 도둑을 막을 것
• 그 전에 유배, 금고 된 사람들의 사정을 참작하여 석방할 것

※ 유길준
• 1883년 보빙사 파견 이후 남아서 유학, 최초의 일본 유학생이자 미국 유학생
• 갑신정변에 연루되었다는 이유로 귀국 명령 이후 가택 연금
• 서유견문(1895년), 중립론(발표 ×), 갑오개혁에 참여, 사회진화론 수용

1. 창시와 교조 신원 운동

창시	• 1860년 경주, 몰락한 양반 최제우(1대 교주)가 창시
교리	• 유교 + 도교 + 전통신앙 + 샤머니즘 + 천주교 교리 일부 수용 • '궁궁을을'이라는 부적과 주술 강조 • 성리학과 불교, 천주교 배격, 서학에 반발하여 동학이라 칭함 • 인내천(인간이 곧 하늘), 사인여천(인간을 하늘처럼 섬김), 후천개벽(조선왕조 부정) • 시천주(한울님 섬김), 보국안민 등
탄압	• 1863년 사교로 지정 → 1864년 최제우 사형(대구, 혹세무민)
확산	• 최시형 : 2대 교주 • 머슴 출신, 최보따리, 동학의 경전 복원 → 1898년 원주에서 체포되어 사형 • 포접제, 동경대전(한문, 포덕문, 수덕문 등)과 용담유사(한글, 용담가, 안심가 등) 편찬 • 손병희 : 3대 교주, 1905년 동학을 천도교로 개칭
교조신원 운동	★ 교조신원운동 • 1차 : 1892년 공주와 삼례(최시형 주도, 최제우의 신원 복구 요구, 탄압 금지 약속) • 2차 : 1893년 2월, 서울복합상소, 서울 궁궐 앞 시위, 교조신원요구 → 실패 • 3차 : 1893년 3월, 보은집회(북접 주도, 척왜양창의, 제폭구민, 정부는 어윤중 파견 → 해산) 　└ 남접의 금구집회(서울 진공 계획, 북접이 거부)

★ 폐정개혁안 → 갑오개혁에 반영 : 5~9조 (무 지 개 노 홍 칠)
1조　동학도는 정부와 원한을 씻어 버리고 모든 행정에 협력할 것
2조　탐관오리는 그 죄목을 조사하여 엄징할 것
3조　횡포한 부호들을 엄징할 것
4조　불량한 유림과 양반을 징벌할 것
5조　노비 문서는 불태워 버릴 것
6조　칠반 천인의 대우를 개선하고, 백정이 쓰는 평량갓은 없애 버릴 것
7조　청상과부의 재가를 허락할 것
8조　규정 이외의 모든 세금을 폐지할 것(무명잡세 폐지)
9조　관리 채용은 지벌을 타파하고 인재를 등용할 것
10조　왜적과 몰래 통하는 자는 엄징할 것
11조　공사채를 물론하고 기왕의 것은 무효로 할 것
12조　토지는 평균으로 분작하게 할 것

※ 동학의 만민 평등
　└ 남개천(백정 출신 대접주), 이조이(장흥, 여성 지도자)
　└ 김석원과 남응삼(노비 접주, 천민으로 구성된 농민군 지휘)

2. 동학농민운동의 전개

	1차 농민 전쟁 : 남접, 반봉건 → 갑오개혁			2차 농민 전쟁 : 남 + 북접, 반외세 → 의병	
고부민란	1차 농민 전쟁	전주 화약		남접 + 북접의 봉기	2차 갑오개혁
1894년 1월		5월 8일			1894년 12월
• 조병갑의 폭정에 반발 • 고부민란 : 전봉준이 주도 　└ 사발통문, 고부관아 습격 　└ 만석보 파괴 • 정부는 조병갑 탄핵 • 신임 군수 박원명 파견 → 농민 회유 • 안핵사 이용태가 동학과 농민군 탄압	• 무장 봉기 : 전봉준 + 손화중 + 김개남 등 • 백산 집결 : 호남 창의문, 4대 강령 등 　└ 전봉준 대장, 김개남과 손화중 총사령관 • 황토현 전투 : 3월, 정읍, 전라도 감영군 격파 • 황룡촌 전투 : 5월, 장성, 홍계훈의 경군 격파 • 전주성 점령 • 정부는 청에 파병 요청 ※ 청군 파병 : 5월 5일, 아산만 ※ 일본군 파병 : 5월 6일, 인천, 텐진조약	• 전주 화약 체결 　└ 5월 8일 　└ 폐정개혁안 약속 • 교정청 : 정부 　└ 당상관 15명 　└ 폐정개혁 12조 발표 • 집강소 : 농민군 　└ 전라도 53개군 　└ 대도소 : 전주 　└ 폐정개혁 추진 　└ 농민자치 기구	• 일본의 경복궁 습격 　└ 6.21 흥선대원군 옹립 • 청 · 일전쟁 : 6.23 ※ 1차 갑오개혁 : 6.25 　└ 군국기무처 　└ 1차 김홍집 내각	• 삼례에서 남접 봉기 • 논산 집결 : 남접 + 북접 • 경상도, 강원도, 경기도, 황해도 등 지도 봉기 • 공주 우금치전투 패배 　└ 일본군 + 관군 + 민보군 ★ 동학의 의의와 한계 • 반봉건 반외세 • 밑으로부터의 개혁 • 근대 의식의 결여 • 왕권의 옹호	• 1894년 12월 • 군국기무처 폐지 • 친일적 개혁 추진 • 김홍집 + 박영효 내각 • 1895년 1월 장흥, 보은 전투 패배 　└ 농민군 해산

THEME 036 갑오개혁과 을미개혁 근대

1. 갑오·을미개혁의 전개

	1차 갑오개혁 : 1894년 6월	2차 갑오개혁 : 1894년 12월	을미개혁 : 1895년	아관파천 : 1896년
배경과 추진	1차 김홍집 내각 + 흥선대원군	2차 김홍집 내각 + 박영효, 서광범 등	• 삼국간섭으로 친러 내각 수립 : 3차 김홍집 내각 • 2차 갑오개혁 중단, 박영효 일본으로 추방 • 1895년 8월 을미사변 → 친일 내각 : 4차 김홍집 내각	을미개혁 중단
추진 기구	군국기무처 : 총재 김홍집 + 부총재 박정양, 유길준 등 참여	군국기무처 폐지, 일본인 고문 기용	4차 김홍집 내각에서 추진 + 유길준 등 참여	
성격	• 자주적 : 갑신정변, 동학의 요구 반영 • 의정부에 권한 집중	• 친일적 개혁 추진 : 일본인 고문 배치 • **독립서고문, 교육입국조서 반포** • **홍범14조** : 1차 개혁 요약(한글 + 순한문 + 국한문)	친일적 개혁	

2. 갑오·을미개혁의 주요 내용

	1차 갑오개혁	2차 갑오개혁	을미개혁	아관파천 이후
연호	개국 기원 사용	개국	건양	
정부 조직	의정부(국정)와 궁내부(왕실) / 6조를 80문으로 개편	의정부 → 내각, 80문 → 7부, 규장각 → 규장원 격하		내각 → 의정부
관리 선발	과거제 폐지 → 보통시험과 특별시험으로 관리 선발			
정치 개혁	• 11관품제(칙임관, 주임관, 판임관), 문무차별 ×, 월봉제 • 사간원의 언론 기관 폐지, 대간 폐지			
지방 제도		• 8도 → 23부, 부목군현 → 군으로 통일 • 지방관 권한 축소 : 사법, 군사, 조세 징수권 폐지		23부 → 13도 개편
경찰 제도	경무청 설치	경무청 아래 경찰서 설치 → 경찰제도 일원화		
군사 제도		훈련대 조직(일본이 지도), 시위대 설치(궁궐 호위)	훈련대 폐지 → 중앙군 친위대, 지방군 진위대 설치	
화폐 제도	신식화폐발행장정, 은본위 화폐제도			
재정 운영	• 탁지아문에서 일원화, 조세의 금납화 → 조운제도 소멸 • 무명잡세 폐지, 환곡 폐지, 조세 항목을 지세와 호세로 통합	• 조세 법정주의, 근대적 예산 제도 • 징세서 설치	※ 홍범 14조 (2차 갑오개혁 당시 발표) • 청국에 의존하지 말고 자주 독립의 기초를 세울 것 • 왕실 전범을 제정하고 대위 계승과 종척의 분의를 밝힌다. • 왕실 사무와 국정 사무를 분리하여 혼동됨이 없도록 할 것 • 인민이 세를 바침에 법령에 따라 율을 정하되… 멋대로 징수해선 안된다. • 조세의 과징과 경비의 지출은 모두 탁지아문에서 관활한다. • 국중의 총준자제를 널리 파견하여 외국의 학술과 기예를 전습한다. • 민법과 형법을 제정하여 인민의 생명과 재산을 보호한다. • 사람을 쓰되 문벌과 지연에 구애를 받지 말 것	
경제 제도	• 도량형 통일(일본과 일치), 육의전 도고 권한 폐지 • 방곡령 반포 금지, 사창제 도입, 퇴직 관리 상업 경영 허가 • 토지와 산림, 광산을 외국인에게 매매 금지, 경부선(일본 약속)	• 육의전 폐지, 시전상인 특권 폐지 • 상리국 폐지 : 보부상 특권 폐지 • 공납 제도 폐지		
신분 제도	공사노비제도·인신매매·적서차별 폐지, 양자제도 개선			
사법 제도	연좌제 폐지. 고문제 폐지	사법부 독립 : 재판권을 재판소로 단일화, 행정·사법 분리		
혼인 제도	조혼 금지, 과부 재혼 허가			
의복 제도	의복제도 간소화		단발령 공포 → 최익현 등이 반발, 을미의병 발발	단발령 폐지, 자유화
우편 제도		※ 1884년 우정국 → 갑신정변으로 중단	우편 사무 재개(우체사 설치)	※ 1900년 만국우편연합
교육 제도		교육입국조서 반포 : 지덕체 인재 양성 └ 1895년 한성사범학교 설립 └ 한성외국어학교와 소학교 관제 마련	소학교령(설치) : 서울에 4개 소학교 설립	
기타	국한문 제도화 : 공문서에 국문과 국한문 사용		태양력, 종두법 시행 (지석영의 종두법 토대)	양력과 음력 혼용

★ 각 개혁안 비교

	갑신정변	동학 농민 운동	1차 갑오개혁	2차 갑오개혁	을미개혁	독립협회	광무개혁
외교	• 청에 행하던 조공 폐지 • 흥선대원군 조속히 귀국	왜와 통하는 자는 엄징할 것	개국 연호 사용	• 청국에 의존하는 하지 말 것 └ 자주 독립의 기초를 세울 것 　└ 홍범 14조 • 독립서고문 반포	건양 연호 사용	외국인에 의존 하지 말 것 └ 전제황권을 공고히 할 것	• 1899년 한·청 통상 조약 • 1900년 칙령41호 • 1902년 간도관리사 파견 • 연해주 : 통상사무관 파견
정치	• 대신과 참찬이 정령 반포 └ 의정부에 모여 회의 결정 • 의정부와 6조 외에 폐지 • 규장각 폐지 주장	동학도와 원한 씻을 것 └ 모든 행정에 협력할 것	• 의정부와 궁내부 └ 6조를 80아문 개편 • 대간제도 폐지, 11관품 축소 • 관리의 월봉제 실시	• 의정부 → 내각(아관파천 후 의정부) • 80아문 → 7부 • 궁내부 관제 축소 • 규장각 → 규장원 축소			황제권 강화 └ 대한국국제 : 1899년 　└ 궁내부 권한 강화
지방제도				• 8도 → 23부(아관파천 후 13도) • 부목군현 → 군 • 지방관 권한 축소			
경제	• 지조법 개혁 : 조세제도 • 환곡을 폐지할 것 • 혜상공국 폐지	• 규정 이외 세금 폐지할 것 └ 무명잡세 폐지 • 공사채를 무효로 할 것 • 토지는 평균하여 분작할 것	• 은본위 화폐제도 • 조세의 금납화, 조운제도 폐지 • 도량형 통일, 환곡제 폐지 • 육의전 도고 권한 폐지 • 사창제 도입, 무명잡세 폐지 • 퇴직 관리의 상업 경영 허가			외국과 이권 조약 체결 └ 대신과 중추원 의장 서명 ※ 활빈당 '대한사민논설' • 철도부선권 이양 × • 시장에 외국 상인 금지 • 방곡을 실시, 금광 금지	• 양전 지계 사업 : 완료 × • 식산흥업정책 • 서북철도국 설치 • 금본위 화폐제도 시도 • 평식원 설치 : 1902년 • 대한천일은행 지원
재정	호조에서 관리할 것		탁지아문에서 일원화	탁지부에서 관리		탁지부 재정 관리 └ 예산과 결산 국민 공포	탁지부의 재정 업무 └ 내장원 이관
군대	4영을 합하여 1영			• 훈련대 조직 : 일본이 지휘 • 시위대 설치 : 미흡	• 훈련대 폐지 • 중앙군 친위대 • 지방군 진위대		• 원수부 설치 • 친위대, 시위대 진위대 강화
관리 선발	내시부 폐지, 인재 등용	지벌 타파, 인재 등용	과거제 폐지, 문무 차별 폐지			칙임관 임명 : 정부의 동의	
사회	문벌 폐지, 인민평등권 └ 능력에 따라 인재 등용	• 노비문서 소각 • 칠반천인 대우 개선 • 백정의 평량갓 없앨 것 • 청상과부의 재가 허락할 것	• 공사노비법 폐지 • 인신매매 금지 • 조혼 금지 • 적서차별 폐지 • 양자제도 개선	문벌과 지연에 구애 ×(홍범14조) └ 선비들을 두고 기용할 것			수민원 설치 : 이민 업무
경찰제	순사를 두어 도둑 막을 것		경무청 설치, 경찰제 실시	근대적 경찰제 : 경찰 일원화 └ 중앙 경무청 아래 경찰서 설치			경위원 설치 : 정변 감시
교육			국(한)문 사용 제도화	교육입국조서 반포	소학교령		1897년 신교육령
사법	• 전에 유배, 금고 된 자 석방 • 탐관오리 처벌할 것	탐관오리 엄징할 것	연좌제 폐지, 고문제 폐지	사법부의 독립 └ 행정과 사법 분리, 재판 : 2심제 └ 지방관 사법권 폐지		중대 범죄 공판 └ 피고 인권 존중 └ 자복 뒤 시행	• 교전소 : 1897년 법전 편찬 • 1905년 형법대전 편찬 • 교정소 : 1899년 대한국국제
기타		• 횡포한 부호를 엄징 • 불량한 유림과 양반 징벌			• 단발령 공포 └ 아관파천 후 폐지 • 우편사무 재개 • 종두법, 태양력	정해진 규정을 실천할 것 └ 홍범 14조	• 관리 관복 : 양복 개편 • 관리들에게 단발령 반포 • 1900년 만국우편연합 가입 • 1903년 국제적십자사 활동

1. 아관파천(1896. 2)

아관파천	
배경	• 고종의 위기 의식 고조 → 1895년 춘생문사건(미국 공사관 피신 시도 → 실패) • 일본이 의병 진압으로 감시 소홀 → 1896년 2월 러시아 공사관으로 피신
시기	• 1896년 2월 러시아 공사관 피신~1897년 2월 경운궁 환궁
결과	• 아관파천 이후 일본인 고문 파면, 러시아 고문 초청 • 러시아 간섭 심화 → 친러 내각 수립 → 고종은 러시아 세력을 이용하여 일본을 견제, 을미개혁 중단 • 러시아와 일본의 분할 협상 시도 → 결렬 → 1904년 러·일전쟁 발발 → 1905년 9월 포츠머스 강화조약 • 열강의 이권 침탈 본격화 : 최혜국 대우 근거

★ 열강의 이권 침탈
• 광산 : 러시아(경원, 경성, 종성), 일본(직산), 미국(운산), 영국(은산), 독일(당현), 프랑스(창성)
• 철도 : 경인선(미국 → 일본, 1899년 완공), 경부선(일본), 경의선(프랑스→ 일본)
• 전기와 수도 : 미국 → 1898년 한성전기회사 → 1899년 전차 운행
※ 러시아 : 압록강과 울릉도 삼림 채굴권, 부산 절영도 저탄소 설치권, 한러은행 설치권 등
※ 이권 수호 운동 : 독립협회
　　　　　└ 러시아 절영도 조차 요구 저지, 한러은행 폐쇄, 목포와 증남포 도서 매입 저지

2. 독립협회 창립과 해산

독립협회	
배경	• 아관파천 이후 → 서재필 등이 1896년 4월 독립신문 발행 → 7월 독립문 건설 명목으로 독립협회 건립
창립	• 1896년 7월 서재필과 고급 관료들이 발기하여 창립
구성	• 회장에 안경수, 부회장에 이완용, 고문에 서재필 • 참여 : 정동구락부(외교인사) + 건양협회(갑오개혁 참여한 유길준 등) + 실무 관료 + 서구 시민 사상가 등 • 초기에 관료와 지식인을 중심으로 운영 → 정부 관료 이탈, 윤치호, 이상재 등이 주도, 민중 단체로 발달
목표	• 자유민주주의 사상을 민중에 보급 → 자주 독립 국가 건설 • 천부인권 사상 : 신체 자유, 재산권 보장, 양성평등 주장, 국민주권론에 따른 참정권 요구
초기 활동	• 고종의 환궁 요구 • 민중 계몽 → 민중 참여 → 지방에 지회 설립 　└ 토론회와 강연회 개최, 독립문(← 영은문)·독립관(← 모화관) 건립 　└ 공식 기관지 : 대조선독립협회 회보 　└ 비공식 기관지 : 독립신문(1896년 발행), 황성신문(1898년 발행)
↓	• 1897년 고종이 경운궁 환궁, 대한제국 선포, 연호는 광무, 환구단에서 황제 즉위식 거행
후기 활동	• 1898년 구국 운동 상소문 : 자주호국선언, 러시아 간섭 비판 → 자주적인 재정, 인사, 군사권 행사 강조 • 1898년 2월 만민공동회 : 정부 친러 정책 비판 → 관료들이 이탈하며 민중이 독립협회 주도 • 1898년 9월 김홍륙 독다 사건을 계기로 악법(노륙법)을 부활시키려는 보수 정권 퇴진 → 박정양 진보 내각 수립 • 1898년 10월 관민공동회 : 헌의 6조 올림, 박성춘 (백정) 연설 • 국민참정권 요구 → 입헌군주제의 정치 개혁과 의회설립 요구 → 1898년 대한제국의 고종은 중추원 신관제 반포 • 이권 수호 운동 : 러시아와 독일, 프랑스 등의 이권 요구를 저지 　　└ 절영도 조차 요구 저지, 한러은행 폐지, 목포와 증남포 도서 매입 저지
↓	
해산	• 익명서 사건 : 보수단체가 '독립협회가 공화정을 목표로 한다.'라고 모함 • 1898년 11월 고종이 독립협회 해산령을 발표 　└ 독립협회는 만민공동회를 개최하여 저항 　└ 고종이 군대와 황국협회(보부상) 동원하여 강제 진압 → 1898년 12월 해산

★ 찬양회 : 1898년 북촌 양반 여성들이 조직한 단체
• 황성신문과 독립신문 등에 여권 통문 발표
• 정부에 관립여학교 설립 요구 → 정부가 거부 → 1899년 순성여학교 건립(7~8세 여학생 교육)
• 제국신문 : 찬양회의 홍보 역할

※ 독립협회의 자매단체 : 1898년 찬양회, 시전상인의 황국중앙총상회, 박문협회

★ 헌의6조
• 외국인에게 의존하지 않고 전제 황권을 공고히 할 것
• 외국과 이권에 관한 조약에 대신과 중추원 의장이 합동 날인 할 것
• 국가 재정은 탁지부에서 관리하고 예산과 결산을 국민에게 공포할 것
• 중대 범죄 공판 시 피고의 인권을 존중하고, 피고가 자복한 뒤 시행할 것
• 칙임관을 임명할 때 정부의 그 뜻을 물어 다수에 따를 것
• 정해진 규범(홍범14조)을 실천할 것

★ 독립협회의 기타 활동
• 국기 게양과 애국가 제정 시도
• 신체 자유권, 재산권, 언론과 출판·집회·결사의 자유 주장
• 국방 개혁은 미흡 : 동학과 내란 진압 정도면 충분(최소화)
• 황제 측근 이용익을 통화 남발 혐의로 사퇴시켰다.

★ 중추원 신관제(1898년, 대한제국 고종이 반포)
• 구성 : 관선 25명, 민선 25명
• 역할 : 법률의 제정과 개정 등을 심사, 조약 비준권, 의회적 기능, 정부 안건 심사, 정부 정책 자문

1. 고종의 환궁과 대한제국

고종의 환궁	1897년 2월 경운궁으로 환궁 → 8월 광무 연호 제정 └ 1907년 고종이 강제 퇴위당한 뒤 덕수궁으로 개칭
대한제국 수립	• 1897년 10월 11일 국호를 '대한'으로 제정 → 10월 12일 환구단에 황제 즉위식 거행 • 1898년 독립협회를 해산시키고 광무개혁 실시

※ 환구단 : 1897년 건립
※ 황궁우 : 1899년 건립, 천지신의 신위 모심
※ 명성황후 국장 거행 : 1897년 3월 명성이라는 시호를 내리고 11월 21일 국장 거행

2. 광무개혁

원칙	• 민국건설과 구본신참 • 구본신참 : 동도서기, 중체서용, 화혼양재와 같은 점진적 개혁 • 궁내부(왕실사무) 확대, 내장원에서 개혁 주도 → 전국의 철도와 광산 등을 관할
정치	• 전제 황권 강화 : 대한국국제(1899년), 원수부 설치, 재정 업무를 탁지부에서 내장원으로 이관 • 황제 위상 격상 : 국기와 어기, 친왕기, 군기 제정 • 1897년 11월 21일 명성황후 국장 거행, 경운궁을 정궁, 평양을 서경으로 격상 • 경위원 설치 : 정변 음모 감시 • 장충단 건립 : 을미사변 당시 순국한 홍계훈 등을 기리는 제단
경제	• 양전·지계 사업 실시 → 1904년 러·일전쟁으로 중단 • 식산흥업 정책 └ 서북철도국(경의선 철도 부설 시도 → 러·일전쟁으로 중단), 상무사 설립(1899년 보부상 + 육의전) └ 금본위 화폐 제도와 중앙은행 설립 시도 → 러·일전쟁으로 중단 └ 대한천일은행(1899) 지원, 한성전기회사(1898년 미국인과 합작) 설립, 평식원(1902) └ 우편학당, 직조 권업장, 전무학당, 인공 양잠 합작 회사 설립 등 └ 도고에게 회사 설립 허가 : 독점적 영업권 보장, 내장원에 세금 내도록 함
군사	• 시위대(황제 호위)와 친위대, 진위대 증강, 군부 예산을 늘리고 병력 증강 • 무관학교 설립(김좌진, 지청천 배출) → 고급 장교 양성 / 해군 창설 → 근대식 군함 도입 • 1903년 징병제도 조직 발표 → 징병제 시행 준비
외교	• 1899년 : 한청통상조약 → 청과 대등한 외교 • 1900년 : 만국우편연합 가입, 칙령 41호(울도군 설치, 10월 25일 독도의 날), 파리 만국 박람회 참여 • 1901년 : 벨기에와 외교 수립 • 1902년 : 덴마크와 외교 수립, 간도관리사로 이범윤 파견 → 간도를 함경도에서 관리 • 1903년 : 국제 적십자 활동 참여 • 1904년 : 러·일전쟁 직전 국외 중립 선언 • 기타 : 연해주에 통상사무관 파견, 수민원 설치 (1902년 외국여행을 관장)
법률	• 교전소 : 1897년 새 법전 편찬을 위해서 중추원 내 설치 • 형법대전 : 1905년, 형법 교정을 위해서 편찬
교육	• 1897년 신교육령 반포 • 외국에 유학생 파견, 기술과 실업교육 강조, 유학과 성균관 교육 강화 • 실업학교와 기술교육 기관 설립 : 상공학교와 광무학교 설립
사회	• 호적 정비 : 호적에 신분이 아닌 직업 기재 • 의복 : 관리 관복을 양복으로 개편(1900), 관리들에게 단발 공포(1902)

※ 광무개혁 : 황실이 주도, 궁내부 확대, 내장원 강화, 황실 재정 업무를 맡은 이용익이 주된 역할

• 구본 : 옛 것을 근본 → 정치는 전제정치, 황제권 강화
• 신참 : 새 것을 참고, 기술 등을 개화

★ 대한국국제 : 1899년, 교정소에서 제정, 만국공법에 기초, 황제권 강화, 국민 권리 ×
• 1조 대한국은 세계만국이 공인한 자주 독립 제국이다.
• 2조 대한국의 정치는 만세불변의 전제 정치이다.
• 3조 대한국 대황제는 무한한 군권을 누린다.
• 4조 대한국 대황제는 법률을 제정하고 반포와 집행을 명하며, 대사와 특사, 감형, 복권 등을 명한다.
• 5조 대한국 대황제는 행정 각부의 관제를 정하고, 행정상 필요한 칙령을 발한다.
• 6조 대한국 대황제는 각 조약 체결 국가에 사신을 파견하고 선전, 강화 및 제반 조약을 체결 한다.

★ 양전·지계사업
• 1899년 양지아문에서 양전사업 실시 : 모든 토지와 가옥 포함, 개항장 이외 외국인 토지와 가옥 소유 금지
• 1901년 지계아문에서 지계 발급
• 1902년 지계아문으로 통합
• 1904년 러·일전쟁으로 중단
• 의의 : 외국인의 토지 침탈을 막는 효과

※ 대한제국 시기 민중 봉기 : 1899년 영학당, 1900년~1905년 활빈당 '대한사민논설'

★ 한성부 도시 개조 사업
• 경운궁과 대한문을 중심으로 원형의 도로 정비
• 도로 신설, 우물과 개천 정비, 전기와 수도 시설 정비, 1899년 전차 부설
• 탑골공원과 협률사 등의 공원과 극장 설립

시기		주요 내용	
개항 전후	위정척사	• 기원 : 주리론과 인물성이론의 영향 → 보수 유생들을 중심으로 흥선대원군의 통상수교 거부 정책 지지 ※ 위정 : (봉건) 성리학질서를 수호 ※ 척사 : (반외세) 사악한 서양의 학문, 양명학, 불교 등을 배척 • 위정척사운동의 전개 └ 1860년대 : 이항로(화서아언, 척화주전론, 내수외양), 기정진(양물금단론) └ 1870년대 : 최익현(왜양일체론, 오불가소 / 대원군 탄핵 상소, 을사의병) └ 1880년대 : 이만손(영남만인소 → 유배), 홍재학(만언척사소 → 사형)	**\<이만손 영남만인소\>** 수신사 김홍집이 가지고 와서 유포한 황쭌셴의 사사로운 책자를 보노라면 어느새 털끝이 일어서고 쓸개가 떨리며 울음이 북받치고 눈물이 흐릅니다. … 중국은 우리가 신하로서 섬기는 바이며 해마다 옥과 비단을 보내는 수레가 요동과 계주를 이었습니다. 일본은 우리에게 매어 있던 나라입니다. 미국은 우리가 본래 모르던 나라입니다. 러시아는 본래 우리가 혐의가 없는 나라입니다. 공연히 남의 말만 듣고 틈이 생기게 된다면 우리의 위신이 손상될 뿐만 아니라 만약 이를 구실로 침략해 온다면 장차 이를 어떻게 막을 것입니까?
1890년대	을미의병	• 배경 : 단발령 + 을미사변, 존왕양이적, 친일관리 처단 주장 • 의병장 : 유인석(충주성 점령 + 이강년), 기우만, 이소응 • 해산 : 고종의 단발령 철회와 해산령으로 대부분 해산 ★ 활빈당 : 1900년~1905년 • 가난한 사람을 살려내는 무리(홍길동전에서 유래) • 경기와 충청, 경상도 지역을 중심으로 동학 잔여군, 유민, 행상 등 참여 • 대한사민논설 13조목 └ 방곡 실시, 금광 채굴 금지, 시장에 외국상인 출입 금지, 철도부설권 넘기지 말 것	★ **\<유인석의 격문\>** 원통함을 어찌하리. 국모의 원수를 생각하며 이를 갈았는데, 참혹함이 더욱 심해져 임금께서 또 머리를 깎으시는 지경에 이르렀다. 의관을 찢기데다가 또 이런 망극한 화를 만났으니, 천지가 뒤집어져 우리 고유의 이성을 보전할 길이 없다. 우리 부모에게 받은 몸을 금수로 만드니 무슨 일이며, 우리 부모에게 받은 머리카락을 풀 베듯이 베어버리니 이 무슨 변고란 말인가.
1905년 을사늑약	을사의병	• 배경 : 을사늑약 • 특징 : 본격적인 항일 항전 • 의병장 : 양반 의병장이 다수, 평민 의병장 등장 └ 신돌석 : 평민, 태백산 호랑이, 경상도 일월산과 동해안 중심 └ 민종식 : 충청도 홍주성 점령 → 이후 패배 └ 최익현 : 전라도 태인, 기신배 16조 발표, 포고팔도사민, 1906년 대마도에서 순국(대마도 수선사 추모비) └ 정용기 : 을사늑약 때 영천에서 의병 조직, 사망 후 아버지인 정환직이 의병 이끔	**\<최익현의 격문\>** 오호라, 난신적자의 변란이 어느 대에 없었으리오마는 누가 오늘날의 역적 같은 자가 있으며, 오랑캐의 화란이 어느 나라에 없었으리오마는 누가 오늘날의 왜적 같은 자가 있는가 … (중략) … 오호라 작년 10월에 저들이 한 행위는 만고에 일찍이 없던 일로서, 억압으로 한 조각의 종이에 조인하여 5백 년 전해오던 종묘사직이 드디어 하룻밤 사이에 망하였으니, 천지신명도 놀라고 조종의 영혼도 슬퍼하였다. 나라를 들어 적국에 넘겨준 이지용 등은 실로 우리나라 만대의 변할 수 없는 원수요
1907년	정미의병	• 배경 : 1907년 고종의 강제 퇴위와 정미7조약 때 군대 해산 • 특징 : 해산된 군인 합류 → 의병 전쟁화, 전투력 증강, 전 계층의 참여, 전국 확산, 13도 창의군 조직 └ 시위대 대대장 박승환 자결 후 해산된 군인이 시가전, 의병 합류, 지방군 진위대도 참여 └ 민긍호 : 관동창의대장, 원주 일대에서 의병, 13도 창의군 합류 └ 이강년 : 을미의병 때 유인석 휘하에서 활동, 정미의병 때 민긍호와 충주 공격, 13도 창의군 참여 ★ 13도 창의군 • 1907년 12월 조직, 총대장 이인영, 군사장 허위(왕산), 교전 단체 승인 요구 • 한계 : 홍범도, 신돌석 등의 평민 의병장 부대 참여 × • 서울진공작전 : 1908년 1월, 이인영의 부친상과 일본의 선제공격으로 실패 └ 이후 호남 지방 의병 활발 : 안규홍(머슴), 전해산(유생, 호남 의병 규합, 정미의병 당시 의병장)	**\<해외 동포에게 드리는 글\> 이인영** "동포들이여! 우리는 함께 뭉쳐 우리의 조국을 위해 헌신하여 우리의 독립을 되찾아야 한다. 우리는 야만 일본 제국의 잘못과 광란에 대해서 전 세계에 호소해야 한다. 간교하고 잔인한 일본 제국주의자들은 인류의 적이요, 진보의 적이다. 우리는 모두 일본놈들과 그들의 첩자, 그들의 동맹인과 야만스러운 군인을 모조리 없애는 데에 힘을 다해야 한다."
일제 탄압	남한 대토벌 작전	• 1909년 9월 일본이 국내 의병 탄압, 호남지방이 크게 탄압 • 대부분의 의병이 해외로 이동, 1915년까지 국내에서 채응언의 부대가 활동	**\<남한 대토벌 작전 : 1909년 9월부터 2개월간 진행\>** 왜인들이 길을 나누어 호남 의병을 수색하면서 … 사방을 그물 치듯이 해놓고 순사를 파견하여 마을을 수색하였다. 집집마다 빗질하듯이 뒤져서 조금이라도 혐의가 있으면 즉시 살육하기 때문에 행인들이 스스로 없어지고 이웃 마을리도 통행이 불가능하였다. 의병들은 삼삼오오 사방으로 흩어졌으나 숨을 곳이 없기 때문에 강한 자는 앞으로 돌진해서 싸우다가 죽고, 약한 자는 기어 달아나다가 칼을 맞았다. 점차 쫓기어서 강진, 해남에 이르니 달아날 곳이 없어 죽은 자가 수천명에 이르렀다.

시기		주요 내용
개항 전후	개화 사상	• 개항을 주장 → 서양과 통상 개화 주장 • 초기 개화사상 : 오경석(역관, 해국도지, 영환지략 전래), 유흥기(한의사, 유대치), 박규수(박지원 손자) • 개화파 형성 : 강화도 조약 이후 정부 관료로 진출 • 개화파의 분열 : 임오군란 이후 분열 └ 온건개화파 : 동도서기, 어윤중, 김윤식, 김홍집 등 민씨정권, 사대당, 수구당 └ 급진개화파 : 홍영식, 박영효, 서광범, 김옥균, 서재필등, 독립당, 개화당(1884년 갑신정변 주도 후 일본 등으로 [대부분 망명]
1890년대	독립협회	• 조직 : 1896년 조직, 서재필과 정동구락부, 건양협회, 관료, 개화 지식인, 서구 시민사상가 등 • 초기 활동 : 고종의 환궁 요구, 계몽 활동(독립문 건립, 독립신문 등) • 1897년 고종의 환궁 이후 └ 1898년 구국선언상소 : 자주적 외교 · 재정 · 군사권 행사 주장 └ 1898년 만민공동회 : 러시아 침략 규탄, 이권 수호운동 └ 1898년 관민공동회 : 헌의6조, 참정권과 의회설립 요구 └ 1898년 12월 고종의 해산령으로 해산
1900년대	애국계몽 운동	• 실력양성을 통한 국권 회복 : 사회진화론의 영향 • 언론 : 황성신문(시일야방성대곡), 대한매일신보(을사늑약부인친서) └ 의병활동에 긍정적, 의병 투쟁 기사 게재, 일제 침략 폭로, 신한민보 · 해조신문과 교류 • 출판 : 계몽 사학(외국 흥망사, 영웅전 등) • 교육 : 학회(기호흥학회, 서북학회 등) 사립학교 설립, 교과서 보급 등 ★ 애국계몽단체 • 보안회 : 1904년 일본의 황무지개간권 요구 저지, 보국안민 ※ 농광회사 : 1904년 • 헌정연구회 : 1905년~1906년, 의회 설립과 입헌군주제 목표, 일진회에 대항 └ 왕실과 정부도 헌법과 법률에 따를 것, 국민은 법률이 보장하는 권리를 누릴 수 있어야 한다. • 대한자강회 : 1906년~1907년, 입헌군주제, 일진회에 대항, 연설회를 정기적 개최, 언론과 교육, 산업의 진흥 강조 └ 전국 25개 지회, 대한자강회 월보, 고종의 강제 퇴위 반대 투쟁, 국채보상운동(1907년 2월 시작) 참여 결의 • 대한협회 : 1907년~1910년, 실력양성 우선, 일진회(1904년 이용구 등)와 연계 → 친일적 └ 대한자강회 인사 + 천도교 간부, 입헌군주제를 위해 정당정치 강조, 민권당, 민정당으로 호칭, 민권 보장에 관심
	신민회	• 조직 : 1907년 비밀 조직, 안창호, 양기탁, 신채호 등 "신정신, 신단체, 신국가 건설 목표" • 활동 : 대성학교(평양, 안창호), 오산학교(정주, 이승훈), 태극서관(평양과 서울)과 자기회사(평양) 운영 • 독립군 기지 : 만주와 밀산부 등, 남만주에 경학사와 신흥강습소 설립(이회영 등) └ 이회영 : 남만주 삼원보 한인촌 건설, 독립 전쟁 준비, 경학사, 신흥강습소 └ 이상룡 : 고성 이씨 종손으로 집안이 삼원보로 집단 망명, "국토 회복 전까지 내 유골을 고국에 보내지 말라" • 언론 : 대한매일신보가 신민회의 기관지 역할 • 의의 : 최초로 공화정 수립을 목표로 활동 • 해산 : 1911년 105인 사건(데라우치 암살 미수 사건 → 조작, 안악사건)으로 해산 └ 안창호는 1913년 미국 샌프란시스코에 흥사단 조직 └ ※ 수양동우회 : 1926년~(1937년)1938년, 흥사단의 국내 자매 조직
	일제 탄압	• 1907년 : 보안법, 신문지법 • 1908년 : 학회령, 사립학교령 • 1909년 : 출판법

〈보안회 운영 요강〉 : 1904년 황성신문

1 전국의 산림, 천택, 원야, 진황의 토지를 청구한 일을 모여서 같이 의논할 것

1 회원의 발언권은 다만 위 항의 문제를 타정하는 것으로만 할 것

1 회를 폐하는 기한은 위 항의 문제가 귀결되는 그날로 정할 것

〈헌정연구회 강령〉

1. 제왕의 권위는 헌법에 정해진 바에 따라 존중할 것.

2. 정부의 명령은 법률 규칙에 정해진 바에 따라 복종할 것.

3. 국민의 권리는 법률에 정해진 바에 따라 자유로이 행사할 것.

〈대한자강회 월보〉

무릇 우리나라의 독립은 자강(自强)에 있음이라. 오늘날 우리 한국이 3,000리 강토와 2,000만 동포가 있으니, 힘써 자강하여 단체가 합하면 앞으로 부강한 전도를 바랄 수 있고 국권을 능히 회복할 수 있을 것이다. 자강의 방법으로는 교육을 진작하고 산업을 일으켜 응하게 하면 되는 것이다. 무릇 교육이 일지 못하면 민지(民智)가 열리지 못하고, 산업이 늘지 못하면 국가가 부강할 수 없다. 그런즉, 미지를 개발하고 국력을 기르는 길은 무엇보다도 교육과 산업을 발달시키는 데 있지 않겠느냐?

〈신민회 목적 실행 방법〉

• 신문 잡지와 서적을 간행하여 인민의 지식을 계발하게 할 것

• 학교를 건설하여 인재를 양성할 것

• 실업장을 세워 실업계의 모범을 만들 것

〈신민회 4대 강령〉

1. 국민에게 민족의식과 독립 사상을 고취할 것

2. 동지를 찾아 단합하여 민족 운동의 역량을 축적할 것

3. 교육 기관을 각지에 설치하여 청소년 교육을 진흥할 것

4. 각종 상공업 기관을 만들어 단체의 재정과 국민의 부력을 증진할 것

〈신민회의 해외 독립군 기지 창건 운동〉

1. 독립군 기지는 일제의 통치력이 미치지 않고 국내 진입에 가장 편리한 만주 일대에 설치한다.

3. 토지가 매입되면 애국적인 인사들과 청년들을 단체 이주시켜 신한민촌을 건설하고, 농업을 통해 경제 자립을 실현한다.

4. 신한민촌에는 민단을 조직하고, 교육 · 문화 시설을 세우는 한편, 특히 무관 학교를 설립하여 사관을 양성한다.

6. 독립군이 양성되면 기회를 보아 독립 전쟁을 일으켜서 국내로 진공한다. 이에 맞추어 국내에서는 신민회가 주체가 되어 각계각층의 국민과 단체를 통일 · 연합하여 일거에 일본 제국주의를 물리치고 국권을 회복한다.

— 주요한, 안도산 전서 —

사건	경제 주도	경제 상황	경제 침탈에 대한 민족의 저항	
강화도 조약 1876년	일본의 독점	• 일본의 몰락한 상인과 무사들이 진출 • 일본 상인 : 쌀, 대두, 금, 콩, 생사 등을 수입하고 영국산 면제품, 농기구, 소금 등을 조선에 수출 • 거류지 무역 : 개항장 10리 이내에서 활동 → 조선의 객주와 여각, 보부상 등이 중계상인으로 활동 • 중계 무역 　└ 무관세와 무항세로 영국산 면제품을 조선에 수출 → 조선 면 산업 몰락 　└ 양곡의 무제한 유출 : 조선에서 쌀값 폭등 • 약탈 무역 : 영사재판권(치외법권)을 활용하여 약탈 무역	조선의 객주와 여각, 보부상 등이 중계상인으로 활동	
임오군란 1882년	일본 vs 청	• 조·청 상민 수륙 무역 장정 : 1882년, 내지통상권(서울, 양화진), 허가 시 개항장 밖 활동 가능, 면제품 판매 • 조·일 수호 조규 속약 : 1882년, 일본인의 개항장 활동범위를 50리 확대(2년 뒤 100리) • 조·일 통상 장정(무역 규칙) 개정 : 1883년, (저)관세, 방곡령(1개월 전 통보), 최혜국 대우 획득 　　　　　　　　　　　　　└ 최초로 최혜국 대우 획득은 미국 • 일본과 청 상인의 조선 시장 쟁탈전 : 청(남대문로와 수표교), 일본(충무로를 중심) • 상승세는 청 상인이 빨랐지만 일본 상인을 앞선 적은 없음	✪ 상권 수호 운동 • 객주 : 상회사 조직 → 대동상회(1883년 최초, 무역, 정부 지원, 인천 지점)와 장통상회 • 보부상 : 1883년 혜상공국 → 1885년 상리국 → 1899년 상무사 • 경강상인 : 증기선을 도입하여 일본 상인 대응 → 실패 • 시전 상인 : 철시 투쟁(1890년) → 황국중앙총상회(1898년, 독립협회와 활동) ✪ 방곡령 • 방곡령은 개항 이후 1000여 차례 반포되었다. • 1889년과 1890년 함경도와 황해도 방곡령 사건(조병식, 한장석) : 일본에 배상금 지불	
청·일전쟁 1894년	일본 독점	• 1895년 청·일전쟁에서 일본이 승리하고 시모노세키 조약 체결(요동반도와 대만 할양) • 일본 대자본은 호남 곡창 지대(전주와 나주, 군산)에 대규모 농장 운영 　　　　　　└ 곡물 수입에 주력, 조선 상인의 쌀 수출 위축 • 일본은 시설 개선 명목으로 차관 제공	✪ 상회사 설립 • 1880년대 대동상회(평양, 국제무역, 인천 지점, 정부가 지원)와 장통상회(서울) • 1890년대 창신상회, 태평상회, 해운회사, 육운회사, 이운사(1893년 관민합작)등 • 1900년대 종로 직조사(1900년), 한성 제직회사(1901년)	
아관파천 1896년	일본 vs 러시아	열강들이 최혜국 대우를 통해 이권을 침탈 　└ 러시아 : 경성과 경원, 종성의 광산 채굴권, 압록강과 두만강의 삼림 채벌권 　└ 미국 : 운산 금광, 전기와 수도, 한성전기회사(1898), 전차 부설(1899 서대문~청량리), 경인선 부설권 　└ 일본 : 프랑스에게 경의선·미국에서 경인선 부설권 매입, 경부선 철도 부설권 획득, 직산 금광 등 　└ 영국 : 은산 금광 채굴권 　└ 독일 : 당현 금광 채굴권	✪ 독립협회 : 이권수호운동 • 러시아의 절영도 조차 요구 저지, 한·러은행 폐쇄 • 러시아의 목포와 증남포 도서 매입 저지 • 프랑스와 독일의 광산 채굴권 요구 저지 • 미국과 일본의 이권 요구에 호의적 • 민족은행 : 조선은행(1896, 최초), 한성은행(1897), 대한천일은행(1899 → 한·일합방 후 상업은행)	
러·일전쟁 1904년	일본의 독점	• 러·일 전쟁 이후 일본은 조선 경제 침탈을 본격화 : 황실 재정 축소, 정부 재정 확대 • 토지 약탈 : 경부선과 경의선 철도 부지를 무상으로 약탈, 군용지 약탈, 황무지 개간권 요구 • 동양척식주식회사 : 1908년, 약탈한 토지 관리, 일본인의 이주 지원 • 화폐정리사업 　└ 1905년 6월, 탁지부 재정 고문 메가다 주도, 전환국 폐쇄 후 화폐 발행권 약탈 　└ 은 본위 → 금 본위로 교환, 조선의 백동화 등을 제일은행권으로 교환 　└ 교환 방식 : 액면가치가 아닌 질적 가치로 교환 　└ 결과 : 제일은행이 중앙은행 역할, 전황 현상 발생, 민족 자본 몰락 　　　└ 국고 출납 업무 담당으로 재정 장악 • 대한제국의 재정 정리와 시설 개선을 명분으로 차관 제공 → 국채보상운동의 배경 • 통감부는 재무서와 재무감독국 설치하고 징세 업무 장악	• 보안회 : 1904년 일본의 황무지 개간권 요구 저지 • 농광회사 : 1904년 황무지 개간 목적으로 이도재가 설립 ✪ 국채보상운동 : 1907년 • 배경 : 일본의 차관 제공 → 1,300만 원 모금 운동 • 시작 : 대구 광문사의 서상돈과 김광제의 발의 • 국채보상기성회 조직 : 1907년 서울 • 대한매일신보, 황성신문, 제국신문 등의 언론과 애국 계몽 단체와 국채보상부인회 등이 참여 • 전국적, 금주와 금연 운동, 해외 동포와 일부 외국인의 참여, 대구 기생 앵무 100원 성금 • 고종도 금연을 밝힘, 여성들은 비녀와 반지 제공 등 큰 역할(대구 남일동 패물 폐지 부인회) • 한계 : 상층민의 참여는 부족 • 실패 : 통감부의 방해, 양기탁 구속, 2천만 원 추가 차관 제공	

1. 교육

	원산학사	동문학	육영공원	교육입국조서
시기	1883년	1883년~1886년	1886년~1894년	1895년 2차 갑오개혁
설립	덕원 부사 정현석과 주민들이 설립	묄렌도르프의 건의로 정부가 설립	정부가 설립 → 관립학교	
의의	최초의 근대적 사립 학교		최초의 근대적 관립학교	
교육	• 근대학문 교육 • 무술 교육 실시	외국어 강습소	• 근대 학문 교육 • 외국인 선생 초빙 : 헐버트와 길모어, 벙커	지덕체 인재 양성 ★ 관립학교 설립 • 1895년 한성사범학교 • 1895년 한성외국어학교 • 1895년 소학교 • 1900년 한성중학교
특징	평민도 입학 가능	• 통변학교 • 최초의 졸업생 → 남궁억	• 좌원과 우원으로 구성 • 젊은 관리와 양반자제가 입학 • 평민입학 금지	
중단		1886년 육영공원에 흡수	1894년 폐교 → 1895년 한성외국어 학교에 통합 ★ 연무공원 : 1888년 └ 근대식 군사 학교, 미국 교관 초빙 ★ 헐버트 : 사민필지, 아리랑에 음계 붙임 └ 육영공원 교사, 고종 자문 └ 을사늑약 이후 특사 파견 └ 헤이그 특사 건의	★ 근대 교과서 • 국민소학독본 : 최초 • 유년필독 : 현채 1907년

• 선교 학교
  └ 배재학당 : 1885년, 아펜젤러, 최초 선교 학교
  └ 이화학당 : 1886년 최초 여학교
  └ 배화학당, 보성여학교, 숭실학교(1897), 숭의여학교
  └ 경신학교, 정신여학교
• 서전서숙 : 1906년 북간도, 이상설, 최초로 해외 설립
• 명동학교 : 1908년 북간도, 김약연
• 순성여학교 : 1899년 찬양회에서 설립
• 숭실학교 : 1897년 최초의 지방 사립학교
• 대성학교와 오산학교 : 신민회가 설립
  └ 오산학교 : 1907년 이승훈, 정주
  └ 대성학교 : 1908년 안창호, 평양
  └ 신흥강습소 : 1911년 이회영, 서간도
• 보성학교와 동덕여학교 : 천도교에서 운영
• 동창학교 : 1911년, 대종교, 신채호와 박은식 등이 참여
• 전현직 관료 : 흥화학교, 광흥학교, 법률학교 설립
• 양정 의숙(1905년), 교동 소학교(1894년)

2. 근대 언론

	한성순보	한성주보	독립신문	황성신문	제국신문	매일신문	대한매일신보
시기	1883년	1886년	1896년	1898년	1898년 8월	1898년	1904년
중단	1884년 갑신정변	1888년	1899년	1910년	1910년, 2월	1899년	1910년
주도	박문국	박문국	서재필	남궁억	이종일	이승만 등	베델과 양기탁
형식	순한문	국한문(최초)	순한글, 영문	국한문	순한글	순한글	순한글, 영문, 국한문
발행	10일마다 발행	7일마다 발행	주3회 → 일간지	일간신문	일간신문	최초 일간지	일간신문
특징	• 관보 • 최초의 신문 • 회사설 : 1883년	• 관보 • 최초로 상업광고	• 최초의 민간신문 • 정부의 지원(4400원) • 독립협회 비공식 기관지 • 최초의 띄어쓰기 • 의병에 비판적 • 애국가짓기 캠페인	• 여권통문 발행(찬양회) • 독립협회 비공식 기관지 • 시일야방성대곡(장지연) • 오건조약체결전말 • 국채보상운동 전개 • 민영환과 조병세 순국 찬양 • 보안회 지원 • 한·일합방 이후 한성신문 개칭	• 부녀자와 하층민 대상 • 찬양회 홍보 역할	협성회보가 발전	• 신민회 기관지 • 최대 발행 부수 • 을사늑약부인친서(고종) • 시일야방성대곡(장지연) • 독사신론(신채호, 1908년) • 국채보상운동 주도 • 일인불가입 • 박은식이 논설 게재 • 최익현의 의병 보도 • 장인환·전명운 의거 보도 • 안중근 의거 보도 • 의병에 긍정적으로 보도 • 해조신문과 신한민보와 교류

• 만세보 : 1906년~1907년
  └ 천도교, 일진회 비판
  └ 국한문, 고종이 지원
  └ 1906년 이인직의 혈의누 발표
  └ 1907년 일제 매수
• 경향 : 1906년~1910년
  └ 천주교, 순한글
  └ 신문지법으로 중단
• 대한민보 : 1909년~1910년
  └ 대한협회 기관지
  └ 일진회 국민신보에 대항
• 경남일보 : 1909년~1914년
  └ 영남 유생이 발행
  └ 최초의 지방 신문, 국한문
• 해조신문과 권업신문 : 연해주
• 신한민보 : 미국, 대한인국민회
• 코리아리뷰 : 1911년 헐버트
• 신문지법 : 1907년, 언론 탄압

3. 근대 시설

	1880년대	1890년대	1900년대
출판	• 박문국 : 1883년, 정부가 설치, 최초의 근대적 출판사 └ 한성순보 발행 → 갑신정변으로 중단 → 한성주보 발행 • 광인사 : 1884년, 최초의 민간 출판사, 농정신편 출판		
철도		경인선 : 1899년 최초, 일본이 부설 ※ **경인선** : 1899년, 최초의 철도, 일본이 부설, **노량진~제물포** • 미국인 모스에 의해 착공 → 일본이 완공 • 1900년 한강철교 완성 → 서울역까지 ※ 경부 철도 합동 조약 : 1898년 • 철도 부지의 토지 무상 제공 • 영업 이익과 무과세의 불평등 조약	• 러·일전쟁 : 전쟁 수행을 위해서 경부선과 경의선을 부설 ※ 경부선 : 1904년 완공 → 1905년 개통 ※ 경의선 : 1906년 완공 • 평남선 : 1910년 • 호남선 : 1914년, 김제 평야 쌀 수송 목적 • 경원선 : 1914년, 러·일전쟁 때 부설 시도 → 중단 → 1914년 완공 • 함경선 : 1914년~1928년 완공, ×자형 철도 완성
전기	전등 : 1887년 경복궁에 처음 가설	• **한성전기회사** : 1898년, 황실과 미국의 합작 → 1904년 미국 회사가 인수 • **전차** : 1899년, 미국이 완성, 서대문~청량리 [홍릉]	
전신	• 1884년 부산~나가사키에 처음 개통, 일본 • 1885년 인천~서울~의주, 청 • **1885년 전보총국** : 전보(전기신호) 업무 • 초기 : 청과 일본이 담당 → 1895년 전보(총)국 설치 후 정부 담당		
전화		1898년 궁중(경운궁, 미국)에 처음 가설 / 해냄교과서 : 1896년	1902년 민가(한성~인천)에 전화 가설
우편	우정(총)국 : 1884년 설립 → 갑신정변으로 중단	1895년 을미개혁 때 재개(우체사)	1900년 만국우편연합 가입 : 국제 서신 가능
의료	광혜원 : 1885년, 최초의 근대적 왕립 병원 ※ 광혜원 • 알렌이 황실의 지원을 받아 설립 • 활인서와 혜민서를 개편해 홍영식의 집에 설립 • 제중원으로 개칭 → 1904년 세브란스 병원으로 변화 ※ 보구여관 : 1887년, 최초의 여성 전문 병원 └ 최초의 여의사 박에스더가 활동 └ ★ 박에스더 : 이화학당 출신, 미국 유학, 최초의 여의사	위생국 : 1895년 정부가 설립 └ 전염병 예방 규칙 제정, 의료 위생 사업 실시	• 광제원 : 1900년, 정부가 설립한 최초의 근대적 병원 ※ 광제원 • 일반 환자와 죄수들에 대한 진료 담당 • 1907년 대한의원으로 업무 이관 • 세브란스 병원 : 1904년, 제중원을 인수하여 설립한 개인병원 • 적십자병원 : 1905년 대한제국에서 설립 • **대한의원** : 1907년, 광제원의 후신으로 └ 의학, 약학, 산파, 간호과를 두고 의료 요원 양성 └ 서양 의학 중심의 식민지 의료 체계 강화 • 자혜의원 : 1909년, 도립병원의 후신 ※ **지석영** : 종두법 배워 시행, <우두신설> 저술
건축	관문각 : 1888년, 경복궁	• 독립문 : 1897년, 프랑스 개선문 모방 • 정동교회 : 1897년, 최초의 개신교 교회 • **명동성당** : 1898년, 중세 고딕 양식 모방	• 장충단 : 1900년, 을미사변 때 순사한 충신과 열사 제사 • 경운궁 정관헌 : 1900년 • 손탁호텔 : 1902년 서양식 호텔 • 덕수궁 석조전 : 1900년~1910년, 르네상스 양식
기타	• 기기창 : 1883년, 무기 제조 • **전환국** : 1883년, 화폐 발행 [당오전 → 1892년 백동화]		

4. 계몽 사학

목적과 활동	• 목적 : 을사늑약 이후 애국심과 민족의식 고취 목적
	• 전개 : 신채호와 박은식이 중심이 되어 전개
	• 활동
	└ 외국의 흥망사 소개 : 월남망국사, 미국독립사, 이태리 건국 삼걸전
	└ 영웅전 소개 : 을지문덕전, 이순신전 등 편찬
신채호	• 독사신론 : 1908년, 대한매일신보에 발표, 민족 중심 역사 강조　　　※ "동국주족 단군 후예 ~"
	• 중국 중심 화이론 비판, 일본 식민 사관 비판, <국수보존론>을 통해 단군 강조
	• 영웅전 저술 : 을지문덕전, 이순신전, 최도통전 등
박은식	영웅전 편찬 : 동명성왕실기, 천개소문전, 안중근전 등 저술 / 서사건국지, 몽배금태조

★ 월남망국사 : 1910년대 베스트셀러, 현채(국한문), 주시경(순한글), 박은식의 <한국통사>에 영향

※ 기타 근대 역사학
• 현채 : 동국사략(1906), 유년필독(1907, 국사 교과서, 정약용 높이 평가, 안중식이 삽화, 일본이 금지)
• 황현 : <매천야록>, 1910년 한·일합방 때 절명시를 쓰고 자결
• 조선광문회 : 1910년 박은식과 최남선이 조직, 민족 고전을 정리(동국통감, 해동역사 등)
• 장지연 : 애국부인전

5. 국어연구

국한문체 보급	• 갑오개혁 이후 국문 사용 제도화, 국한문 혼용체 사용
	• 유길준 : <서유견문>(1895)을 저술하고, 국한문체 보급에 기여
국문 연구 단체	• 국문동식회 : 1896년, 최초의 국문 연구회, 주시경
	• 국문연구소 : 1907년, 학부에 설치, 주시경과 지석영
	※ 주시경
	└ 배재학당 출신, 독립신문 발행에 참여, 1896년 독립신문사 내에 국문동식회 조직
	└ 1907년 4월 <국문론> 발표, 1907년 국문연구소에서 활동, '한글' 용어 처음 사용
	└ 최현배와 김두봉 등이 제자

※ 국문법서
• 유길준 : 조선문전(1897년~1902년, 최초의 국문법서), 대한문전(1908년)
• 주시경 : 국어문법(1910년), 말의 소리(1914년, 주시경 마지막 저서)
• 이봉운 : 국문정리(1897)
• 지석영 : 신정국문(1905) → 최초 국문 통일안 제시 / 정약용의 아학편 개편(영어 철자 표기 등)

6. 개항 이후 문학의 변화

신소설	• 1906년 이인직의 <혈의누>(만세보)~1917년 이광수 무정(최초 근대적 장편 소설) 전까지 소설
	• 특징 : 순한글, 언문일치, 권선징악의 주제, 자유연애, 신식 교육, 봉건적 윤리 비판, 신분 타파
	• <혈의 누> : 1906년, 이인직, <만세보>에 발표, 최초의 신소설
	• 은세계 : 1908년, 이인직, 원각사에서 신극이라는 이름으로 처음 공연
	• 금수회의록 : 1908년, 안국선 → 1909년 금지
	• 이해조 : 자유종(1910년), 화의 혈
신체시	<해에게서 소년에게> : 최남선, 최초의 신체시, 1908년 <소년>에 실림
미술	• 서양 유화 전래
	• 안중식 : 동양화, 장승업 제자
	• 고희동 : 최초 서양 화가, '자화상', 일본 유학
창가	• 신체시 이전 시가, 전통 가사 + 서양과 일본 음악
	• 애국가, 독립가, 권학가, 경부철도가 등
	• <경부철도가> : 1908년, 최남선, 신문명 찬양
	└ 우렁차게 토하는 기적 소리에 남대문을 등지고 떠나 나가서 빨리 부는 바람 같은 형세니 ~~

★ 근대 기타 문화
• 신극 : 계몽적, 일본 문명 찬양
• 창극 : 판소리를 여러 사람이 배역을 나누어 공연
• 원각사 : 1908년, 최초 서양식 극장, 1909년 공연 중단　　※ 협률사 : 창극 공연 상설 극장, 관립극장
• 활동사진 : 변사가 이야기 풀어가는 형식
• 판소리와 가면극 : 서민 사이에 유행
• 번역 소설 : 천로역정, 걸리버 여행기, 이솝 우화 등
• 이은돌 : 일본 유학, 군악을 익힘
• 서양식 군악대 : 1901년 최초의 서양식 군악대 설치, 에케르트가 대한제국 시기 군악대 지휘
• 대한제국 애국가 : 1902년 독일인 에케르트가 작곡
　└ "상제는 우리 황제를 도우사 성수무강하사 해옥주를 산같이 쌓으시고 위권이 환영에 떨치사 오천만세에 복록이 일신케 하소서 상제는 우리 황제를 도우소서"

7. 종교계의 변화

	천주교	개신교	천도교	대종교	유교
수용	1886년 프랑스와 수교 후 인정	미국과 수교 후 전래	1905년 손병희가 동학을 천도교로 개칭	• 1909년 나철과 오기호 등 • 단군교 → 대종교	• 위정척사 운동 • 대동교 : 1909년 박은식(유교구신론)
활동	고아원, 양로원 등 사회 사업	• 서북 지방 중심 • 선교사 입국 전 교회 설립 • 세브란스 병원 : 1904년		일제 탄압으로 만주로 이동	대동학회 : 1907년 친일단체
학교		학교 설립 : 배재, 이화, 숭실 등	보성학교, 동덕여학교 운영	만주 환인 지방 동창학교	
신문	1906년 경향		• 1906년 만세보, 천도교회월보 • 보성사 : 출판사		
문화	• 1892년 약현성당(서소문) • 1898년 명동성당(고딕 양식)	• 소래교회 : 1883년 서상륜, 황해도 • 정동교회 : 1897년 최초 개신교 건축 • 1907년 대부흥운동 : 평양, 장대현 교회 • 동양전도관 : 1907년 친일단체 • 황성기독교청년회 : 1913년 YMCA 전신	• 일제 강점기 어린이, 개벽, 신여성 발행 • 1921년 천도교 소년회 : 방정환 • 1922년 어린이날 제정 : 5월 1일 • 1923년 <어린이> 발행 / 색동회		
독립운동	의민단 조직 : 청산리 전투 참여	신사 참배 거부 운동 전개 └ 주기철 목사 순교, 숭실과 숭의여학교 폐교	• 1919년 3 · 1운동 주도 • 1922년 자주호국선언 : 제2의 3 · 1운동	• 자신회 : 나철 1907년 • 중광단 : 1911년 서일 • 북로군정서군 : 1919년, 서일, 김좌진 • 신민부 : 1925년, 김좌진 등	파리장서사건 : 파리강화회의, 독립요청
기타	이재수의 난 : 제주도				

8. 의식주의 변화

의생활	식생활	주거생활	기타 문화
• 서양식 의복, 단발령 실시 • 갑오개혁 이후 : 관리와 군대 복장 서양식 • 신분에 따른 의복 차별 사라짐 • 민간 : 간소화된 한복, 양복과 양장 • 여자 : 외출 시 쓰던 장옷과 쓰개치마 사라짐 → 양산 착용 • 남자 : 두루마기와 마고자, 조끼 유행	• 고종 : 서양식 요리와 커피 • 상류층 : 커피 즐김 • 민간 : 청요릿집(중국), 어묵과 초밥(일본) 소개 • 남녀 구분하지 않고 함께 식사 • 독상이 아니라 겸상과 두레상 등장 • 커피와 우유, 설탕, 홍차, 빵, 케이크, 과자 전래	• 2층 이상의 벽돌 건물 등장 • 한계 : 일부 상류층을 중심으로이었고 서양식 주택이 등장, 일반 민중과는 거리만 멀었다.	• 야구, 축구, 테니스 등 보급 • 면제품과 석유 등 보급 • 서양 상품 보급 　└ 양복, 양말, 양동이, 양잿물 등 • 석유와 성냥 전래 : 등잔불 → 남포등 • 회충약 전래

일제 강점기

1. 일제 침탈 과정

러·일 전쟁	1904. 2	• 1904년 1월 고종은 러·일전쟁 발발 직전 국외 중립 선언 • 독일과 청은 고종의 국외 중립을 승인, 일본은 이를 부정 • 1904년 2월 9일 일본의 기습으로 러·일전쟁 발발 • 2월 10일 일본이 러시아에 선전포고(미국과 영국은 일본 지원)
한·일 의정서	1904. 2. 23	• 이지용 + 하야시, 6개 조항 체결 • 군사기지 사용, 시정개선에 일본 정부의 충고를 수용할 것 • 제3국과 조약 체결 시 일본 동의 필요, 일본이 황무지 개간권 요구 • 항해권, 어업권, 통신망 부설권 • 일본은 한국의 독립과 영토 보전 보증
제1차 한·일 협약 (한·일 협정서)	1904. 8	• 하야시와 윤치호가 체결, 황무지 개간권을 철회하는 대신 고문 초빙 강요 • 고문정치 : 재정 고문에 일본인 메가다, 외교 고문에 미국인 스티븐스 • 불법적으로 다수 고문 파견
국제 사회 묵인	1905년	※ 1905년 2월 : 독도를 불법으로 편입(시네마현 고시, 다케시마) ※ 가쓰라 테프트 밀약 : 7월, 미국은 필리핀 독점 → 제2차 영·일동맹 : 8월, 영국은 인도 독점 → 포츠머스 강화조약 : 9월, 러·일전쟁 종결, 러시아가 일본의 한국 지배 인정 └→ 러시아군이 만주에서 철군, 사할린 남부를 일본에 양도
을사늑약 (2차 한·일 협약)	1905. 11	• 체결 : 이토 히로부미와 하야시가 외부대신(박제순) 인을 가지고 덕수궁 중명전에서 체결 • 반대 : 고종은 인준하지 않음, 한규설과 민영기도 반대 • 통감 정치(초대 통감은 이토 히로부미) • 1906년 2월 통감부 설치(남산에 통감부 청사 설치) • 이사청 설치 : 지방 통치 목적, 서울과 인천, 부산 등에 설치 • 외교권 박탈 : 미국은 주한 공사관 폐쇄, 다른 나라들도 공사를 철수 ★ 을사오적 : 이완용, 이지용, 박제순, 권중현, 이근택
↓		※ 1907년 6월 헤이그특사 파견: 이상설, 이준, 이위종 (네덜란드, 만국평화회의) → 고종의 강제 퇴위, 순종의 즉위
정미 7조약 (한·일 신협약)	1907. 7	• 차관정치 : 일본인을 한국 고등 관리로 임명 • 군대 해산, 악법 제정 • 시정개선 : 통감 지휘 • 법령제정·행정처분 : 통감의 승인 • 통감이 추천하는 일본인을 한국 관리로 임명
기유 각서	1909. 7	• 사법권 박탈과 감옥 사무 박탈, 사법청 설치, 법부와 군부 폐지 • 한국의 사법과 감옥 사무는 완비되었다고 인정되기까지 일본 정부에 위탁한다.
↓		※ 1910년 6월 경찰권을 박탈 → 헌병 경찰제 실시
한·일 합병	1910. 8. 29	• 일진회 합방 청원으로 총리대신 이완용과 통감 데라우치가 체결, 순종의 위임장 × • 주권 박탈 후 총독 정치 실시 ※ 러시아, 영국, 프랑스가 합방 승인 • 황현 : 절명시를 쓰고 자결 • 한·일 합방 이후 고종은 이태왕(덕수궁), 순종은 이왕(창덕궁)으로 격하

※ 러·일 간의 분할 협상
• 1902년 1차 영·일 동맹 이전 : 일본이 러시아에 38도선 분할 제의 → 러시아 거절
• 1902년 1차 영·일 동맹 이후 : 러시아가 39도선 중립 지대 제의 → 일본이 거절

※ 용암포 사건 : 1903년, 러시아가 용암포 및 압록강 하구를 점령하고 조차 요구

〈한·일 의정서〉
• 일본 제국 정부는 군사상(전략상)의 필요한 지점을 임기 수용할 수 있게 할 것
• 시정개선에 대해 일본 정부의 충고를 받아들일 것
• 제3국과 조약 체결 시 일본 정부의 동의를 받을 것
• 양국 정부는 서로 승인을 얻지 않고 본 협정에 위반하는 협약을 제3국과 개정할 수 없다.
• 일본 정부는 한국의 독립과 영토 보전을 보증한다.

〈제1차 한·일 협약〉
1. 대한 정부는 일본 정부가 추천한 일본인 1명을 재정 고문으로 삼아 대한 정부에 용빙하여 재무에 관한 사항은 일체 그의 의견을 물어서 시행해야 한다.
2. 대한 정부는 일본 정부가 추천한 외국인 1명을 외교 고문으로 삼아 외부에 용빙하여 외교에 관한 중요한 사무는 일체 그의 의견을 물어서 시행해야 한다.

〈을사늑약〉
• 일본국 정부는 한국과 타국 간에 현존하는 조약의 실행을 완전히 하는 임에 당하고, 한국 정부는 금후에 일본 정부의 중개에 유치 아니하고, 국제적 성질을 유하는 하등 조약이나 우 약속을 아니함을 약함. 일본국 정부는 그 대표자로 하야 한국 황제 폐하의 궐하(闕下)에 1명의 통감을 치하되 통감은 전혀 외교에 관하는 사항을 관리함을 위하여 경성에 주재하고 친히 한국 황제 폐하에게 내알하는 권리를 유함.

〈정미 7조약〉
• 시정개선에 대해 통감의 지휘를 받을 것
• 통감이 추천하는 일본인을 한국 관리로 임명할 것
• 한국 정부의 법령 제정과 중요한 행정상의 처분은 미리 통감의 승인을 받을 것
• 한국 고등 관리의 임명은 통감의 동의에 의한다.
• 한국 정부는 통감의 승인 없이 외국인을 한국 관리로 채용하지 않는다.
• 1904년 8월 27일 조인된 한·일협약 제 1항을 폐지한다. (고문정치 폐지)

〈한·일 합병 조약〉
한국 황제 폐하는 한국 전부에 관한 일체의 통치권을 완전, 또 영구히 일본국 황제 폐하에게 양여한다.

2. 을사늑약에 대한 민족의 저항

상소와 자결	• 상소 : 이상설, 조병세, 법부주사 안병찬 • 자결 : 민영환, 홍만식, 조병세, 이건석
언론	• 황성신문 : 장지연의 '시일야방성대곡'(최초) • 대한매일신보 : 1907년 1월 영국 신문 기사 인용하여 고종의 '을사늑약부인친서' 게재 / 장지연의 '시일야방성대곡' 게재 ★ 장지연 〈시일야방성대곡〉 아! 저 돼지와 개만도 못한 소위 정부 대신이라는 자는 자기네의 영리만을 생각하고 위협에 눌려서 스스로 머뭇거리고 벌벌 떨면서 나라를 팔아먹는 도적이 되어, 3천리 강토와 500년 종사를 들어 타인의 손에 바치어 2천만 생명은 모두 남의 노예 노릇을 하게 되었다. … (중략) … 아! 분하다. 우리 2천만 동포여 살았느냐 죽었느냐. 단기 이래 4천년 국민 정신이 하룻밤 사이에 망하고 말았구나.
항일의거	• 1906년 : 기산도, 을사오적 처단을 위한 결사대 조직 → 사전 발각 　└ 군부대신 이근택의 집을 습격 • 1907년 : 나철과 오기호는 오적 암살단(자신회) 조직 → 매국노와 일진회 습격 • 1908년 : 장인환과 전명운 → 미국인 외교 고문 스티븐스 사살 • 1909년 10월 안중근 → 만주 하얼빈에서 이토 히로부미 저격 • 1909년 12월 이재명 → 명동성당에서 이완용 습격 ★ 안중근의 〈장부가〉 장부가 세상에 처함이여 그 뜻이 크도다 때가 영웅을 지음이여 영웅이 때를 지으리로다. 천하를 크게 바라봄이여 어느 날에 업을 이룰꼬 동풍이 점점 차가워짐이여 장사의 의기는 뜨겁도다. 분개함이 한번 뻗치니 반드시 목적을 이루리로다. 도적쥐새끼 이등(이토 히로부미)이여 그 목숨 어찌 사람 목숨이고, 어찌 이에 이를 줄 알았으리 도망갈 곳 없구나. 동포여 동포여 어서 빨리 큰일 이룰지어다. 만세, 만세! 대한 독립 만세, 만만세! 대한 동포
항일의병	민종식(충청도 홍주성 점령), 최익현(전라도 태인), 신돌석(평민 의병장, 경상도, 강원도, 동해안 일대, 태백산 호랑이)
헤이그 특사	• 파견 : 헐버트의 건의 → 1907년 6월, 네덜란드 헤이그 만국 평화 회의에 이상설, 이준, 이위종 파견 • 결과 : 영국과 일본 방해로 회의 참석 ×, 이위종은 국제 기자 협회에서 연설, 이준 열사 자결 → 이를 계기로 일본은 고종을 강제 퇴위 ★ 헐버트 　└ 육영공원 선생, 〈사민필지〉 저술 　└ 고종의 특사로 미국 파견 : 을사늑약 무효임을 알리려고 함 → 실패 　└ 헤이그 특사 파견 건의, 헤이그에 파견되어 '회의시보'에 한국 대표단의 호소문을 싣도록 노력
★ 황현	• 1910년 한 · 일 병합 때 절명시를 쓰고 자결 ★ 황현 〈절명시〉 난리통에 어느새 머리만 허예졌누 그 몇 번 목숨을 버리렸건만 그러질 못했던 터 하지만 오늘은 정녕 어쩔 수가 없으니 바람에 흔들리는 촛불만이 아득한 하늘을 비추는구나 새짐승 슬피 울고 산과 바다도 찡기는 듯 무궁화 삼천리가 다 영락하다니 가을밤 등불 아래 곰곰 생각하니 이승에서 식자인 구실하기 정히 어렵네

★ 〈민영환의 유서〉(1905년 11월 4일)
슬프다! 나라와 민족의 치욕이 이 지경에 이르렀으니 우리 인민은 장차 생존 경쟁 속에서 다 죽게 되었구나. 구차하게 살고자 하는 자는 반드시 죽고, 죽기를 각오한 자는 도리어 살게 되나니 … (중략) … 죽음으로 임금의 은혜를 갚고 이천만 동포 형제에게 사죄하노라.

★ 안중근
　└ 황해도 해주 출신으로 한학과 천주학 공부
　└ 천주교에 입교하여 토마스라는 세례명을 받음
　└ 1907년 국채 보상 운동 → 국채 보상 기성회 관서 지부장으로 활동
　└ 돈의 학교, 삼흥 학교 등을 설립하여 구국 영재를 양성
　└ 정미의병 당시 강원도에서 의병을 일으키기도 하였다.
　└ 1909년 동지 11인과 단지동맹 결성
　└ 연해주에서 의병 활동
　└ 1909년 10월 만주 하얼빈에서 이토 히로부미 사살
　└ 〈동양평화론〉 : 뤼순 감옥에서 일본의 침략을 비판 → 미완성
　└ 효창공원에 안중근 의사의 가묘가 있음
"대한의군의 참모 중장으로 독립전쟁의 일환으로 이토를 죽였으니 형사범이 아니라 전쟁 포로로 대우하라!"

★ 이상설
　└ 1906년 북간도에 서전서숙을 설립
　└ 이승희와 함께 밀산부에 독립운동 기지인 한흥동을 설립
　└ 1910년 연해주 13도 의군 참여
　└ 1910년 성명회 참여
　└ 1911년 연해주에서 권업회를 조직
　└ 1914년 이동휘와 함께 연해주에 대한 광복군 정부를 수립

1. 일제 침탈 과정

	1910년대	1920년대	1930년대
	무단 통치(헌병 경찰 통치)	문화 통치	민족 말살 통치
배경	배경 : 한·일 합방 이후 독립운동 탄압	• 배경 : 1919년 3·1운동 이후 친일파 양성을 위해 민족 회유책 실시 　└ 교풍회, 유도 진흥회, 연정회 등 친일 단체 조직 • 과정 : 1919년 헌병경찰제도 폐지, **문화정책 공포**(사이토 총독)	• 배경 : 1929년 경제공황 이후 대륙 침략 시도 • 1931년 만보산 사건(완바오산), 유조구 사건 → 만주 사변 • 1933년 일본, 국제연맹 탈퇴 • 1937년 노구교(루거우차오) 사건 → 중일전쟁 • 1941년 진주만 습격 → 태평양 전쟁
통치 방식	총독 정치 └ 총독은 일본군 대장 출신, 천황 직속 └ 의회와 내각 간섭 없이 전권 행사(외교 ×) └ 정무총감(행정), 경무총감(치안) 담당	• 총독 : 문관총독 임명 허용 → 임명한 적 없음 ※ 조선 총독부 청사 : 경복궁 1926년 완공 　└ 광복 이후 중앙청(대통령 집무실) → 1986년 국립 중앙 박물관으로 활용 → 1995년 철거 • 친일 단체 조직, 총독부의 관리나 학교 교장직에 한국인 임명, 중추원 확대 • 도평의회와 부면협의회 설치 : 일정한 금액을 세금 내는 친일파에게 선거권 부여, 의결권 ×	• 황국신민화 정책 : 일선동조론, 내선일체, 궁성요배 강요, 봉안전 예배 　└ 1936년 신사참배 　└ 1938년 황국신민서사 암송 　└ 1939년 애국일 제정 　└ 1940년 창씨 개명 강요
경찰제	• 헌병 경찰 제도 : 헌병이 각 도의 경찰 지휘 • 일본군 2개 사단이 주둔 • 각 도에 헌병 경찰과 보조원 20만 명 배치 • 경찰서·주재소·헌병 분견소·파출소 설치 • 지방 : 13도 - 12부 - 220군 - 현·면	• 보통경찰제 실시 → 인원과 장비 증가, 감옥 증가, 고등 경찰제 • 서대문 형무소 : 1923년 • 1군 1경찰서, 1면 1주재소 제도 확립 → 경찰관 수 대폭 증가	• 1936년 조선 사상범 보호 관찰령, 집회와 결사를 허가제 • 1938년 조선 사상 보국 연맹 조직, 교원과 공무원 제복 착용 지시 • 1940년 조선일보와 동아일보 폐간, 조선 영화령 제정 • 1941년 조선 사상범 예비(예방) 구금령 제정 • 1942년 조선어학회 사건
민족 통제	• 언론과 출판, 집회, 결사의 자유 박탈 • 공포 정치 : 관리와 교원 제복과 착검 • 범죄즉결례(1910년), 경찰범 처벌 규칙(1912년) • 태형령(1912~1920) : 한국인에게만 적용 • 105인 사건(1911년, 신민회 해산) • 대한매일신보 → 매일신보 • 호적 정리(조선민사령 1912), 사찰령(1911)	• 치안유지법 : 1925년 사회주의 탄압을 위해 제정 → 민족운동 탄압 • 식민사관 정립 : 1925년 조선사 편수회 설치 　└ <조선사> 편찬 시도(1938년 완간) 　└ 정체성론, 타율성론, 당파성론 등	★ **국가 총동원제** 실시 → 국민정신 총동원 운동(국민정신총력운동) 　└ 1938년 2월 육군특별지원병제 발표 　└ 1938년 4월 국가총동원법 발표 : 인적자원과 물적자원 수탈 　└ 1938년(1940년) 산미증식계획 재개 / 가축증식계획 　└ 1938년 국민정신 총동원 조선 연맹 → 1940년 국민정신 총력 연맹 　└ 1939년 국민징용령(모집) → 1940년 알선 　└ 1939년 미곡 공출제, 미곡 배급제 → 1944년 쇠붙이 공출제 　└ 1941년 근로보국대를 조직하여 노동력 징발 　└ 1943년 학도지원병제, 강제 징병제 공포 　└ 1944년 강제 징병, 강제 징용, 여자 정신대 근무령
회유책	• 중추원 설치 ★ 중추원 　└ 총독구 자문기구, 의결권은 없음 　└ 이완용, 송병준 등의 친일파 참여 　└ 3·1운동 때까지 한 차례도 개최 × • 유생 회유 : 은사금 지급	(표 참조)	※ 위문 금품 모금과 국방헌금 강요, 폐품 수집 강요, 세금 신설 ※ 1940년대 저축을 강요하여 세금으로 수탈 ※ 애국반 : 10호 단위, 반상회에서 애국 저금 강요, 일장기 게양, 신사참배 ※ 애국일 : 매월 1일, 신사참배 의무화
경제	• 1910년 12월 : 회사령 → 회사 설립 허가제 • 1911년 : 어업령, 산림령, 조선 은행법(← 한국 은행) • 1912년~1918년 : 토지조사사업 • 1915년 : 광업령, 조선 물산 공진회(경복궁) • 1918년 : 임야 조사령, 식산은행 설립 • 인삼 등 전매, 철도, 항만, 통신과 도로 독점	• 1920년 : 산미증식계획 실시 → 1차(1920년~1924년), 2차(1926년~1934년) • 1920년 : 회사령 폐지(허가제 → 신고제), 미쓰이, 미쓰비시, 노구치 등 대기업 진출 • 1921년 : 연초 전매령(담배 전매 제도) • 1923년 : 관세 철폐 • 1926년 : 함경도 부전강 발전소, 1927년 흥남 질소 비료 공장 설립(노구치) • 1928년 : 신은행령 → 다수의 한국 은행이 일본 은행으로 합병	• 병참기지화 : 대륙 침략을 위한 군수 물자 공급 기지화 • 남면북양 정책 : 방직 자본의 원료 수탈 • 농촌진흥운동 : 1932년~1940년 　└ 목적 : 농가갱생 → 중일전쟁 이후 전시 농산물 확보 　└ 1932년 소작 조정령, 1934년 조선 농지령 제정 • 중소기업정리령 : 1942년
교육	1차 조선 교육령 : 1911년	2차 조선 교육령 : 1922년	3차 조선 교육령(1938년) → 4차 조선 교육령(1943년)

회유책 (1920년대 문화 통치)

	회유책	실상
총독	문관 총독 임명 허용	임명한 적이 없음
경찰	보통경찰제 실시	인원과 장비 확대, 감옥 증가 고등경찰제, 치안유지법(1925)
언론	1920년 조선일보, 동아일보 발행	허가제, 검열과 기사 삭제 등
문화인	태형령 ×, 제복과 착검 폐지	1923년 관동 대학살
정치 참여	도평의회, 부면협의회 등 설치	친일파 참여, 의결권 ×
교육	3면 1교 민립대학 설립 허용	보통, 기술교육 → 고등 교육 × 경성제국대학 설립(1924)

	토지 조사 사업	산미 증식 계획	병참 기지화와 남면북양 정책
시기	1912년~1918년	• 1차 : 1920년~1924년 • 2차 : 1926년 조선농회령 제정 후 실시~1934년 중단	1930년대 이후
목적	• 표면적 목적 : 근대적 토지 소유권 제도 확립 • 실제 목적 : 토지 약탈과 지세 수입 확보	한국에서 쌀 생산 증식 → 일본 내 쌀값 안정	• 병참 기지화 : 군수 물자 공급 기지 • 남면북양 : 방직 자본의 공업원료 수탈
방법	기한부 신고제 : 기한 내 수조, 소재, 등급 등을 신고	단작형 농업구조 개편, 수리 시설의 확대와 품종 교체, 화학 비료 사용	

과정	• 1910년 임시 토사 조사국 설치
	• 1912년 토지 조사령 및 시행 규칙 발표
		• 증식 목표 달성은 실패(어느 정도 쌀 생산 증가)
		• 일본으로 쌀 수탈은 계획대로 수탈
		• 조선 내 쌀 부족 → 만주에서 잡곡 수입
			• 병참기지화
			  ↳ 북부 지방(군수 공장 건설), 남부 지방(경공업 중심)
			  ↳ 광산 개발 : 1930년대 금광, 1940년대 중석 광산 개발
			  ↳ 중일전쟁 이후 군수 산업 위주로 개편, 소비재 위축
			  ↳ 중요 산업 통제법 : 총독부가 주요 업종 통제(지하자원 개발,
			     가공 공업, 인조 석유 공업)
			• 남면북양 정책 : 남쪽에서는 면화, 북쪽에서는 양을 키움

농촌 변화	• 농민들의 토지 신고 기피 → 토지를 약탈 당하고 소작농 전락, 해외 유랑 • 자작농 감소, 소작농 증가, 자소작농은 증가하다 감소 • 소작권, 입회권, 도지권, 경작권 등 부정 → 계약직 소작농으로 전락	• 농민들을 수리조합에 강제 가입 → 증식 비용을 농민들이 부담 • 수리조합비를 내지 못한 농민의 토지 약탈 → 일본이 지주가 매입 • 일부 지주는 쌀을 판매하여 이득을 보고, 소유지를 넓힘 • 농민들은 몰락하여 화전민이 되거나 토막민으로 전락, 해주 이주	
지주의 변화	• 지주 계층 증가 : 조선인 지주 + 일본인 지주 • 지주의 소유권 강화 → 친일파 • 지주에게 유리한 정조법, 집조법, 타조법 등 고율의 소작제 인정	• 농민들의 토지를 지주가 매입 → 일본인 지주와 한국인 지주의 토지 확대 • 지주가 증식 비용을 소작농에게 전가 → 소작료 증가 → 소작 쟁의 증가 • 경제공황과 1930년 일본 쌀 풍년으로 한국 내 쌀값 폭락, 농민들이 타격을 봄 ※ 1920년대 일본인 지주의 토지 확대에 편승해 한국인 지주도 토지 확대 ※ 1920년대 후반 이후 1정보 이상의 한국인 지주 감소	※ 하시마섬 : 군함도 ↳ 1940년대 많은 한국인들이 강제 징용 동원

총독부	• 통감부가 국유지로 편입한 황실 소유 토지를 총독부가 소유
	• 총독부가 최대 지주 : 40%의 토지 소유
	• 총독부의 지세 수입 증가, 식민지 지주제 강화
	• 약탈 토지는 동양 척식 주식회사(1908)와 불이흥업에서 관리
	  ↳ 총독부 토지를 넘겨받아 최대 지주
		☆ 철도
		• 1899년 경인선 → 1905년 경부선 → 1906년 경의선
		• 1910년 평남선 : 평양~진남포
		• 1914년 호남선 : **호남지방의 쌀과 면화 수송**
		• 1914년 경원선 : 함경도 지방의 광산물을 일본에 수송
		• 1914년~1928년 : 함경선, ×자형 철도 완성
			☆ 전시 경제 정책과 수탈 정책
			• 세금 신설, 위문 금품과 국방헌금, 소비 통제
			• 산미증식계획 재개, 연료 수탈(소나무, 송진 채취)
			• 미곡·쇠붙이 공출, 식량 배급제
			• 식량 배급 감소 : 풀뿌리, 나무껍질, 콩깻묵을 식용 사용
			• 소비 통제 : 식생활의 결전화, 물자 절약
			  ↳ 하루에 죽 한 그릇 먹기, 남은 반찬 먹기, 절미운동
			• 생필품 부족으로 암거래 성행으로 물가 상승

1차 조선 교육령	2차 조선 교육령	3차 조선 교육령	4차 조선 교육령
1911년	1922년	1938년	1943년
우민화 교육		황국신민화 교육	

• 일본어를 국어, **우리말은 조선어**
• 일본어와 역사 강조
• 보통·기술 교육 위주, 수신 교육 강조
• 의무 교육 ×, 대학 설립 ×
• 조선어를 제외한 모든 교과서를 일본어 편찬
• **보통학교 수업연한을 4년으로 축소**
• <u>민족교육 탄압</u>
  ↳ 1911년 사립학교 규칙, 1918년 서당규칙
	• **조선어 필수 과목 지정**
	• 일본어·역사 교육 강화
	• 보통학교와 고등 보통학교 증설 : **3면 1교**
	• 일본인 학교와 한국인 학교의 명칭과 계통 구분
	• 보통학교는 6년, 고등 보통학교는 5년, 여자 고등보통학교는 4년
	• 민립대학설립운동 방해 : 1924년 **경성제국 대학 설립**
		• 조선어 수의(선택)과목, 황국신민서사 암송 강요, 1면 1교(황국신민화교육 강화)
		• **학교 명칭 변경** : 일본인 학교와 통일
		  ↳ 보통학교 → 소학교
		  ↳ 고등 보통학교 → 중학교
		  ↳ 여자 고등 보통학교 → 고등여학교
		☆ 1941년 소학교를 국민 학교로 개칭 → 1996년 김영삼 정부 때 초등학교
			• 조선어 과목 금지
			• 수업연한 축소
			  ↳ 중학교와 고등여학교 : 4년
			• 군사 교육 강조
			• 일본어만 사용

1. 국내 : 비밀결사

	독립의군부	대한광복회		대한광복단	조선국권회복단	조선국민회	송죽회	기성단
조직	1912년~1916년	1915년~1918년		1913년~1915년	1915년	1915년	1913년	1913년
지역	전라도	대구		경북 풍기	경북지역, 대구	평양	평양	평양
주도	임병찬이 고종의 밀지로 조직	• 박상진과 김좌진 등이 조직 • [풍기]대한광복단 + 조선국권회복단의 인사들이 조직 • 의병 계열 + 애국 계몽 운동 계열		채기중과 의병 출신	윤상태와 이상일	• 숭실학교 출신 장일환 • 기독교 청년들이 주도	• 숭의여학교 교사 • 송죽결사대	대성학교 출신
목표	복벽주의	공화주의		공화주의	공화주의	공화주의		
활동	• 국권반환요구서 전달(시도) • 전국적 의병 투쟁 계획	• 군부대 조직 → 만주에 무관학교 설립 시도, 독립 전쟁 목표 • 군자금 모금, 전국적 조직망 확대 → 국내와 만주에 지부 설치 • 광산과 우체국 습격, 행형부 설치(친일파 장승원과 박용하 사살) • 김좌진 등 일부 회원이 만주로 이동 무장 투쟁		• 전투적 성향 단체 • 무기구입, 군자금 모집	• 3·1운동에 참여 • 해외 단체와 연계	• 대조선국민군단의 국내 조직 • 3·1운동 참여 • 군자금 모금, 무기 구입 • 만주에 독립군 기지 건설 시도	• 애국 계몽 • 자금 지원	비밀조직
기타	★ 의병 : <u>1915년 채응언의 부대가 발각되기 전까지 국내 의병 투쟁 지속</u> └ <u>1907년~1915년까지 의병 투쟁, 서북지방, "의로써 죽는 것이 기쁘고 여한이 없다."</u>			※ 조선산직장려계 : 1915년 서울, 교사 중심/ 자립단 : 1915년 함남 단천. 청년교육, 개신교 중심의 계몽단체 ※ 선명단 : 1915년, 암살목적, 복벽주의 / ※ 민단조합 : 1915년 복벽주의 / 대동단(1919년) : 전협, 의친왕 왕 추대, 복벽주의				

2 국외 : 독립운동 기지

	연해주	북간도	서간도(남만주)	중국	미주 지역
단체	• 한민회 : 1905, 해조신문 • <u>성명회</u> : 1910, 이상설, 유인석, 13도 의군 중심 └ "광복의 그날까지 피의 투쟁 결의" • <u>권업회</u> : 1911, 홍범도, 유인석, 이상설, 신채호 등 └ 초대 회장 : 최재형(안중근 지원, 임정 재무부장)	• 중광단 : 1911년, 대종교, 서일 • 간민교육회 : 1911년 이상설, 김약연 └ 1913년 간민회 └ 1919년 <u>대한국민회</u>, 공화주의	• <u>경학사</u> : 1911년, 삼원보, 신민회, 이회영 등 └ <u>부민단</u> : 1912년, 백서농장 └ <u>한족회</u> : 1919년, 서로군정서군 • 보약사 : 1913년, 유인석 └ 1919년 대한독립단	• <u>동제사</u> : 1912년, 상해 └ 신규식, 임시정부 참여 • 대동보국단 : 1915년, 신규식 + 박은식 └ <진단> 발행	• <u>공립협회</u> : 1905년 └ 샌프란시스코, 안창호 └ 공화주의, 신한민보 • 한인합성협회 : 1908, 하와이
군사 단체	<u>대한광복군 정부</u> : 1914년 └ 이상설(정통령), 이동휘(부통령)	• <u>대한정의단</u> : 1919년 중광단이 조직 └ <u>북로군정서군</u> : 김좌진, 대종교, 임정 소속 • 국민회군 : 대한국민회 부대	서로군정서군 : 1919년 사령관(지청천)		<u>대조선 국민군단</u> : 1914 └ 박용만, 하와이 └ 한인소년병학교 출신
정당	• <u>한인사회당</u> : 1918년 하바롭스크, 이동휘 • 이르쿠츠크파 고려 공산당 : 1921년	★ <u>무오 독립 선언(대한 독립 선언, 조소앙)</u> 우리 같은 마음, 같은 덕망의 2천만 형제 자매여! 단군 대황조는 상제에게 좌우로 하명하고 우리들에게 기 운을 내렸다. 세계화 시대는 우리에게 복리를 내리려 한다. 정의는 무적의 칼이니 이에 하늘에 거스르는 마 귀와 도국의 적을 한손에 도결하라!	★ 이회영 우리 집 어른(이회영)은 옛날 범절을 따지지 않고 위 아래 구분 없이 뜻만 같으면 악수하여 동지로 대접하 였다. …… - 이은숙, (이회영 부인) <독립운동가 아내의 수기-서간도 시종기> -	• <u>신한혁명당</u> : 1915년, 이상설, 이동휘 • <u>신한청년당(단)</u> : 1918년, 동제사 중심 └ 상해, 여운형, 김규식, 김구 └ 김규식 : 파리 강화 회의 대표 └ 여운형 : 윌슨에게 독립 청원서 제출	★ <u>흥사단</u> : 1913년 └ 안창호, 샌프란시스코 └ 잡지 <동광> 발행
통합 단체	• 1917년 전로한족대표자회의 → 전로한족중앙총회 • 1919년 <u>대한국민의회</u> └ <u>손병희</u>, 3·1운동 때 만세 시위 전개 └ 최초의 임시정부, 대통령 손병희		• 1910년 이회영 가족 이주 • 1911년 이상룡, 김동삼 가족 이주 └ 안동 임청각 : 생가	★ <u>대동 단결 선언(1917년)</u> 융희 황제가 삼보(영토·인민·주권)를 포기한 경술 년(1910) 8월 29일은 즉 우리 동지가 이를 계승한 8월 29일이니, …	<u>대한인국민회</u> : 1910년 └ 공립협회 + 한인합성협회 └ 샌프란시스코, 공화주의 └ 만주, 연해주 등 지부 건설 └ 신한민보(박용만 주필) 발행
학교	1911년 한민학교 : 한민회가 조직	• 서전서숙 : 1906년, 이상설, 용정촌 • 명동학교 : 1908년, 김약연, 명동촌	신흥강습소 : 1911년, 이회영 등 └ <u>신흥무관학교(1919~1920)</u>		
기타	• <u>1937년 소련 당국에 의해 중앙아시아 강제 이주</u> • 한흥동 : 밀산부, 이상설 • 한민학교, 권업회에서 권업신문 발행	• 용정촌 : 1906년 이상설 • 무오 독립 선언(대한 독립 선언) : 1919년 2월 └ 선언문 : 조소앙, 육탄혈전 강조	• 이회영 등의 신민회 인사들이 이주 • 광정단 : 1923년 김성극이 중심	대동 단결 선언 : 1917년 └ 임시정부 수립 강조(공화주의) └ 신규식·박은식·신채호·조소앙·박용만 등	<u>미국 이민</u> : 1903년부터 ※ 승무학교 : 1910년, 멕시코 ※ 조선청년독립단 : 일본
		1919년 2월 : 간도, 대한 애국 부인회에서 대한 독립 여자 선언서(순한글) 발표			

배경

- 민족 자결 주의(윌슨, 파리 강화 회의) : 1918년. 패전국 식민지 독립 약속
- 해외 만세 운동 : 대한 독립 선언, 2·8 독립선언
  - └ 무오 독립 선언(대한 독립 선언) : 1919년 2월 만주, 선언문(조소앙, 육탄혈전)
  - └ 2·8 독립 선언 : 1919년, 조선청년독립단 일본, (선언문 : 이광수)
    - └ 1919년, 일본, 송계백 등이 조직
  - └ 대한 독립 여자 선언서 : 1919년 2월, 간도, 대한애국부인회 중심
- 파리 강화 회의에 신한청년당이 김규식 파견, 연해주 민족 대표 파리에 대표단 파견
- 고종의 독살설 등

<무오 독립 선언>(대한 독립 선언)

우리 같은 마음, 같은 덕망의 2천만 형제 자매여! 단군 대황조는 상제에게 좌우로 하명하고 우리들에게 기운을 내렸다. 세계화 시대는 우리에게 복리를 내리려 한다. 정의는 무적의 칼이니 이에 하늘에 거스르는 마귀와 도국의 적을 한손에 도결하라! 이로써 4천 년 조종의 광휘를 드높이고 이로써 2천만 적자의 운명을 개척하라.

<2·8 독립 선언>

우리 민족의 유일한 정당한 방법은 우리 민족의 자유를 추구하는 것이며 그래서 만약 그것이 성공을 보지 못할 때에는 - 만약 우리 민족의 정당한 요구에 응하지 않을 때에는 부득이 일본에 대해 영원한 혈전을 선포하게 될 따름이다.

준비

- 종교계인사들이 중심 : 고종의 장례일에 시위 준비, 3원칙(대중화, 일원화, 비폭력)
- 학생들의 준비 : 독자적 시위 준비
- 종교지도자와 학생들이 단일지도부 조직 → 독립선언서 작성(기미독립선언서)

- ☆ 독립 선언서(기미 독립 선언서)
- **민족대표 33인의** 이름으로 작성 (기독교 16명, 천도교 15명, 불교 2명)
  - └ 기독교 이승훈 + 천도교 손병희 + 불교 한용운 등
- 본문은 최남선, 공약삼장은 한용운 / 보성사 사장 이종일이 독립선언서 인쇄·배포
- 유교는 대표 × → 파리 장서 사건(파리 강화 회의에 한국 독립 요구 서신 발송)

<독립 선언서>

오등은 자에 아 조선의 독립국임과 조선인의 자주민임을 선언하노라. 반만년 역사의 권위를 장하여 차(此)를 선언함이며, 이천만 민중의 성충을 합하여 차를 포명함이며,

<공약삼장>

─. 금일 오인의 차거는 정의, 인도, 생존, 존영을 위하는 민족적 요구니, 오직 자유적 정신을 발휘할 것이오, 결코 배타적 감정으로 일주하지 말라.
─. 최후의 일인까지 민족의 정당한 의사를 쾌히 발표하라.
─. 일절의 행동은 가장 질서를 존중하여 오인의 주장과 태도로 하여금 어디까지든지 광명 정대게 하라.

과정

- ☆ 1단계 : 점화기
- 종교계 33인 대표 : 태화관에서 독립선언식 후 체포
- 학생 : 탑골공원에서 시위 시작, 일본은 휴교령을 내려 시위 진압

↓

- ☆ 2단계 : 도시 확산기
- 학생과 시민 : 독자적 선언식
- 대도시 확산, 노동자 파업 시위, 노동자 대회 개최

↓

- ☆ 3단계 : 농촌 확산기, 폭력시위로 변화(원칙은 비폭력)
- 학생은 비밀결사를 조직하여 시위, 학생, 서당 선생, 중소 지주, 유생과 마을 이장 주도
- 수원 제암리 학살 사건 : 4월 15일, 스코필드가 제암리 학살 사건 폭로

↓

- ☆ 4단계 : 해외 확산기, 간도, 연해주, 일본, 미국 등에서 시위 전개
- 필라델피아 : 서재필 중심, 독립선언식, 한인 자유 대회

☆ 미국인 선교사 스코필드 폭로 : 제암리 학살 사건

그들(선교사들과 외교관)은 이야기로 들던 것보다 훨씬 더 참혹한 장면을 목격하였다. (제암리) 교회 터에는 재와 숯처럼 까맣게 타 버린 시체뿐이었고, 타 들어간 시체 냄새로 속이 메슥거릴 정도였다. 곡식 창고와 가축들도 같이 타버렸다.　　　－ 노블, "3·1운동, 그날의 기록" －

☆ 해외언론의 3·1운동 보도

조선의 독립운동은 결코 두세 명의 유식 계급이 벌인 행위가 아니다. 또 과격주의자의 선동도 아니다. 이는 실로 조선 전체의 인민, 모든 종교, 모든 계급에 속하는 남녀 전체의 감정과 의사이다. 다른 나라의 패권 및 군국적 압박으로부터 이탈하고자 하는 강탈할 수 없는 신성한 권리의 주장이다.　　－ 미국 뉴욕타임즈(1919. 5. 21.) －

조선인들이 입으로만 독립 만세를 외쳐 혁명을 일으킨 것이 아니라 문명적이고 질서 있는 행동으로서 천부의 자유와 독립을 성취하려는 것인즉, 일본에게 양식이 있다면 마땅히 경애하고 공대하는 데 힘써야 할 것이다.　　－ 중국 유일일보(1919. 4. 29.) －

결과

- 실패 : 일제 탄압으로 실패, 농민이 가장 많이 투옥됨
  - └ 시위 해산 → 무차별 총격으로 시위대 사살
- 영향
  - └ 무단통치 → 문화통치
  - └ 임시정부 수립, 무장 투쟁의 필요성 자각, 독립 전쟁 전개
  - └ 노동운동과 농민운동, 학생운동이 활발
  - └ 해외 독립운동에 영향 : 중국 5·4운동, 중동 독립 운동

☆ 탑골공원 : 원각사 터에 설치, 파고다 공원
　　└ 서울 최초의 근대식 공원, 팔각정, 양부일구
　　└ 원각사지 10층 석탑, 원각사비, 3·1운동 기념탑, 3·1운동 기록 부조, 손병희 동상

☆ 황에스더 : 친구 김마리아와 일본에서 귀국 후 3·1운동에 참여, 대한 애국 부인회 조직
☆ 한이순 : 3·1운동 당시 최연소 수감자 (당시 13세)

1. 수립과 통합

	대한 국민 의회	상하이 대한민국 임시정부	한성 정부	[통합] 대한민국 임시정부
수립	1919년 3월 17일	1919년 4월 11일	1919년 4월 23일	1919년 9월 11일
위치	연해주	상해	국내	상해

과정	대한국민의회가 3·1운동 이후 정부 수립	• 1917년 대동단결선언 → 공화주의 임시정부 수립 주장
		• 임시의정원 개최(의장 : 이동녕)
		  └ 국호, 임시헌장 10개 조를 제정
		  └ 국무총리와 6부의 행정부, 국무원을 구성
			13도 대표가 비밀회의 후 수립	★ 통일 정부 수립 논의
				• 만주론 : 독립전쟁론자 vs 상해론 : 외교론자 → 상해로 결정
				• 한성정부의 법통을 계승, 최초의 삼권분립의 민주 공화정
				• 연해주의 한인사회당, 만주 무장 세력도 일부 참여

조직	대통령(손병희), 국무총리(이승만)	국무총리(이승만)	집정관 총재(이승만), 국무총리(이동휘)	대통령(이승만), 국무총리(이동휘), 경무국장(김구)
특징	최초의 임시정부			대한국민의회 계열과 베이징 무장 투쟁 세력은 참여 미흡

2. 임시정부의 활동

	[통합] 대한민국 임시정부
구성	대통령 이승만, 국무총리 이동휘, 경무국장 김구 등
정부 조직	• 삼권분립 : 국무원(행정) + 법원(사법) + 임시의정원(입법) • 연통제 : 국내외 비밀 행정 조직망, 총판(서울) – 독판(도·군·면) – 군감 – 면감, 법령이나 공문 등을 국내 전파 • 교통국 : 정보전달, 통신기관, 정보 수집과 전달, 안동(단동) 교통국 • 1921년 연통제와 교통국 발각으로 임시정부 침체
신헌법	1919년 9월 임시헌장을 토대로 제정 → 자유주의 + 민주공화국의 내용 집약, 대통령제와 내각책임제 절충

활동	• 외교 본부 : 구미위원부(이승만, 워싱턴), 파리위원부(김규식), 한국통신부(필라델피아), 런던위원회 등
	• 외교 활동
	  └ 파리 김규식을 외무총장(전권대사) → 파리강화회의에 독립 청원서 제출
	  └ 중국 정부의 승인을 받음
	  └ 1921년 워싱턴 회의에 독립 요구서 제출 : 수용 ×
	  └ 1922년(1921년) 모스크바 극동 인민 대표 회의 : 김규식과 이동휘 파견, 소련의 레닌에게 독립 운동 자금 지원 약속
	• 군사 활동 : 군무부 설치 → 군사 활동 미흡
	  └ 1920년 광복군 사령부, 광복군 총영 설치
	  └ 북로 군정서군과 서로 군정서군을 군무부 산하로 편성
	  └ 1923년 육군 주만 참의부 설치
	  └ 미국에 한인 비행사 양성소 설치
	• 독립군 자금 조달
	  └ 의연금 모금, 애국공채 발행, 이륭양행과 백산상회 등을 통해 조달
	  └ 이륭양행 : 아일랜드계 영국인 쇼, 만주 단동, 독립운동가 해외 망명 지원, 김구도 3·1운동 이후 이륭양행 도움으로 상해로 망명
	  └ 백산상회 : 부산, 안희제(조선국권회복단 소속), 1914년~1927년
	• 편찬 활동 : 사료편찬소(안창호가 한·일관계사료집, 박은식이 한국독립운동지혈사)
	• 신문 발행 : 독립신문(~1925, 이광수)

※ 임시정부의 개헌과 개헌 내용

1차	1919년	대통령제
2차	1925년	국무령 중심의 내각책임제, 사법권 조항 폐지
3차	1927년	국무위원 중심의 집단지도체제
4차	1940년	주석제 : 가장 강력한 지도력
5차	1944년	• 주석제 + 부주석제 (주석 김구, 부주석 김규식) • 사법부 조항 부활

3. 국민 대표 회의와 결렬 이후 상황

국민 대표 회의(1923)	
배경	임시정부 외교 활동 미흡, 이승만 위임통치론 발각
소집	신채호와 박용만이 주도로 1923년 개최
안건	이승만 탄핵, 독립운동 방향 모색
과정	• 창조파 : 임시정부 해체 → 새 정부 수립, 독립전쟁론, 신채호 등 • 개조파 : 임시정부 조직 개편 → 실력양성, 외교론, 안창호와 여운형 등 • 현상유지파 : 임시정부 유지 → 국민대표회의 해체 요구, 김구와 이동녕 등
결과	• 창조파와 개조파의 탈퇴 → 임시정부 침체 • 내무총장 김구가 내무령 1호 발표 : 국민대표회의 해산 명령

국민 대표 회의 이후 상황

- 1925년 이승만 탄핵, 구미위원부 해체
- 1925년 박은식이 2대 대통령 → 2차 개헌 : 내각책임제 → 박은식 사망
- 내무령 이동녕, 홍진 → 김구 내무령 취임
- 1927년 3차 개헌 : 집단지도체제, 독립운동가의 참여 유도
- 1931년 한인애국단 조직 : 상해, 김구, 의열투쟁 강조
- 1932년 이봉창 의거 → 상하이 사변 → 윤봉길 의거

이동 시기(1932년~1940년)

- 1932년 상하이 사변 이후 이동
- 1935년 한국국민당 vs 민족혁명당(김원봉 등)
- 1937년 한국광복운동단체연합회
  └ 한국국민당 + 조소앙, 지청천 + 미주 대한인국민회
- 1940년 5월 한국독립당
  └ 한국국민당 + 조선혁명당 + 한국독립당 합당
  └ 충칭 이동 후 임시정부의 여당 역할
  └ 위원장 : 김구
- 1940년 9월 충칭(중경) 이동

충칭 임시정부	
이동	1940년 9월 충칭(중경) 이동
활동	• 1940년 9월 한국광복군 창설 → 10월 4차 개헌(주석제) • 1941년 11월 건국 강령 발표(조소앙, 삼균주의 토대) → 12월 대일 선전포고 • 1942년 김원봉의 조선민족혁명당, 조선의용대가 임시정부와 한국광복군에 참여 • 1944년 5차 개헌 : 부주석제 개헌(주석에 김구, 부주석에 김규식) • 1945년 8월 15일 해방 이후 11월 김구는 한국독립당과 함께 국내 귀국 ※ 옌안 지방 조선독립동맹과 연대 시도 ※ 미국의 재미 한족 연합 위원회가 임시정부 지원

★ 조소앙
- 1917년 국제 사회당 대회 참여(스톡홀름)
- 1919년 만주 대한독립선언(무오독립선언) 선언문 작성 : 육탄혈전
- 한국독립당 참여
- 삼균주의 주장 : 중국 쑨원 삼민주의에 영향을 받음, 정치와 경제, 교육의 균등 강조
- 해방 이후 : 남북협상에 참여, 태극기 민족 혁명론 주장, 5 · 10총선거 불참

★ 임시정부 건국 강령 : 1941년 발표, 조소앙의 삼균주의 토대, 사회주의 요소 포함
- 정치 : 보통선거 실시, 민주주의 공화국 건설
- 교육 : 의무교육, 무상교육 실시
- 경제 : 토지 개혁, 대기업과 토지는 국유화, 중소기업은 사영화, 노동권 보장

★ 재미한족연합위원회 : 1941년 하와이에서 조직
- 임시정부의 재정 지원
- 태평양 전쟁 이후 신분증 발급으로 한국인 보호
- 한인국방경위대 조직 : 맹호군, 임시정부가 한국광복군 일원으로 인정
- 외교 위원회 설치
- 미국과 함께 '냅코 작전'(국내 진입) 계획

	의열단	한인애국단
조직	1919년 만주 길림	1931년 상하이
주도	김원봉, 윤세주 등 신흥무관학교 출신 └ 조선의용대 참여	임시정부의 김구
목표	공약 10조, 5파괴, 7가살을 목표로 폭탄 제조소 등을 설치	일본의 주요 인물을 암살
기록	조선혁명선언 : 1923년 신채호, 의열단 선언문, 폭력혁명 강조 ★ 조선혁명선언문 강도 일본을 내쫓으려면 오직 혁명으로만 가능하며 …… 우리의 민중을 깨우쳐 강도의 통치를 타도하고 우리 민족의 신생명을 개척하자면 양병 10만이 폭탄을 한 번 던진 것만 못하며, 천억 장의 신문·잡지가 한 번의 폭동만 못할지니라. …… 민중은 우리 혁명의 대본영(大本營)이다. 폭력은 우리혁명의 유일한 무기이다.	도왜실기 : 김구 등이 한인애국단의 투쟁 정리 ★ 한인애국단 선서문 "나는 참된 적성으로써 조국의 독립과 자유를 위해서 한인 애국단원의 일원이 되어 적국의 수괴를 도륙하기로 맹세하나이다."
학교	• 1926년 황푸군관학교에 단원 입학 • 1932년 조선혁명간부학교 설립	
변화	• 사회주의 이념 수용 → 베이징으로 이동 → 단원 70명으로 확대 └ 무정부주의적 색채 • 중국 지원을 받았고, 김구, 김규식, 김창숙, 신채호가 고문 역할 • 1926년 20개조 강령 발표 • 일제 제국주의와 황국 공격 계획 • 임시정부 요인과 투탄 계획 추진	• 1932년 윤봉길 의사의 의거 이후 중국 지원의 지원 • 1933년 중국 정부 지원 → 뤄양 군관학교에 한인 특별반 설치
발전	1935년 민족혁명당에 참여	★ 김구는 민족혁명당 참여를 거부하고 한국국민당 창당
활동	• 1920년 박재혁 : 부산 경찰서에 투탄, 하시모토 사살 └ 부산 상업 고등학교 시절 '구세단' 조직 • 1920년 최수봉 : 밀양 경찰서 투탄, 청사 파괴 • 1921년 김익상 : 조선총독부 투탄 • 1922년 오성륜 : 상하이, 황포탄 의거 • 1923년 김상옥 : 종로 경찰서 투탄, 일본 경찰과 교전 • 1924년 김지섭 : 일본 황궁(왕궁)에 투탄 • 1926년 나석주 : 동척과 식산은행에 투탄	• 이봉창 : 1932년, 도쿄에서 일본 천황 마차에 투탄 ★ 이봉창 인생의 목적이 쾌락이라면 31년 동안 육신의 쾌락은 대강 맛보았으니, 이제는 영원한 쾌락을 꿈꾸며 우리 독립 사업에 헌신할 목적으로 상하이로 왔습니다 • 윤봉길 : 1932년 상하이 훙커우 공원 폭탄 투척 └ 일본 전승 기념과 천장절 기념행사에 투탄, 장교 7명 사살 └ 중국 정부의 지원을 받는 계기 ★ 윤봉길 1932년 4월 29일 윤봉길은 자신의 시계를 건네며 김구에게 말했다. "제 시계는 어제 선서식 후 6원 주고 산 것인데, 선생님이 시계는 2원짜리입니다. 저는 이제 1시간밖에 더 소용이 없습니다." 두 사람은 시계를 맞바꿨다. 김구는 1949년 사망할 때까지 윤봉길의 시계를 간직했다.

★ 의열단의 <공약 10조>
1. 천하의 정의의 사를 맹렬히 실행하기로 함.
2. 조선의 독립과 세계의 평등을 위하여 신명을 희생하기로 함.
3. 충의의 기백과 희생의 정신이 확고하게 자라야 함.
4. 단의(團義)에 선(先)히 하고 단원의 의(義)에 급히 함.
5. 의백 1인을 선출하여 단체를 대표함.
6. 하시(何時) 하지(何地)에서나 매월 1차씩 사정을 보고함.
7. 하시 하지에서나 매 초회(招會)에 필응함.
8. 피사(被死)치 아니하여 단의에 진(盡)함.
9. 1이 9를 위하여 9가 1을 위하여 헌신함.
10. 단의에 배반한 자는 처살(處殺)함.

★ 의열단
의열단원들은 마치 특별한 신도처럼 생활하였고, 수영, 테니스 등의 운동을 통해 항상 최상의 몸 상태를 유지하였다. 이 젊은이들은 매일같이 저격 연습을 하였고, 독서도 하였으며, 쾌활함을 유지하고 자기들의 특별한 임무에 맞는 심리 상태를 유지하기 위해 오락도 즐겼다. 명랑함과 심각함이 기묘하게 혼합된 그들은 언제나 죽음을 눈앞에 두고 살아가는 인생이기에 생명이 지속하는 한 마음껏 생활하였다.

※ 효창 공원 : 윤봉길, 이봉창, 백정기 의사와 김구의 유해 안장, 안중근 의사 가묘

★ 의열단
• 4대 목표
  └ 일제와 친일파 처단, 조국 광복, 계급 타파, 평등한 토지 소유
• 5파괴
  └ 조선 총독부, 동양척식주식회사, 매일신보사, 각 경찰서, 기타 기관
• 7가살
  └ 조선 총독과 고관, 친일파 핵심 인물, 매국 행위자, 군부 수뇌
  └ 반민족적 악덕 지주, 타이완 총독, 적의 밀정

★ 강우규 : 노인동맹단, 1919년 서울역, 사이토 총독 마차에 투탄
★ 조명하 : 1928년, 타이완, 일본 국왕의 장인 암살(타이중 의거)
★ 대한애국청년단 : 1945년 7월, 부민관에서 박춘금 암살 시도
★ 남자현 : 서로군정서군 활동, 조선총독암살작전 참여
  └ 1933년 관동군 사령관 암살 작전 계획 발각으로 순국

1. 1920년대 독립군

국내		천마산대(평북 의주, 만주 이동), 보합단(평북 동암산, 만주 이동), 구월산대(황해도 구월산, 은율군수 처형 일본군 공격으로 소멸), 의용단 등
국외	북간도	• 북로군정서군 : 대종교계, 총재(서일), 군사령관(김좌진), 사관연성소 운영, 동북아 최대 부대 • 대한 독립군 : 기독교계, 홍범도, 국경 지방을 공격하여 압록강 유역 혜산진 점령 • 국민회군 : 기독교계, 안무
	서간도	• 서로군정서군(지청천) • 대한 독립단(의병 중심), 광복군 총영, 광복군 사령부, 광한단, 보합단, 대한 독립 의용단 • 1922년 대한통군부(→ 통의부) : 남만주의 독립군의 통합 부대
	연해주	신민단, 경비대, 혈성단 등

2. 1920년대 독립전쟁

봉오동 전투	1920년 6월	• 주도 : 대한독립군(홍범도) + 군무도독부군(최진동) + 국민회군(안무) / 대한 북로 독군부 • 과정 : 강양동 초소 습격 → 삼둔자 전투 → 1920년 6월 봉오동 전투
훈춘 사건	1920년	일본은 만주 마적 매수 → 훈춘 습격 요구 → 이를 빌미로 일본군이 만주 출병 → 독립군 토벌 시도
청산리 전투	1920년 10월	• 주도 : 북로군정서군(김좌진) + 대한독립군(홍범도) + 국민회군(안무) • 일본군 : 독립군 토벌 시도 → 독립군 포위 → 독립군은 피전론 채택 → 청산리에서 일본군 격퇴 • 천수평, 어랑촌, 백운평, 고동하곡 등에서 6일간 10여 차례 전투 → 최대 전과를 올린 전투
간도 참변	1920년	경신참변, 일본의 보복 공격으로 간도 지역의 동포들을 3,600여명 학살
대한독립군단	1920년 12월	간도 참변 이후 밀산부에서 서일을 총재로 하여 조직 → 러시아령 이동 → 자유시에 집결
자유시 참변	1921년	• 대한독립군단 → 자유시로 이동, 러시아 내전 참전하여 적색군 지원 → 승리 후 독립군 지휘권 분쟁 • 러시아 적색군의 무장 해제 요구를 독립군이 거부하자 독립군 무차별 공격
3부 성립	1923년~1925년	• 1922년 남만주에서 대한통군부(통의부) 조직 • 3부 조직 　└ 참의부 + 정의부 + 신민부, 민정 + 군정기구, 공화주의 자치 정부, 동포에게 세금 거두고 군사 양성 　└ 입법, 사법, 행정 조직, 의회 설치, 독립군 지휘, 산업진흥과 학교 설립,
미쓰야협정	1925년	"불령 선인 취체에 관한 협정" • 일본 미쓰야 경무국장 + 만주 군벌이 체결, 공동으로 독립군 탄압 약속 → 독립군 활동 위축
3부 통합운동	1928년~1929년	• 배경 : 1926년 민족유일당 북경촉성회, 안창호가 민족유일당 강조 • 혁신의회 : 1928년, 북만주 → 한족총연합회 → 한국 독립당 + 한국 독립군 (지청천)　★ 독한 혁신 • 국민부 : 1929년, 남만주 → 조선 혁명당 + 조선 혁명군 (양세봉)　★ 조국

★ 홍범도
• 평안도 양덕 출신, 머슴살이
• 포수 출신, 평양 진위대 나팔수 활동,
• 1907년 의병 활동 → 북간도 대한독립군 지휘
• 1920년 봉오동 · 청산리 전투 참여
• 1937년 중앙아시아 이주

※ <청산리 전투> 군가
1. 하늘은 미워한다. 배달족의 자유를 억탈하는 왜적들을 삼천리 강산에 ~~
2. 백두의 찬 바람은 불어 거칠고 압록강 얼음 위에 은월이 밝아 ~~~

※ <간도참변> : 캐나다 선교사 마틴이 폭로
경신년에 왜군이 내습하여 31명이 살고 있는 촌락을 방화하고 총격을 가하였다. 나도 가옥 9칸과 교회당, 학교가 잿더미로 변한 것을 보고 그것이 사실임을 알았다. 11월 1일에는 왜군 17명, 왜경 2명, 한인 경찰 1명이 와서 남자들을 모조리 끌어내어 죽인 뒤 … (중략) … 남은 주민들을 모아 일장 연설을 하였다.

★ 3부의 성립
• 참의부 : 1923년, 압록강 건너편, 임시정부 직할, 백광운, 국내 진공 시도
• 정의부 : 1924년, 남만주 길림과 봉천, 최대 조직, 지청천, 오동천
• 신민부 : 1925년, 북만주, 대종교, 자유시참변을 겪은 부대, 김좌진 중심

★ 미쓰야 협정
1. 한국 내 침입을 엄금하여, 위반자는 검거하여 일본 경찰에 인도한다.
2. 재만 한인 단체를 해산시키고 무장을 해제하며, 무기와 탄약을 몰수한다.
3. 일제가 지명하는 독립 운동 지도자를 체포하여 일본 경찰에 인도한다.

※ 국민부 헌장
제1조 본부는 국민 정부로 칭함.
제2조 본부는 중국령에 교거하는 한국 민족으로 조직함.
제3조 본부의 주권은 주민 전체에 있고 그 행사권은 집행 위원회에 위임함.

3. 1930년대 전반 : 한·중연합작전

배경	1931년 만주 사변을 계기로 한·중 연합 작전 전개		
한·중 연합 작전	한국 독립군 + 호로군	북만주, 지청천	• 쌍성보 전투(1932년), 사도하자 전투(1933년), 동경성 전투(1933년), 대전자령 전투(1933년) • 변화 : 1933년까지 활동, 지청천은 중앙 육군 군관 학교 교관 활동, 한국 광복군 참여
	조선 혁명군 + 의용군	남만주, 양세봉	• 영릉가 전투(1932년), 흥경성 전투(1933년) • 변화 : 1934년 양세봉 암살 이후 활동 약화 → 1938년까지 활동, 일부는 동북항일연군에 가담

☆ 한국 독립군과 항일 중국군의 합의 내용(1931)
한·중 양국은 최악의 상황이 오는 경우에도 장기간 항전할 것을 맹세한다.
중동 철도를 경계선으로 서부 전선은 중국이 맡고, 동부 전선은 한국이 맡는다.

4. 1930년대 후반의 독립전쟁

동북지방

• 만주 사변 이후 공산주의 주도로 춘황·추수 투쟁 → 항일투쟁으로 발전 → 1932년 항일 유격대 조직 → 1933년 동북인민혁명군 조직
• 1936년 동북항일연군 조직
• 1936년 조국광복회 조직 : 동북항일연군 내 한인 간부들이 조직 → 1937년 보천보 전투 : 동북항일연군의 항일유격대와 조국광복회가 중심

※ 조국광복회
• 조직 : 1936년, 동북항일연군 내 한인 간부 중심
• 발전 : 함경도 일대 천도교(민족주의) 합류 → 민족 유일당(모든 계층·단체가 이념과 노선을 떠나 단결)
• 보천보 전투 : 1937년, 동북항일연군 + 조국광복회가 보천보 일본 기관 공격
• 1937년 일본 탄압(혜산사건) → 1940년대 소련 이동(동북항일연군 교도려 조직, 소련군으로 활동(88특별여단), 조선공작단 조직(1945년 국내 침투 계획))

※ 조선공작단 : 1945년 7월, 소련 지역
    └ 일본 점령지역이었던 북조선에 투입을 목표로 조직

조선의용대

• 조직 : 1938년 조선 민족 혁명당(조선민족전선연맹)의 산하 부대로 한커우에서 조직

★ 민족혁명당
• 조직 : 1935년 난징, 김원봉의 의열단 + 한국독립당 + 조선혁명당 + 만주 대한 독립단 등이 참여 → 민족유일당 : 중국 관내 최대 규모 정당
• 구성 : 주석에 김규식, 총서기에 김원봉, vs 김구는 민족혁명당에 참여하지 않고 한국국민당(1935년) 조직
• 목표 : 조소앙의 삼균주의 바탕 → 민주공화국 수립, 토지 국유화 등
• 변화 : 지청천과 조소앙의 민족주의 우파 이탈 → 좌파 중심 → 조선민족혁명당 → 1937년 조선민족전선연맹으로 발전 (좌파 통합 단체)
• 산하 부대 : 1938년 조선의용대 조직(중국 한커우에서 김원봉이 조직)

• 의의 : 중국 관내에서 조직된 최초의 한국인 부대, 조선 혁명 군사 정치 간부학교 졸업생 중심, 중국 국민당의 지원으로 중일전쟁에 참여
• 분열 : 1941년
    └ 조선의용대 : 1942년 김원봉과 함께 한국광복군에 합류
    └ 조선의용대 화북지대 : 타이항산 중심, 팔로군과 연합, 1941년 호가장 전투, 1942년 반소탕전, 1942년 조선독립동맹에 가담 → 조선의용군으로 개칭

★ 한국국민당 : 1935년, 김구가 민족혁명당 참여 거부하고 조직
★ 한국광복운동단체연합회 : 1937년
    └ 한국국민당 + 한국독립당 + 조선혁명당 등
    └ 지청천과 조소앙 등이 참여한 우파의 통합 단체
    └ 1940년 한국독립당으로 합당 후 임시정부의 여당 역할
★ 전국연합진선협회 : 1939년
    └ 조선민족혁명당 + 한국국민당 등 7단체 참여
    └ 민족 통일전선 시도 → 실질적인 통일 전선 형성과 행동 ×

5. 1940년대 독립 전쟁

한국광복군

• 창설 : 1940년 충칭에서 임시정부 부대로 조직 → 중국 군사위원회의 통제 받음
• 조직 : 신흥무관학교 출신 독립군 중심, 총사령관은 지청천, 참모장 이범석

※ 한국광복군의 활동
• 1941년 : 태평양 전쟁 이후 대일 선전포고
• 1942년 : 김원봉의 조선의용대 참여 → 전투력 증강, 김원봉(군무부장)
• 1943년 : 영국군의 요청 → 연합군 자격, 인도와 미얀마 전선에 10명 요원 파견
• 1944년 : 임시정부, 〈한국광복군 행동준승〉 9개항 취소 공포 → 독자적 작전권
• 1945년 : 독일에 선전포고, 국내 진공 작전 계획(미국 전략정보국(OSS) 지원, 정진군)
                └ 독수리 작전
※ 해방 직전 : 공군 건설 계획 (권기옥 : 계획 설계, 최초 여성 비행사, 공군의 어머니)

조선의용군

• 조선독립동맹
    └ 1942년, 김두봉 중심으로 조직, 조선의용대 화북지대를 조선의용군으로 개편
    └ 해방 직전 조선의용군에게 국내 진격 명령 → 해방 이후 북한 정부 참여 : 연안파
    └ 건국 강령 발표 : 보통선거, 민주 공화국, 남녀평등, 토지분배, 의무교육, 일본 타도, 대기업 국유화 등
• 조선의용군
    └ 중국 팔로군(공산군)과 연합 → 항일전 수행, 중국 국공 내전 참여, 만주 한국인 보호
    └ 무정 등의 간부들이 국내 진입 위해 노력 → 실행 ×

1. 민족주의의 독립운동과 사회주의 운동

	민족주의				사회주의		
	물산장려운동	민립대학설립운동	문맹퇴치운동			농민운동	노동운동

	물산장려운동	민립대학설립운동	문맹퇴치운동	
배경	• 1920년 회사령 폐지 • 1923년 관세 철폐의 움직임	2차 조선 교육령 └ 민립 대학 설립 허용	문자보급운동	브나로드운동 <"민중속으로 ~">
목표	• 민족자립경제 구축 • 민족 기업의 경쟁력 확보	고등 교육 실시	"아는 것이 힘 배워야 산다"	"배우자, 가르치자 다함께"
시작	1920년 평양, 조만식	조선교육협회(1920년 설립) └ 이상재와 이승훈	1929년 조선일보	1931년~1934년 동아일보
확산	• 토산애용부인회, 자작회 등 • 1923년 조선물산장려회(서울) • 구호 : 내 살림 내 것으로	• 1923년 조선민립대학기성회(서울) └ 중앙부 : 서울 / 지방부와 지부 • '한민족 1천만 한사람이 1원씩' • 만주, 미국 등 해외 동포 참여	• 한글 보급 • <한글원본> 제작	• 학생들이 농촌 계몽 • 계몽대, 강연대 조직
결과	• 실패 • 사회주의가 비판	• 모금 운동 → 가뭄, 수해로 실패 • 1924년 일본 : 경성제국대학 설립		• 이광수의 흙에 영향 • 심훈의 상록수에 영향
주의	★ 3·1운동 이후 경성방직주식회사, 평양 메리야스 공장, 삼남은행 설립 ★ 야학운동 : 노동자, 농민, 도시 빈민에게 한글 교육 ★ 농민독본 : 윤봉길이 제작, 야학 교재		★ 조선일보 └ 신간회 본부역할 └ 조간과 석간(최초) └ 최은희(최초 여기자)	★ 동아일보 └ 젊은 기자 주축 └ 최초 순국 기자 발생 └ 1936년 일장기 말소 └ 민족적 경륜(이광수)

사회주의

	농민운동	노동운동
1920년대	• 생존권 투쟁 : 소작쟁의(소작인 조합) • 1923년 암태도 소작쟁의 : 성공	• 생존권 투쟁 : 임금인상 등 • 1929년 원산 총파업 : 최대, 실패
1930년대	• 1930년대 전반이 절정 • 혁명적 농민운동으로 발전 • 사회주의가 주도	• 1930년대 전반이 절정 • 혁명적 노동운동으로 발전 • 사회주의가 주도
단체	• 1920년 조선노동공제회 → 1924년 조선노농총동맹 • 1927년 조선노동총동맹, 조선농민총동맹(자작농 포함 전체 농민 운동 발전) • 1930년대 : 혁명적(적색)농민·노동단체, 일본 관공서 습격 ※ 1921년 부산 부두 노동자 파업 ※ 1922년(1923) 경성 고무공장 여공 파업, 평양 양말 공장 파업	

★ 사회주의 사상의 전래와 영향

전래	• 1920년대 학생들과 지식인을 중심으로 신사상으로 전래
영향	• 민족주의와 갈등, 노동운동과 농민운동에 영향 • 1924년 조선여성동우회, 신경향파 문학(1925년 카프) • 1925년 조선공산당 조직 → 1925년 치안유지법으로 탄압, 공산당 해체 • 1930년대 조선 공산당 재건 운동 └ 경성트로이카 : 1933년 이재유 └ 경성 콤 그룹 : 중일전쟁 이후 박헌영 중심, 경성 코뮤니스트 그룹
탄압	• 1925년 일본은 치안유지법을 제정하여 사회주의 탄압

2. 민족유일당운동과 신간회

민족 유일당운동

배경	• 자치론의 등장 : 1924년 이광수 '민족적 경륜' → 자치론(개량주의) 등장 • 민족주의 분열 : 타협(자치론, 개량주의, 다수, 이광수, 최남선, 최린) vs 비타협(소수, 안재홍 등) ※ 자치 운동 : 이광수, 최린, 김성수 등, 조선 의회 설립 추진 ※ 참정권 운동 : 일본 의회에 한국인 대표 참여 요구, 국민협회(1920, 일본에 참정권 요구 청원서 제출) • 사회주의 전략 : 1920년 식민지 민족문제에 관한 테제(민족주의와 연합 강조) └ 중국 1924년 1차 국공합작에 영향 → 국내 민족유일당 운동에 영향 • 사회주의 위축 : 1925년 치안유지법으로 일본이 사회주의 탄압
전개	• 비타협적 민족주의와 사회주의 연합 → 민족유일당 • 1924년 중국 1차 국공합작 • 북경촉성회 : 1926년 안창호, 베이징, 민족유일당 강조 → 1927년 상해, 한국독립당 관내 촉성회 연합회 • 조선민흥회 : 1926년 서울 청년회계 사회주의 + 조선물산장려회 • 6·10 만세 운동 : 1926년, 사회주의 + 천도교 민족주의 계열, 시위 준비 → 발각 • 정우회 선언 : 1926년, 사회주의 활동의 변화(경제투쟁 → 정치 투쟁), 타락하지 않은 민족주의와 연대

신간회

창립	• 1927년 이상재, 안재홍 등이 중심이 되어 조직, 합법 조직
조직	• 회장에 이상재(민족주의 조선일보 사장, 조선교육협회 회장, 독립협회 참여), 부회장은 홍명희(사회주의) • 중앙본부(우파) + 141개의 지회 설립(좌파가 다수, 만주와 일본까지)
회원	• 농민과 노동자가 가장 다수
구성	• 비타협적 민족주의(안재홍, 신석우, 권동진 등) + 사회주의(조선공산당, 무정부주의, 박헌영과 홍명희) • 조선일보계 + 기독교계 + 학계 + 천도교 구파 + 유림 계열 + 불교 계열 등
목표	• 자치론 배격 → "기회주의를 일체 배격" "한국인 본위 교육 실시" "일본인의 조선 이민 반대" 등
강령	• "정치·경제적 각성 촉구, 단결을 공고히 함, 기회주의를 일체 부인함"
활동	• 1929년 원산 총파업 지원, 갑산군 화전민 사건의 진상 규명, 광주 학생 항일 운동에 진상조사단 파견 └ 민중 대회 계획 : 사전 발각으로 실패 • 1930년 단천농민투쟁 지원 • 노동·농민 운동, 여성운동, 형평운동 등 지원
해소	• 좌파의 불만 : 중앙 본부 우파가 장악, 코민테른 노선변경, 지도부의 우경화, 중국의 국공합작 결렬 • 1931년 해소 : 좌파 다수의 주장으로 해소 → 좌파 : 노동·농민운동 주력 / 우파 : 조선학운동

1. 학생운동

	6·10 만세 운동 : 1926년		광주 학생 항일 운동 : 1929년
배경	• 순종의 죽음 → 1926년 6월 10일 순종의 인산일을 기하여 발생 • 식민지 차별 교육에 대한 저항 + 일제 수탈에 대한 저항	배경	• 6·10 만세 운동 이후 학생운동이 조직화 → 독립 투쟁으로 발전 • 각급 학교를 중심으로 독서회가 조직되어 식민지 교육에 반발
준비	• 학생들이 준비 : 조선학생과학연구회 + 연희 전문학교 + 중앙 고등 보통학교 + 경성 대학 출신 　└ 비밀결사를 중심으로 준비 ★ 조선학생과학연구회 • 1925년, 전문학교 학생 중심 • 조선 사회 과학의 보급, 학생의 사상 통일과 상호 단결, 인간 본위 교육 실시 • 사회주의 + 천도교 민족주의 계열 : 사전에 발각되어 2차 조선공산당이 해체 • 천도교 청년회는 격문 인쇄 → 사전 발각 • 권오설 : 공산당 산하 6·10 만세 운동 투쟁 특별위원회 총 책임자, 사전 검거, 옥사	발단	• 한국 여학생(박기옥) 희롱 사건 → 한·일 학생 충돌 → 일본 경찰의 편파 수사 • 11월 3일 : 일왕 생일 기념식에서 한·일 학생 충돌 　└ "우리 투쟁 대상은 일본 학생이 아니라 일본 제국주의다." • 광주 학생들의 궐기 : 광주의 성진회와 독서회 중앙 본부를 중심으로 광주 학생들이 궐기
전개	• 학생들이 순종의 인산일에 격문을 배포하면서 시작 → 시민들이 합류, 각급 학교로 확대 • 일제는 치안유지법을 이용하여 시위 탄압	확산	• 신간회의 활약 : 진상조사단 파견 → 전국에 사건을 알리고, 민중대회 계획(→ 시행 ×) • 조선청년총동맹과 조선학생과학연구회, 조선학생전위동맹, 성진회, 광주소녀회(광주 여고보) 참여 • 전국 확산 → 5개월간 지속 → 만주와 일본 등 확대 • 시험 거부, 백지 투쟁, 가두 시위, 동맹 휴학 → 일본 제국주의 타도, 식민지 통치 부정 • 일본의 대응 : 조기 방학 실시 → 이듬해 1월 신학기에 서울에서 다시 궐기
결과	• 학생운동이 조직화 : 독서회 등의 비밀 조직, 광주의 성진회 등이 조직 • 민족유일당 운동에 영향 → 1927년 신간회 창립에 영향	의의	• 3·1 운동 이후 최대 민족운동 → 학생의 날 ※ 1953년 11월 3일을 학생의 날로 지정 → 1973년 폐지 → 1984년 부활 ※ 2006년 학생 독립운동 기념일로 개칭
격문	대한 독립 운동가여 단결하라! 군대와 헌병을 철수하라! 동양척식회사를 철폐하라! 일체의 납세를 거부하자! 일본 물화를 배척하자! 일본인 공장의 직공은 총파업하라! 일본인 지주에게 소작료를 바치지 말자! 언론·집회·출판의 자유를! 조선인 교육은 조선인 본위로!	격문	학생, 대중이여 궐기하라! 검거된 학생들을 즉시 우리 손으로 탈환하자. 경찰의 교내 침입을 절대 반대한다. 언론, 출판, 집회, 결사, 시위의 자유를 획득하자. 식민지적 노예 교육 제도를 철폐하라! 사회 과학 연구의 자유를 획득하자. 전국 학생 대표자 회의를 개최하라. "용감한 학생, 대중이여! 최후까지 우리의 슬로건을 지지하라! 그리고 궐기하라! 전사여 힘차게 싸워라!"

2. 다양한 사회운동

	청년운동	소년운동	여성운동	형평운동	수양동우회
배경	3·1운동 이후 청년운동 활성화	• 의무 교육 ×, 교육 기회 적음 • 최시형이 뜻에 따라 전개	여성 차별에 대한 개선 요구	• 백정에 대한 차별대우 • 별도의 호적, 도한, 호적에 붉은 점, 자녀 학교 입학 거부	흥사단(1913년 샌프란시스코) 국내 조직
주도	청년들이 주도	천도교가 주도	여성들이 계몽 활동을 하며 전개	조선형평사 : 1923년 진주, 이학찬	안창호의 뜻에 따라 이광수, 주요한 등
전개	• 1920년 조선청년연합회 • 1923년 전 조선 청년당 대회 　└ 서울 청년회 주도(사회주의) • 1924년 조선청년총동맹	• 1921년 천도교 소년회 : 방정환 • 1922년 조선소년군 : 조철호 • 1922년 어린이날 제정 : 5월 1일 • 1923년 잡지 <어린이> 발행 • 1923년 색동회 : 방정환 • 1927년 조선소년연합회(전국)	• 1920년 조선여자교육협회 : 차미리사 　└ 근화여학교(1920) • 1922년 조선여자기독교청년연합회 　└ YWCA • 1924년 조선여성동우회 : 사회주의 • 1927년~1931년 근우회 : 민족유일당 ※ 근우회 　└ 김활란, 유영준, <근우> 발행 　└ 조선 여자의 단결을 도모 　└ 조선 여자의 지위 향상 도모 　└ 국내, 도쿄, 간도에 지회 설립	★ 조선형평사 : 1923년 진주 • 1925년 서울로 본부 이동 • 1927년 전국에 지사, 분사 설치 • 백정 이외도 가입 가능, 일본 수평운동의 영향을 받음 • 다른 사회 운동과 협력 • 1930년대 호적에서 백정 표시 ×, 학교 입학 허용 • 대동사 : 1935년 회원들의 경제 이익 단체 • 반형평운동 : 농민, 소고기 불매 운동	• 조직 : 1926년 • 혁명대당 : 조선 신문화 운동 → 신조선 건설 • 해체 : 1937년~1938년 수양동우회 사건 • 1938년 안창호 죽음 이후 이광수는 친일화 ※ 기타 　• 발명학회 : 1924년, 과학조선 발행(1933) 　• 안창남의 고국 비행 : 1922년

1. 일본의 역사 연구

목적	식민 지배를 정당화할 목적으로 우리 역사를 왜곡
단체	• 조선사 편수회 : 1925년 조직 <조선사> 편찬(1925~1938년) • 청구학회 : 1930년, 일본이 조직한 어용 단체
역사왜곡	• 정체성론 : 봉건사회 결여론, 우리역사가 10세기 고대사에 정체 • 타율성론 : 우리 역사의 자율성 왜곡, 만선사관, 임나일본부설 • 당파성론, 일선동조론 등 ★ 임나일본부설 : 칠지도, 광개토대왕비 왜곡, 일본서기 등을 근거로 주장 ★ 반도사 : 1910년대 일본 총독부가 역사를 왜곡하기 위해 편찬

민족주의 사학	
목적	역사 연구를 독립운동의 수단으로 강조
주도	박은식, 신채호, 정인보, 문일평, 안재홍
특징	우리 역사의 특수성 강조, 정신적 투쟁 방식 강조

★ 기타 역사 연구
• 사회 · 경제사학 : 백남운, 유물사관을 통해 민족주의 사학 비판, 보편성을 통해 정체성론 비판
• 실증사학 : 진단학회(1934년 이병도, 손진태 등), 랑케의 실증사학 강조, 객관적인 역사 연구 강조
  ↳ 역사를 학문의 단계로 발전, 독립운동에 소극적 / 이상백 '조선 문화사 연구 논고', 실증주의 강조

2. 주요 인물

	박은식	신채호	정인보	문일평	안재홍	백남운	손진태
호	백암, 태백광노	단재	위당	호암	민세		
강조	혼(정신, 신)	낭가 사상	조선의 얼	조선 심	민족 정기	유물사관, 보편성	랑케의 실증사학

학문과
종교 활동
	• 근대사 연구
	• 1909년 유교구신론 저술
	• 1909년 대동교 창시
	• 대종교적 역사 인식 수용
	• 만주 환인 지방 동창학교 참여
		• 고대사 연구 치중
		• 만주 환인 지방 동창학교 참여
			• 신채호의 민족주의 사관 계승
			• 1934년 조선학 운동 참여
			• 광개토대왕비문 왜곡 반박
				• 한글 강조, 세종대왕 강조
				• 역사 주체 : 대중과 민중
				• 1934년 조선학 운동에 참여
					1934년 조선학운동 참여	• 유물사관 : 민족주의사학 비판
						• 보편성 : 정체성론 비판
						• 자본주의 맹아론 연구
							• 진단학회 참여
							  ↳ 1934년
							  ↳ + 이병도 등
							• 객관적 역사 연구

언론 활동	황성신문, 대한매일신보 주필	• 황성신문 기자, 대한매일신보 주필
		• 연해주의 해조신문과 권업신문 발행
		• <신대한> 창간, <천고> 발행
			★ 조선학운동 : 1934년, 정약용 서거 99주기를 기념하며 전개
			• '문화가 살면 민족은 죽지 않는다.'라고 하며 정인보, 문일평, 안재홍 등이 주도
			• 실학 연구하며 우리 학문의 보편성과 특수성 강조
			• 실학을 역사적 용어 사용 자본주의 맹아론, 1935년 <여유당전서> 간행
						※ 진단학회
						  ↳ 1934년~1942년
						  ↳ 이병도와 손진태, 신석호, 김상기, 김상백 등
						  ↳ 조선과 인근의 문화를 연구
						  ↳ 청구학회에 대항하며 조직, <진단학보> 발행	

정치 활동	• <열자>의 우공의 지혜 강조
	• 독립협회와 신민회에 가담
	• 1908년 서북학회 창립
	• 중국의 동제사, 신한청년당
	• 대동보국단 참여
	• 1925년 임시정부 2대 대통령
	• 대한국민노인동맹단 조직
		• 신민회 가입, 신한청년당 참여
		• 임시정부 탈퇴 → 군사통일주비회
		• 1923년 국민대표회의 소집 주도
		  ↳ 창조파
		• 1928년 체포
		• 1936년 뤼순감옥에서 옥사
			연희 전문 학교 강의
			  ↳ 한문학, 조선 문학
				• 계급 간의 투쟁 강조
				• 혁명가 강조
				• 민족 · 민중 · 실리 지향
				• 역사의 대중화 기여
					• 신간회 참여
					• 신민족주의와 신민주주의
					  ↳ 해방 이후 좌우단결 강조
					  ↳ 통일 정부 수립 지향
					  ↳ 조선 국민당 당론
					• 미군정 시기 민정장관
					• 좌우합작운동에 참여
						• 해방 이후 : 신민당 조직
						• <조선민족의 진로>
						  ↳ 연합성 신민주주의
						  ↳ 좌우 합작의 통일 정부
							독립 운동 소극적
							  ↳ 비판

저술활동	• 서사건국지 • 한국통사, 한국독립운동지혈사 • 연개소문전, 안중근전 • 동명성왕실기 • 왕양명실기, 유교구신론	• 독사신론 : 1908년 대한매일신보 ↳ 민족 중심, 동국주족 단군의 후손 • 천희당시화 : 문학 평론, 대한매일신보 • 조선혁명선언 : 1923년 의열단 선언 • 조선사연구초 : 1929년 묘청 강조 • 조선상고사 : 1931년, 아와 비아 투쟁 • 이순신전, 최도통전, 을지문덕전 등 • 조선상고문화사 등	• 5천년 간 조선의 얼 • 조선사연구 • 양명학연론(1933년, 동아일보)	호암집, 한 · 미관계50년사	• 조선상고사감 • 불함철학대전, 조선철학	• 1933년 조선사회경제사 • 1937년 조선봉건사회경제사	• 국사대요 • 조선민족사개론

★ 기타 학자
• 현채(<유년필독> 등의 역사 교과서 편찬), 정교(<대한계년사>를 저술하여 일제의 침략 비판)
• 전형필 : 호는 간송, 오세창의 지도로 문화재 수집, <훈민정음> 원본 구입하여 보존
• 이광수 : 민조개조론(1922), 민족적경륜(1924), 자치운동 제기, 1917년 무정
• 황현(<매천야록>, 한 · 일합방 때 절명시를 쓰고 자결), 안확(조선문명사), 장도빈(조선사상사)
• 최남선 : 붉 사상 강조, 불함문화론, 1908년 해에게서 소년에게, 잡지 <소년>창간

1. 문학과 예술

	1910년대	1920년대	1930년대
문학	• 최남선 : 1914년 청춘, 1924년 시대일보 창간 • 이광수 : 1917년 무정(최초의 근대적 장편소설) 　└ 매일신보	• 낭만주의 문학 : 순수문학, 자포자기, 창조(김동인) · 백조(염상섭) · 폐허 등 • 저항문학 　└ 초혼(김소월, 1925), 빼앗긴 들에도 봄은 오는가(이상화, 1926), 님의 침묵(한용운, 1926) • 사실주의 문학 : 식민지 현실을 사는 개인 삶 표현 　└ 염상섭의 만세전(1924년), 현진건의 운수좋은 날(1924년) 등 • 신경향파 문학 : 사회주의 영향, 카프(1925~1935), 프로문학(계급투쟁 강조) • 국민문학 운동 : 프로문학 비판, 민족주의 이념 강조(1933년 이효석이 구인회 조직) ※ 1928년 조선일보에 홍명희는 <임꺽정> 연재	• 대부분이 친일화 • 저항문학 　└ 심훈 : 그날이 오면(1930년, 발표 ×) 　└ 이육사 : 광야, 자오선, 청포도(1940) → 옥사 　└ 윤동주 : 서시, 참회록, 별헤는 밤 → 28세 옥사 • 하늘과 바람과 별과 시 : 윤동주, 해방 후 1948년 출간 • 흙(이광수, 1932), 유정(이광수, 1933), 토막(유치진, 1931년~1932년) • 상록수(심훈, 1935년), 이상(날개 1936년), 조지훈(승무 1939년) 　└ 1934년 당진 필경사 설계
연극		극예술협회(1921), 토월회(1923년~1926년) ※ 판소리와 가면극 위축, 신파극(장한몽 등) 유행, 판소리가 창극에 의해 전승	• 극예술연구회 : 1931~1938년, 유치진 토막 공연 • 동양극장 : 1935년, 최초의 연극 전용 극장 • 중일전쟁 이후 일본의 탄압 → 일본어 연극만 허용
잡지		• 개벽 : 1920~1926년, 천도교 / 별건곤 : 1926년, 취미 등 주체 다룸 • 삼천리, 신여성 등	
체육	황성 YMCA 야구단 : 1904년~1913년, 최초	• 조선 체육회 : 1920년 • 경평 축구 대회 : 1929년	1936년 손기정, 베를린 올림픽 금메달, 동아일보와 조선중앙일보 일장기 삭제
음악		• 홍난파 봉선화(1920년 애수라는 곡 발표 후 1925년 노랫말을 만들어 봉선화로 발표) • 1926년 윤심덕 '사의 찬미' • 측음기, 레코드, 대중가요 등장	• 1931년 현제명 고향 생각 • 1936년 안익태 코리아 환상곡 • 1930년대 트로트(일본 엔카의 영향) 대중가요로 정착
영화 방송		• 1924년 키네마주식회사 • 1926년 나운규의 <아리랑> : 민족의식 고취, 독립운동 혐의로 옥고 • 1927년 경성방송국, 식민통치에 이용	• 서양 영화 상영 • 1935년 유성영화 등장 • 1940년 조선 영화령 : 일본이 영화 통제
미술	• 고희동 : 최초 서양화가, 자화상(1915) • 나혜석 : 최초 여류화가, 3 · 1운동에 참여 • 안중식 : 동양화, 장승업 제자, 3 · 1운동 때 체포 • 서화협회 : 1918년, 초대 회장 안중식		이중섭 : 1940년대 주로 활동, 근대회화 선구 　└ 소와 어린이를 주로 그림
국어 연구	일본어 : 국어 / 우리말 : 조선어	조선어연구회 : 1921년 　└ 1921년, 장지영, 김윤경, 임경재 등 　└ 1926년 가갸날 제정 → 1928년 한글날 개칭 　└ 1927년 잡지 <한글>간행 ★ 주시경의 제자들 • 김두봉 : 1942년 조선독립동맹 조직, 우리말 사전<말모이 편찬>, 북한 언어 정책 정비 • 최현배 : 조선어학회 사건으로 옥고 　└ 대한민국 문교부 편수 국장, 대한민국 문법의 기초 　└ <우리말본> 편찬, 대한민국 한글 학회 이사장	조선어학회 : 1931년~1942년 　└ 1931년~1942년 최현배, 이극로 등 　└ 한글 교재 제작, 우리말 큰사전 편찬 시도, 말모이 작전 　└ 1933년 조선어 강습회 개최, 맞춤법 통일안 제정 　└ 1936년 표준말 모음 　└ 1938년 외래어 표기 통일안 제정 　└ 1942년 조선어학회 사건으로 해산, 이윤재, 한징 옥사 ※ <우리말 큰사전> : 1958년 한글학회에서 편찬

2. 일제 강점기 사회

의생활	• 흰옷 대신 검정 등의 염색한 옷 강요 ✦ 색복장려회 : 1930년대 전국 조직 • 학생과 공무원 → 제복 강요 • 고무신, 운동화, 구두, 양복 확산, 개량 한복 • 단발머리 유행 • 중일전쟁 이후 남성은 국민복, 여성은 **몸뻬**(일바지, 왜바지) 강요 ✦ 1920년대 이후 단발과 양장의 모던걸 유행, 단발과 면도, 양복과 구두 유행 ✦ 1920년대 신여성, 삼천리 등의 잡지 등이 새로운 패션이나 화장법 소개
식생활	• 중국 음식 : 자장면, 호떡 유행 • 일본 음식 : 우동, 어묵, 청량음료, 식용유, 조미료, 통조림 • 기타 : 아이스크림, 캐러멜, 비스킷, 커피, 맥주 등 유행 • 일반 서민 : 쌀 부족, 잡곡밥, 나무껍질 등
주거생활	• 농촌 : 전통적인 3칸의 초가집 대부분 • 도시 : 전통가옥과 일본식과 서양식 주택 절충 • 빈민 : 토막집 • 문화주택 : 1920년대 보급, 상류층, 벽돌과 유리 사용, 현관 화장실, 개량 한옥 • 영단주택 : 서민 주택으로 일본식 주택 + 온돌 결합, 1941년 일본이 제작하여 보급
교통	• 1910년대 : 호남선, 전라선, 경원선 완공 • 택시와 버스 등 새로운 교통 수단 등장

경성	• 충무로 : 1885년부터 일본인들이 터를 잡음
	• 청 · 일 전쟁 이후 : 혼마치(본정)이라는 일본인 거주 지역 형성
	• 남촌 : 일본인 거주 지역
	    └ 본정 : 충무로 일대
	    └ 황금정 : 을지로 일대
	• 북촌과 종로 : 한국인 거주, 1931년 화신백화점(박흥식)

용산	• 일본군이 건설, 광복 후 미군이 그대로 사용
	• 조선 : 군자감(군수물자 관리), 대동미 보관 관청
	• 임진왜란 : 일본군 주둔
	• 1884년부터 외국인 거주하며 국제 무역
	• 1900년 한강철교 개통
	• 러 · 일전쟁 : 용산에 경의선 철도 건설 관청 설치
	• 일본 용산군 기지 건설 : 1906년~1913년
	    └ 조선 총독과 사령관 관사, 일본군 사령부와 부대 설치
	• 해방 이후 : 미군이 용산 기지 주둔, 캠프 서빙(1949년까지 주둔)
	• 1950년 6 · 25 전쟁 : 북한이 용산을 지휘소로 사용
	• 6 · 25 전쟁 당시 서울 수복 후
	    └ 미군이 용산기지를 영구 기지로 만듦
	    └ 1957년 유엔군 사령부, 미군 사령부 설치
	    └ 1978년 한 · 미 연합 사령부

✦ 서울의 변화
• 북촌 : 한국인들이 거주 vs 남촌 : 일본인 거주 → 백화점, 상가 등 발달
• 변두리 : 토막집을 짓고 빈민들이 거주
• 총독부는 경복궁, 창덕궁 등 건물을 헐고 도시 개수
✦ 화신백화점 : 1931년 반민족행위자 박흥식 설립, 한국인이 세운 최초의 백화점
✦ 1920년대 : 우측통행 대신 좌측통행을 일반화

✦ 신흥도시 성장
• 행정구역상 '부'라 불림
• 1910년대 개항장이 도시로 성장
• 대전 : 1914년 호남선 개통으로 교통 중심지 성장
• 개성 : 배일감정이 강해 발전이 지체됨
• 대전과 신의주 : 물산 집산지로 성장
• 군산(1899년 개항)과 목포(1897년 개항) : 항만도시로 성장, 군산 장미동(쌀 보관 창고)
• 진해 : 일본 해군 군항이 개발되면서 성장
• 함흥과 청진 : 1930년대 식민지 공업화 정책으로 공업도시로 성장
• 공주, 경주, 개성 : 전통 도시는 식민지 지배 정책에서 소외

✦ 도시 빈민
• 노동자의 상당수는 막노동자, 지게꾼, 수레꾼 등
• 토막 거주

✦ 일제 강점기 여성의 지위
• 조선 시대보다 더욱 여성의 지위는 악화
• 재산과 친권 상속에서 배제
• 결혼한 여성은 남편의 허락을 받아야 취업 가능
• 임금 : 남성의 절반 수준
• 여성의 재산 소유권과 처분권 인정 ×

✦ 일제 강점기 여성 운동
• 조선 여자 교육회 : 1920년 차미리사, 근화여학교 설립
• 조선 여자 기독교 청년 연합회(YWCA)
• 조선 여성 동우회 : 1924년, 사회주의 단체
• 근우회 : 1927년, 여성단체 민족유일당
• 나혜석 : 화가(유화), 소설가, '이혼 고백서'
• 강향란 : 최초의 단발 여성(기생)
• 정칠성 : 기생, 3 · 1운동 참여, 조선 여성 동우회, 신간회와 근우회 참여
• 박자혜 : 신채호와 결혼, 의열단 활동 지원
• 김마리아 : 2 · 8독립선언 참여, 대한민국 애국 부인회 조직, 임시정부 최초 여성 대의원 선출
• 강주룡 : 최초 여성 노동운동가, 1931년 평양 을밀대 농성
• 권기옥 : 최초의 여성 비행가, 임시정부 공군 계획 설립, 대한민국 공군의 어머니
• 최은희 : 최초의 여기자, 조선일보

3. 종교 운동

	개신교	천주교	유교	불교	대종교	천도교	원불교
전래·창시	개항 이후 전래	1886년 프랑스와 수교로 인정	대동교 : 1909년, 박은식		• 1909년 나철과 오기호 • 단군 신앙	동학 → 1905년 손병희가 개칭	1916년 익산, 박중빈
확산	• 서북지방 중심 • 대부흥운동 : 1907년 평양						

활동	• 세브란스병원 설립
	• 소래교회(최초 교회 1883)
	• 3·1운동에 참여
	• 신사참배 거부 운동
	   ↳ 숭실과 숭의여학교 폐교
	   ↳ 주기철 목사 순교
		고아원과 양로원 등 사회사업	• 위정척사 운동
			• 친일화
			• 성균관 → 경학원(일본)
			• 파리장서사건
				• 1911년 사찰령으로 탄압
				• 3·1운동에 참여
					• 만주에서 주로 활동
					• 무오 독립 선언 참여
						• 1919년 3·1운동 주도
						• 1922년 자주호국선언 발표
						• 여성운동, 청년, 소년운동 주도
						• 1921년 천도교 소년회 조직
						• 1922년 어린이날 제정
							• 개간과 저축 사업 전개
							• 불교의 대중화, 생활화
							• 금주, 단연 운동
							• 허례허식 폐지
							• 새생활 운동

주요 건물	정동교회 : 최초 교회 건물 1897	• 약현성당 : 1892년, 서소문 • 명동성당 : 1898년, 고딕양식			☆ 자주호국선언(1922) "존경하는 천도교인과 민중여러분! 우리 대한은 당당한 자주독립국이며 평화 를 애호하는 국민임을 재차 선언합니다."		

언론		1906년 경향 발행	유교구신론
			  ↳ 1909년 박은식
				• 조선불교유신론
				  ↳ 1913년 한용운
				• 유심 : 한용운, 1918년
						• 보성사 : 출판사
						• 만세보 발행
						• <어린이> <개벽> <학생> 등 발행	

학교	• 배재학당, 이화학당 • 숭실과 숭의여학교 등				동창학교 : 만주 환인 ↳ 신채호, 박은식 참여	보성학교와 동덕여학교 운영	

단체	• 조선중앙기독교청년회
	• 조선기독교여자청년연합회
		의민단 : 일부 신자가 조직
		  ↳ 청산리전투에 참여
			대동학회 : 1907
			  ↳ 친일단체
				• 조선불교유신회 : 1921년
				  ↳ 한용운, 사찰자치운동
				• 만당 : 1930년, 한용운
					• 중광단, 대한정의단
					• 북로군정서군 조직
					• 신민부에 참여		

탄압	1911년 105인 사건으로 탄압			사찰령 : 1911년 ↳ 일본이 탄압	• 일본이 대종교 부정		

현대 사회의 전개

해방 전 상황	
해방	1945년 8월 15일

- 1943년 11월 카이로 회담 : 미·영·중, 최초의 독립 약속, "적당한 시기에 한국의 독립 약속"
- 1945년 2월 얄타회담 : 미·영·소, 소련군의 일본전 참전, 신탁통치 언급, 38도선 분할 밀약
- 1945년 7월 포츠담 선언 : 미·영·중 + 소, 일본의 무조건 항복 요구, 한국 독립 재확인
- 소련군 : 1945년 8월 11일 한반도 진주 → 8월 말 일본에게 38도선 이북의 행정권 접수

※ 해방 직전 : 여운형이 총독부와 치안권 이양 교섭

- 건국준비위원회 : 1945년 8월 15일, 건국동맹을 모체로 설립 → 완전한 독립 국가 건설 목표
  └ 위원장 여운형, 부위원장 안재홍, 좌·우 합작, 좌파가 다수   ※ 우파의 김성수와 송진우 불참
  └ 전국에 145개 지회와 치안대 조직, 행정과 치안 담당
  └ 안재홍 등의 우파가 이탈 → 1945년 9월 6일 조선인민공화국 수립(좌파 중심) → 주석(이승만, 취임 거부), 부주석(여운형)
- 미군정 실시 : 1945년 9월 9일, 건국준비위원회와 조선인민공화국 부정, 임시정부도 부정

※ 1945년 10월 이승만 귀국(완전 독립, 38도선 철폐) → 11월 김구 등 임시 정부 요인 입국

모스크바 3국 외상 회담	1945년 12월

미·영·소의 외상들이 회담 → 4개 항 결의

※ 모스크바 3국 외상 회담 결정 사항
- 임시정부 수립
- 미·소공동위원회 개최 : 정부 수립을 위한 협의체 구성 논의
- 신탁통치 : 최고 5년간, 미·영·중·소 4개국
  └ 미국이 먼저 제안, 소련은 즉시 독립 주장

※ 우파 : 반탁 주장, 대한독립촉성국민회 vs 좌파 : 반탁 주장 → 찬탁 주장, 민주주의 민족전선
※ 민중들은 반탁 → 철시와 시위, 파업 실시

1차 미·소 공동 위원회	1946년 3월

- 덕수궁, 미국 아놀드 + 소련 스티코프
- 소련 : 찬탁 세력(좌파)만 정부 협의체에 참여 vs 미국 : 모든 단체의 정부 협의체 참여
- 결과 : 합의 × → 무기한 휴회

※ 1946년 6월 이승만의 "정읍발언" : 남한만의 자유주의 단독 정부 수립 주장
※ 1946년 7월 여운형과 김규식의 좌우합작 운동   ※ 여운형 암살 : 1947년 7월 혜화동

2차 미·소 공동 위원회	1947년 5월

1947년 3월 트루먼 독트린 발표 이후 냉전 체제 강화로 2차 미·소공동위원회도 결렬

※ 미국이 9월 유엔총회에 한국 문제 이관

유엔 총회	1947년 11월

인구비례에 의한 총선거 결정 → 1948년 3월, 선거 관리를 위해 유엔 임시위원단 파견

※ 1948년 1월 유엔 임시위원단이 남한의 선거구 조사 후 입북 시도 → 북한과 소련이 거부

유엔 소총회	1948년 2월

- 가능한 지역(남한)에서만 총선거 결정(지지 : 이승만, 한국민주당, 이시영 vs 대부분은 반대)
- 1948년 2월 10일 : 김구는 '삼천만 동포에게 읍고함'을 통해 유엔 소총회 결정 저지 시도

※ 1948년 4·3사건 : 제주도, 공산주의자들이 단독 정부 수립 반대 시위   ※ 순이삼촌, 지슬
※ 1948년 4월 남북협상 : 김구와 김규식이 제안 → 북한의 김일성과 김두봉이 수락
  └ 남북 주요 정당·사회단체 연석회의, 남북지도자회의

5·10 총선거	1948년 5월 10일

- 북한을 제외한 남한의 198개 선거구에서 개최(제주도의 2개 선거구는 미실시 → 다음 해 실시)
- 만 21세에게 선거권 부여   ※ 김구와 김규식 등은 불참, 남조선 노동당은 선거 반대 투쟁
- 198명의 제헌국회의원 선출 : 무소속이 다수, 이승만의 대한독립촉성회가 다수당, 한국 민주당은 소수
- 1948년 8월 15일 대한민국 정부 출범 → 9월 9일 조선민주주의인민공화국 수립(북한)
- 1948년 12월 유엔총회에서 대한민국 정부만 인정

☆ 해방 전 건국준비 : 민주주의 공화국 수립
- 충칭 임시정부(한국독립당) : 1941년 건국 강령 반포, 조소앙의 삼균주의 토대
- 조선독립동맹 : 1942년 김두봉, 조선의용군을 거느리고 활동
- 조선건국동맹 : 1944년 여운형, 비밀 조직으로 국내에서 조직
  └ 10도 지방조직 정비, 농민 동맹 등 조직, 군사위원회 조직, 노동군 편성 계획
  └ 노동 대중의 해방 목표, 징용과 징병, 식량 공출 등을 방해

☆ 미군정과 소련군정

미군정	소련군정
• 직접 통치, 총독부 유지	• 간접 통치 • 인민위원회에 행정권 이양
• 친일파 처단에 소극적	친일파 처단에 적극적
• 토지 개혁 ×, 신한공사(1946년) 설립 • 소작료 1/3로 제한	• 1946년 3월 토지 개혁 └ 무상몰수, 무상분배, 5정보
• 미곡 공출 배급 폐지 → 1946년 미곡 통제 정책	

<모스크바 3국 외상 회담>
1. 조선을 독립 국가로 재건하여 … 일본의 가혹한 정치의 잔재를 급속히 일소하기 위하여 조선 민주주의 임시 정부를 수립하여 …… 2. 조선 임시 정부의 구성을 원조할 목적으로 미군과 소련군 대표자들로 공동 위원회가 설치될 것이다. 3. 공동 위원회는 최고 5년 기한으로 4개국 신탁 통치의 협약을 작성하기 위해 …

※ 좌우 합작 운동 : 여운형, 김규식, 안재홍 등
- 이승만 정읍발언에 반발하며 통일 정부 수립 후 신탁 문제 결정 주장
- 좌우 합작 위원회(1946년 7월, 우파 5명, 좌파 5명) → 좌우 합작 7원칙 제정(1946년 10월)
- 미군정은 좌우 합작 운동 지원
  └ 남조선 과도 입법 의원(의장 김규식), 민정장관에 안재홍 임명
- 좌우 합작 7원칙 : 김구는 지지, 이승만은 조건부 찬성, 조선공산당·한국민주당은 부정적
  └ 미·소 공동 위원회 속개 주장, 통일 임시정부 수립 주장
  └ 토지 : 몰수·유조건 몰수·체감 매상하고 무상으로 농민에게 분배
  └ 친일파 처단 : 조례 제정 후 입법기구(남조선과도입법의원)에 제안
- 실패 : 좌우 핵심세력의 외면, 냉전 강화, 여운형 암살(1947년 7월) → 1947년 10월 해체

※ 제주도 4·3 사건 : 1948년 4월 3일 무장봉기
- 배경 : 1947년 3·1절 행사 사건으로 제주도민의 반발이 커짐
- 목표 : 남조선 노동당과 일부 주민들이 주도, 단독선거 저지, 단독 정부 수립 반대

※ 남북협상(남북지도자회의) : 김구, 김규식, 조소앙, 김원봉, 홍명희 등 [미국·소련 부정]
  └ 단독 정부 수립 반대, 전국 총선에 의한 통일 정부 수립
  └ 5·10 총선거 불참, 미군과 소련군 철수, 내전 발생 부인

※ 제헌 국회 : 임기 2년, 국회의장 이승만, 제헌헌법 제정(임시정부 계승 명시)
  └ 제헌헌법 : 대통령제, 임기 4년, 1회 중임, 간선제(국회에서 선출, 내각책임제 요소)
  └ 1948년 7월 대통령에 이승만, 부통령에 이시영 선출
  └ 1948년 9월 반민법 제정, 1949년 6월 농지개혁법 제정, 균등사회, 주요 산업 국유

정당	이승만	김구(김창수)	김성수	안재홍	김규식	여운형
	독립촉성중앙협의회	한국독립당	한국민주당	조선국민당	민족자주연맹	조선인민당
개항 이후	• 1895년 배재학당 입학 • 1896년 협성회 → 협성회보 창간 • 1905년 미국 유학(워싱턴대학) • 독립협회, 신민회 참여	• 동학농민운동과 신민회 참여 • 1896년 쓰치다를 처단 • 안중근 의거에 연루 → 구속 • 1911년 105인 사건 → 구속				1907년 국채보상운동 지회 설립
임시정부	• 임시정부 초대 대통령 • 구미 위원부에서 활동 • 위임통치론 → 1925년 탄핵 • 만주의 한국인들 저술 • 1942년 미국의 소리 방송 • 1940년 일본내막기	• 1919년 초대 경무국장 • 1923년 내무 총장 • 1924년 국무총리 대리 • 1926년 국무령 취임 • 1930년 한국독립당(이시영 등) • 1931년 한인애국단 조직 • 1935년 한국국민당 조직 • 1940년 한국독립당 조직 • 1940년 임시정부 주석 취임			• 파리위원부에서 활동 • 1942년 임시정부 국무위원 • 1944년 임시정부 부주석	• 임시정부 의정원 의장 • 임시정부 외무부 차장 • 상해에 인성학교 설립 • 상해 고려 공산당 가입 • 국민대표회의 : 개조파
일제강점기			• 경성방직주식회사 사장 • 동아일보 사장 • 보성전문학교 교장 • 민립 대학 설립 운동 참여	• 비타협적 민족주의 • 1927년 신간회 참여 • 민족정기, 조선상고사감	• 파리강화회의 참여 └ 신한청년당 대표 └ 임시정부 대표 • **1935년 민족혁명당 주석**	• **신한청년당 당수** • 1933년 조선중앙일보 사장 취임 └ 1936년 일장기 말소 사건, 사장 사퇴 • 1942년 구속 • 1944년 건국동맹 조직 : 국내 • 1945년 엔도와 치안권 이양 협상
해방 이후	• 1945년 10월 귀국 • 독립촉성중앙협의회 조직 • 반탁운동 전개 • 1946년 정읍발언 : 단독 정부	• 1945년 11월 귀국 • 통일 정부 수립, 반탁운동 • 1948년 2월 삼천만동포에게 읍고함 • 1948년 4월 남북협상 참여 • 1948년 7월 통일독립촉성회 조직	• 송진우와 한국민주당 조직 • 건국준비위원회에 불참 • 미군정에 협조적 • 임시정부 봉대론 주장	• 건준의 부위원장 • **신민족주의와 신민주주의** • 좌우 합작 운동에 참여 • 미군정 시기 민정장관	• 민족자주연맹 조직 • 좌우합작운동 주도 • 남조선과도입법의원 의장 • 남북협상 참여	• 1945년 8월 건국준비위원회 위원장 • 1945년 8월 조선인민공화국 부주석 • 1945년 11월 조선인민당 조직 • 1946년 7월 좌우합작운동 주도 • 1947년 5월 근로인민당 창당
건국 이후	• 대한민국 초대 대통령(국회선출) • 직선제로 2대, 3대 대통령 선출 • 1960년 4·19혁명으로 하야	1949년 6월 경교장에서 암살 └ 안두희에게		1950년 납북 → 사망	1950년 사망	1947년 7월 암살, 혜화동
기타		유엔 총회 이후 └ 총선거 실시 주장 └ 유엔이 소련 설득할 것 주장 └ 남북한 정치범 석방 주장 └ 미·소양군 철수 주장 └ 남북 지도자 회의 소집 요구	• 대한민국 임시정부 지지 • 미군정에 협조적 • 5·10 총선거 : 소수 전략	★ 박헌영 : 조선공산당, 부르주아 민주주의 혁명론 ★ 신익희 : 대한국민당 ★ 백남운 : 신민당, 조선민족의 진로, 연합성 신민주주의		

1. 1공화국 주요 정책

정부 조직	• 1948년 8월 15일 대한민국 정부 수립, 미군정 사령관 하지는 군정 종료 선포 • 대통령 이승만, 부통령 이시영 ※ 국회의장은 신익희, 국무총리는 이범석, 대법원장에는 김병로 • 상하이 임시정부의 요인이 요직을 차지 ※ 한국민주당은 내각 조직 과정에서 야당으로 전락	※ 농지 개혁법 : 1949년 6월 제정 → 1950년 3월 시행 • 유상 몰수, 유상 분배, 3정보 기준 • 농가가 아닌 자의 농지 몰수, 자경하지 않는 자 농지 몰수, 규정 한도 이상 몰수
반공 정책	• 1948년 여수 · 순천 10 · 19 사건을 계기로 반공 정책 강화 → 1948년 11월 20일 국가보안법 의결 • 1949년 : 일민주의, 국민보도연맹(좌익 → 우익), 학도호국단 조직(4 · 19혁명 이후 폐지 → 1975년 부활 → 1985년 폐지) • 반공 통일 주장, 반공 청년단 조직, 대한 학도 반공 궐기 대회 개최, 반공독본(교과서), 글짓기와 포스터 대회, 반공 집회 등	• 농지만 대상 : 임야와 산림, 과수원 등은 제외 • 농업자본가를 산업자본가로 전환 시도 → 미흡 • 유상 분배 : 평균 수확량의 150%를 5년간 분할 상환(5년간 매년 30%씩 상환) • 한계 : 지주의 사전강매, 농지를 비농지로 전환, 반민족 행위자의 토지 몰수 조항 × • 의의 : 자작농 증가, 농촌 근대화 계기, 남한의 공산화 방지에 기여
친일파 처단	• 반민족 행위자 처벌법 : 1948년 9월 제헌 국회에서 제정 ※ 기술관 처벌 × ※ 반민족행위자 처벌 • 반민특위 구성 : 1948년 10월 (위원장 : 김상덕) → 1949년 1월 특별 조사 위원회 발족 → 1950년까지 임기 • 이승만 정부의 소극적 태도와 방해 공작 ★ 방해 공작 : 1949년 국회프락치 사건과 반민특위 습격사건(6 · 6 사건) • 활동 기한이 1949년 8월로 단축되었고, 이후 1949년 10월 반민특위가 해체되었다. • 결과 : 사형 1건, 무기 1건, 유기징역 100여 건 → 사형 집행 ×, 형 집행 정지	※ 1949년 도쿄에 주일 대표부 설치 : 국교 수립 전 외교 기관 ※ 국방 개편 : 국방 경비대를 국군으로 확대 개편, 육군과 해군 편성
교육과 경제 정책	• 국민 학교 의무교육, 민족교육은 미흡 ※ 미군정 시기 : 서울대학교안 발표(1946), 6 · 3 · 3 · 4의 학제 마련, 국민 학교 의무교육 • 중학교 → 중학교와 고등학교로 구분 • 경제 정책 : 1949년 6월 농지개혁법 제정, 1950년 한국은행법 제정	※ 이승만(우남) 우상화 생일을 임시 공휴일 제정, 태극기 게양, 꽃 장식 등 남산에 대통령 동상 건립, '우남' 호를 딴 공원 건립, 서울시를 우남시로 개칭 시도

2. 1공화국 정치사의 전개

1대 대통령 시절	2대 대통령 시절	3대 대통령 시절
1948년~1952년	1952년~1956년	1956~1960년

• 1948년 8월 15일 대한민국 1공화국 출범
 └대통령(이승만), 부통령(이시영)
※ 중앙청 : 옛 총독부 건물을 정부 청사로 이용
• 1948년 9월 반민법(제헌국회)
• 1948년 10월 19일 여수, 순천 10 · 19사건
• 1948년 11월 국회에서 국가보안법 의결
• 1949년 반민특위 발족, 학도호국단 결성, 국민보도연맹 회프락치사건, 반민특위 습격
  사건, 귀속재산처리법
  농지개혁법 공포(6. 21), 김구 암살(6. 26), 미군 철수
• 1950년 1월 애치슨 선언
  5월 국회의원 선거(이승만 세력의 패배 / 야당 승리)
  6월 25일 북한의 기습으로 6 · 25전쟁 발발
• 1951년 12월 자유당 창당 → 이승만 세력 강화
• 1952년 5월 부산정치 파동 : 내각제 주장하는 야당 의원 구속
  7월 1차 개헌 : 발췌개헌(직선제, 양원제 → 운영 ×)
  7월 2대 정 · 부통령 선거
    └대통령에 이승만, 부통령에 함태영(무소속) 당선
	• 1953년 7월 : 휴전 조약 체결
	  10월 한 · 미 상호 방위 조약, 학생의 날 제정
	• 1954년 : 2차 개헌
	★ 사사오입 개헌(2차 개헌)
	• 3선 금지 조항 적용 배제, 초대 대통령 중임제한 폐지
	• 대통령 유고 시 부통령이 대통령직 승계
	• 반발 : 호헌동지회 결성(야당)
	• 1956년 3대 대통령 선거
	  └이승만, 신익희, 조봉암 출마
	  └유세 중 신익희 사망
	  └대통령 자유당 이승만, 부통령 민주당 장면 당선
		• 1957년 : 우리말 큰 사전 완간(한글학회), 국민반(정부 정책 선전 등)
		• 1958년 1월 진보당 사건(진보당 해체) ※ 진보당 : 1956년 3대 대통령 선거 이후 조봉암이 조직
		  12월 24일 보안법 파동(신국가보안법, 대통령 비난 금지, 10년 이하 징역)
		• 1959년 4월 경향신문 폐간 → 7월 조봉암 사형(초대 농림부 장관, 농지 개혁의 틀 확립)
		• 1960년 3월 15일 4대 대통령 선거 → 마산에서 부정선거 규탄시위 → 4 · 19혁명 발발
		  4월 26일 이승만 하야, 경향신문 복간 → 4월 28일 허정 과도정부
		  6월 3차 개헌 : 내각책임제, 양원제
		  7월 5대 국회의원 선거 → 민주당 압승
		  8월 장면내각 출범 → 12월 경무대를 청와대로 개칭
		★ 4 · 19혁명 : 1960년 4월 19일 ※ 4 · 19 혁명 기록물 → 유네스코 기록유산 등재
		• 배경 : 3 · 15 부정선거(이기붕 부통령 당선 시도)와 경기 침체
		• 발발
		  └2월 28일 대구 경북고 학생 시위 → 3월 8일 대전 고등학생 시위 → 3월 15일 마산 고등학생 시위
		  └부정선거 규탄 시위 → 내무부 장관 사임, 김주열 열사 사망 → 4 · 18일 고대생 시위 → 4 · 19혁명 발발
		  └전국 확산, 경찰 과잉 진압(사망자 발생) → 전국 5개 도시에 계엄령 선포
		  └이기붕 당선 사퇴, 이승만은 자유당 총재 사퇴 → 4월 25일 대학교수들의 시국 선언
		  └4월 26일 이승만 대통령 하야 → **허정 과도 정부 수립**
		• 결과
		  └허정 과도 정부 : 3차 개헌(내각책임제, 양원제)
		  └7월 총선거 : 민주당 압승 → 8월 **장면 내각(2공화국 출범)**

3. 2공화국 장면 내각

장면 내각 수립
1960년 8월~1961년 5월 16일

- 4·19혁명 이후 실시된 총선에서 민주당이 압승   ※ 혁신정당 세력은 총선에 참여 → 국회 진입 ×
- 대통령 : 국회에서 윤보선을 4대 대통령에 선출, 임기 5년
- 국무총리 : 장면 선출   ※ 민주당 분열 : 구파(윤보선 지지) vs 신파(장면 지지) → 구파 이탈 신민당 창당
- 국정지표 : 독재 청산, 민주주의 발전, 경제 개발(자립 경제 강조), 남북관계 개선

★ 2공화국의 주요 사건
- 4차 개헌 : 부정선거와 부정 축재자, 반민주행위자 처벌을 위한 소급 근거 마련 → 실효 ×
- 경제 정책 : 경제 개발 5개년 계획 수립, 국토건설사업 실시, 한·미경제협정체결, 대일 국교 정상화 모색
- 통일 정책 : '선 경제 건설, 후 통일' 민간 통일운동 탄압, 민족자주통일협의회, 영세중립화론, 남북협상론
- 정치 개혁 : 군비 축소와 군의 정치적 중립 확보, 경찰 중립화, 공무원 공개 채용 제도 실시, 지방 자치제 실시
- 학생 운동
  └ 학도호국단 폐지, 학생회 조직, 남북학생회담 제의(가자 북으로, 오라 남으로)
  └ 신생활운동 : '커피 한잔에 피 한잔, 정치만 혁명이냐 생활도 혁명이다.' 등
- 사회 : 언론·출판·집회·결사의 사전 허가제 폐지, 교원노동조합(1960년), 한국노총(1960년)
- 한계 : 민주화 요구와 시민운동 탄압

4. 1961년 5·16 군사 정변과 군정

1961년 5·16 군사 정변
군정 실시 : 1961년 5월 16일~1963년 10월

- 1961년 5·16군사정변 : 박정희 소장과 김종필이 주도 → 계엄 선포, 군사혁명위원회 조직

★ 5·16 혁명 공약
1. 반공의 제1의 국시(國是)로 한다.
4. 민생고를 해결하고 국가 자주 경제 재건에 총력을 기울인다.
5. 통일을 위하여 공산주의와 대결할 실력 배양에 힘쓴다.
6. 과업이 성취되면 양심적인 정치인들에게 정권을 이양하고 군 본연의 임무에 복귀한다.

- 1961년 5월 18일 : 장면 내각 사퇴, 국가 재건 최고 회의 조직 → 2년 6개월간 군정 실시
- 민정 이양 발표
  └ 5차 개헌 : 1962년 12월, 대통령제, 1회 중임, 임기 4년, 직선제, 국회 단원제
  └ 1963년 1월 정치 활동 허용

★ 군정 시기 주요 사건
- 군정 실시 : 국가 재건 최고 회의(의장 박정희, 입법, 사법, 행정 3권 장악)
  └ 정치 활동 금지 : 정치 활동 정화법(1962년), 국회와 지방 의회 해산, 정당과 사회단체 활동 금지
  └ 국가 재건 비상 조치법 발표, 3·15부정선거 관련자 처벌, 조폭 검거
  └ 집회 금지, 언론 검열, 출국 금지, 민족일보 폐간(1961년 4월~1961년 5월 폐간)
  └ 중앙정보부 설치(1961년), 반공법 제정(1961년)
  └ 경제 개발 5개년 계획 시행(1962년), 1962년 10대 1의 화폐개혁(환 → 원 / 1962년), 농가 부채 탕감
  └ 1962년 김종필과 오히라의 비밀 회담
  └ 미국에 한국군의 베트남 파병 제한하였으나 거절 → 이후 미국이 다시 요구

5. 3공화국

3공화국
1963년 12월~1972년 12월

- 1963년 5대 대통령 선거에서 민주공화당 박정희가 대통령 당선 → 3공화국 수립 : 국정지표 '조국 근대화, 국가 안보 강화'
- 1967년 6대 대통령 선거에서 민주공화당 박정희가 대통령 당선
- 1969년 6차 개헌 : 3선 개헌으로 장기 집권의 기반 마련
- 1971년 7대 대통령 선거에서 김대중을 누르고 박정희가 대통령에 당선
- 1972년 7차 개헌 : 10월 유신 이후 유신헌법 제정, 박정희의 장기 집권 시도

★ 유신헌법 내용 : 한국적 민주주의 → 독재 강화
- 대통령 임기 6년, 횟수 제한 ×, 간선제로 통일주체국민의회에서 대통령 선출
- 대통령이 국회해산권과 의원의 1/3 추천권 보유
- 대통령이 법관 임면권을 갖고, 긴급조치(1호~9호 : 1974~1975)를 발표

★ 유신헌법 (7차 헌법)
- 배경 : 1969년 닉슨 독트린으로 냉전 체제 완화, 경제 침체 → 박정희 정부의 위기 고조
- 1972년 '10월 유신 선포' : 10월 비상 계엄 선포
  └ 국회 해산, 정치 활동 금지, 헌정 중단 → 국무회의에서 유신헌법(7차 개헌) 제정
- 1972년 11월 국민투표 : 90% 이상이 찬성 → 1972년 12월 유신헌법 공포
- 1972년 12월 23일 통일주체 국민회의(의장 : 대통령)에서 박정희가 8대 대통령에 당선 → 4공화국 수립

3공화국 주요 사건

- 1963년 : 박정희, 윤보선을 누르고 5대 대통령에 당선, 광부와 간호사를 서독에 파견
- 1964년 : 민족적 민주주의 장례식 → 6·3항쟁 → 정권퇴진운동으로 발전, 인혁당 사건(1차) 조작
- 1964년 : 울산 정유공장 가동, 수출의 날 제정, 베트남에 비전투부대 파견
- 1965년 : 한·일 협정 체결, 베트남 파병(~1973)
- 1966년 : 브라운각서, 한·미행정협정, 석가탑에서 무구정광대다라니경 발견
- 1967년 : 구로공단 준공, 박정희 6대 대통령 당선, 동백림 간첩단 사건
- 1968년 : 북한 게릴라 청와대습격(1·21사건), 향토 예비군, 국민교육헌장, 포항제철 회사 설립
  울진과 삼척 무장공비 침투, 푸에블로호의 납북, 주민등록번호 발급 시작, 경인고속도로 준공
- 1969년 : 3선 개헌(6차 개헌), 닉슨독트린(냉전 완화), 마산의 수출자유지역 조성, 교련 실시, 중학교 무시험 제도 실시
- 1970년 : 경부고속도로 개통, 새마을 운동, 와우아파트 붕괴, 평화 통일 구상 선언, 전태일 분신
- 1971년 : 박정희 7대 대통령 당선, 광주대단지 사건, 무령왕릉 발견, 남북 적십자대표의 예비회담
  12월 국가 비상 사태 선언, 인천 실미도 특수대원 24명 노량진까지 진출하여 난동, 교련 반대시위
- 1972년 : 7·4남북공동성명, 10월 유신 (7차 개헌), 프랑스에서 직지심체요절 발견
  8·3사채동결, 통일주체국민회의에서 박정희 대통령 선출(8대), 북한 사회주의 헌법(주석제 신설)

6. 4공화국 유신정권

4공화국 : 유신정권

1972년 12월~1981년 3월

- 1972년 12월 통일주체국민회의에서 박정희, 8대 대통령 선출
- 1978년 12월 통일주체국민회의에서 박정희, 9대 대통령 선출
- 1979년 10·26사태 : 박정희가 김재규에게 시해 → 제주를 제외한 전국에 비상계엄 선포
  12월 통일주체국민회의에서 최규하가 10대 대통령에 선출
  12·12사태 : 신군부 전두환과 노태우가 군사권 장악
- 1980년 서울의 봄 : 유신철폐, 신군부 퇴진 요구 5월 17일 신군부는 전국에 계엄령 선포하고 정치 활동을 금지하고 김대중과 김종필을 체포
  5월 18일 5·18 광주 민주화 운동 발생 → 5월 31일 국가보위비상대책위원회 조직
  8월 최규하 하야 → 8월 삼청교육대 순화교육 발표 → 9월 전두환이 11대 대통령에 취임
  10월 8차 개헌 : 7년 단임 간선제, 전국구 의원 2/3를 제1당이 차지
- 1981년 1월 민주정의당 창당 → 3월 전두환이 12대 대통령에 취임 → 1981년 3월 5공화국 **출범**

★ 4공화국 시절 반유신 투쟁
- 김대중 일본에서 유신 체제 비판 : 1973년 김대중 피랍 사건
- 민청학련 : 유신 폐지 주장 → 1974년 2차 인혁당 사건 조작 탄압
- 민주 회복 국민회의 : 1974년, 종교인과 야당 정치인들이 조직
- 언론 자유 수호 투쟁 : 1974년 동아일보 기자 등
- 3·1 민주 구국 선언 : 1976년, 윤보선, 김대중, 문익환, 김승훈, 함석헌 등
- 1979년 10월 : 부마항쟁

★ <3·1 민주 구국 선언, 1976>
1. 이 나라는 민주주의의 기반 위에 서야 한다.
2. 경제 입국 구상과 자세가 근본적으로 검토되어야 한다.
3. 민족 통일은 오늘 이 겨레가 짊어진 최대의 과업이다.

★ 한·일 협정(1965년)
- 배경 : 미국의 요구와 경제 개발 자금 확보 위해 체결
- 과정 : 1962년 김종필·오히라 비밀회담 → 1964년 6·3항쟁 → 1965년 체결
- 문제점
  └→ 사죄와 배상 ×
  └→ 청구권을 경제 협력의 방식으로 타결 : 유상 2억 달러, 무상 3억 달러 제공
  └→ 위안부와 징병 피해자, 원폭 피해자, 약탈 문화재, 독도문제 → 해결 ×
- 부속 협정 : 어업, 재일교포 법적 지위와 대우, 경제 협력에 관한 협정, 문화 협력

★ 브라운 각서(1966)
한국군 현대화 지원, 파병의 장비 제공과 비용 원화 제공, 전쟁 물자를 한국에서 제공, 기술 원조, AID 차관

★ 4공화국 주요 사건
- 1972년 : 박정희 8대 대통령 당선(단독출마 99.9%지지)
- 1973년 : 김대중 피랍 사건, 포항제철 공장 준공, 100만인 헌법 개정 청원 운동 전개(장준하, 백기완), 6·23 선언
  경범죄 처벌법 개정(경찰이 장발과 미니스커트 단속)
- 1974년 : 1월 긴급조치 발동, 8월 15일 육영수 여사 피습(문세광), 11월 민주회복국민회의
  동아일보 언론 자유 수호 투쟁, 민청학련 사건(인민혁명당 재건위원회 사건~1975년), 천주교 정의 구현 전국 사제단
- 1975년 : 서울대생 김상진의 양심선언, 장준하 의문사, 학도호국단 설치, 민방위대 창설, 긴급조치 9호
- 1976년 : 3·1민주구국선언(명동성당), 판문점 미군 장교 2명이 북한군 군인의 도끼에 맞아 사망, 함평 고구마 보상 사건
- 1977년 : 100억 달러 수출 달성(→ 1981년 200억 달러 수출), 이리역 화약 운송 열차 폭발 사건
- 1978년 : 박정희 9대 대통령 당선, 고리 원자력 발전소 준공, 야당 신민당이 여당인 공화당을 득표율에서 앞섬
  한국정신문화연구원(성남, 판교), 국사편찬위원회의 <한국사>완간, 한·미연합사령부 발족, 동일방직노조 사건
- 1979년 : 국민연합 결성(윤보선, 김대중 등), Y·H 사건, 부마항쟁, 10.26 사태, 최규하 대통령 선출(10대), 12·12사태
※ 부마항쟁
  └→ Y·H 사건 : Y·H 여성 노동자의 신민당사 농성을 경찰이 강제 해산 → 김영삼의 항의
  └→ 박정희는 신민당 총재 김영삼을 국회에서 제명 → 부마항쟁 : 부산과 마산에서 학생들의 반정부 시위 발생
  └→ 1980년 : 서울의 봄(김대중 소요 조종 혐의 체포, 김영삼과 김종필 가택연금) → 5·18 광주 민주화 운동
※ 1980년 5·18 광주 민주화 운동 전개 → 반미 운동의 계기, 유네스코 기록유산 등재 / '님을 위한 행진곡'
  └→ 신군부 퇴진, 계엄 철폐, 김대중 석방 요구, 유신 철폐 요구
  └→ 신군부는 공수부대 동원해 무력 진압 → 광주 시민들 시민군 결성 → 무장 후 시가전 전개 → 실패
  └→ 1980년 8월 16일 최규하 대통령을 하야시킴 → 전두환이 11대 대통령 취임(통일주체국민회의)

7. 5공화국

5공화국 : 정의 사회 구현, 복지 사회 건설 등
1981년 3월~1988년 2월

- 1980년 10월 8차 개헌(대통령 간선제, 7년 단임제) → 전두환이 12대 대통령에 당선 → 1981년 3월 5공화국 출범

☆ 전두환 정부 시절 주요 사건
- 민주화 운동 탄압 : 삼청 교육대(1980년) 운영, 민주화 운동 학생 제적, 녹화사업, 대학교에 경찰 상주
- 언론 탄압 : 언론 통폐합, 언론인 해직, 보도 지침
- 경제와 정치
  - └ 중화학 공업 투자 재조정
  - └ 3저 호황(1986년)으로 고도 성장 → 2차 석유 파동 극복
  - └ 부정부패 공직자 처벌, 공직자윤리법(1981년)
- 사회와 교육
  - └ 과외 금지, 본고사 폐지, 졸업 정원제
  - └ 두발과 교복 자율화, 학생회 부활
- 회유책 : 국풍 81, 미스유니버스대회 유치, 컬러 TV 보급, 프로야구 · 씨름 창설, 야간 통행 금지 해제, 장발 단속 완화, 해외여행 자유

☆ 1987년 6월 민주 항쟁
- 1월 : 서울대 학생 박종철이 경찰의 고문으로 사망
  - └ 박종철 고문 치사에 대한 진상 규명 요구와 대통령 직선제 개헌 요구 시위
- 4월 : 4 · 13호헌 조치(전두환의 개헌 거부) → 국민 반발 심화
- 6월 9일 : 이한열 열사가 6월 9일 최루탄을 맞고 의식 불명
- 6 · 10 민주 항쟁 : 전국 18개 도시에서 '민주 헌법 쟁취운동 국민 본부' 중심 → 호헌 철폐, 독재 타도, 민주 헌법 쟁취
- 6월 18일 : 최루탄 추방 국민 대회 개최
- 6 · 29 선언 : 노태우 여당 후보가 직선제 개헌 수용
  - └ 9차 개헌 : 5년 단임 직선제, 헌법 재판소 설치, 대통령의 국회 해산권 폐지
- 1987년 12월 16일 제13대 대통령 선거에서 민정당(여당) 노태우 후보가 당선 → 1988년 2월 6공화국 출범

☆ 5공화국 주요 사건
- 1981년 : 1월 남북한 최고 책임자 상호 방문 제의
- 1981년 : 1월 민정당 창당 → 2월 전두환 12대 대통령 당선, 국풍81(여의도, 5월), 해외여행 자유화 조치 24회 서울 올림픽 개최 확정(9월), 수출 200억 달러 달성, 공직자윤리법
- 1982년 : **야간통행금지 전면 해제, 민족화합민주통일방안 제시, 경제사회발전5개년계획 시작** 부산 미국 문화원 방화 사건, 프로야구 출범
- 1983년 : 중고교생 복장 자율화, KBS 이산가족 찾기 생방송 시작, 대한항공 여객기 격추(소련군), 민주운동청년연합회 결성(김근태), 아웅산 테러(미얀마)
- 1984년 : 민주화추진협의회 발족, 북한측의 수해 물자 전달 제의 수락
- 1985년 : 서울 미국 문화원 점거, 남북 고향 방문단 방문, 전국학생연합, 신한민주당 창당
- 1986년 : 신민당과 민주화추진협의회 (직선제 개헌 1천만 서명운동), 부천 경찰서 성고문 사건, 금강산댐 사건
- 1987년 : 서울대 박종철 고문 치사(1월), 평화의 댐 착공, 6월 민주항쟁 → 6 · 29선언 → 9차 개헌(5년 단임, 직선제), 노동자 대투쟁(7월~9월/ 울산 등 중화학 공업 노동자들의 쟁의), 대한항공 858기 타이에서 폭파 추락, 13대 대통령 노태우 당선(12월)

8. 6공화국

	노태우	김영삼	김대중	노무현	이명박
시기	1988~1993	1993~1998	1998~2003	2003~2008	2008~2012
	13대	14대	15대	16대	17대
국정 지표	• 위대한 보통 사람의 시대를 열자 • 민족 자존, 민주 화합, 균형 발전	• 문민정부 • 깨끗한 정부, 튼튼한 경제 • 건강한 사회 통일 조국 건설	• 국민의 정부 • 민주주의와 시장경제의 병행 발전 • 최초의 평화적 정권 교체	• 참여정부 • 국민과 함께 하는 민주주의 • 권위주의 청산, 지방 분권 • 과거사 정리	• **실용정부**, 신 발전 체제 구축 • 성장과 복지의 선순환 구조 구축 • 다원주의 가치 존중, 섬기는 정부 등

정치	• 1988년 총선 → 여소야대 국회
	• 1988년 5공 청문회 개최
	  └ 전두환 정부 비리와 5 · 18 민주화운동 진상 규명
	• 1990년 3당 합당(여대야소 국회 구성)
	  └ 민주 정의당 + 통일민주당(김영삼)
	  └ 신민주공화당(김종필) → 민주 자유당
		• 1993년 5월 고위 공직자 재산 등록 법제화
		• 1995년 6월 지방자치단체장 선거
		  └ 전면적 지방 자치제
		• 1995년 역사 바로세우기(노태우,전두환 구속)
		• 군 사조직 하나회 해체, 5 · 18 특별법
		• 1997년 12월 전두환 · 노태우 사면 석방
			• 2000년 김대중 대통령 노벨평화상 수상
			• 2000년 인사청문회법 제정
			• 2001년 국가 인권위원회 설치
				• 2003년 노무현 대통령 탄핵소추안 의결
				  └ 5월 기각
				• 2004년 행정수도 이전 위헌 판결
				• 2008년 1월 국민참여재판 제도 실시
				• 권력 기관 독립성 강화(국정원, 검찰)
				• 공공 기관 지방 이전 추진
					• 2009년 5월 노무현 대통령 투신
					• 2012년 세종 특별 자치시 출범

	노태우	김영삼	김대중	노무현	이명박
시기	1988~1993	1993~1998	1998~2003	2003~2008	2008~2012
	13대	14대	15대	16대	17대
외교	※ 북방외교 → 공산권 국가와 수교 └ 1989년 헝가리 → 1990년 소련 → 1992년 중국 수교 • 1991년 1월 걸프전 발발(의료 지원단 파견) • 1991년 12월 국제 노동기구(ILO) 가입	• 1995년 국제 무역 기구 출범(WTO) • 1995년 세계화 추진 협의회 • 1995년 KEDO(한반도에너지개발기구)	1999년 **동티모르에 상록수 부대 파견** └ (1999~2000년)	• 2003년 서희 · 제마부대 파병 • 2004년 이라크에서 김선일 피살 • 2004년 자이툰 부대 이라크 파병 • 2006년 반기문 유엔 사무총장 내정	• 2011년 : 아덴만 여명 작전 • 2011년 외규장각 의궤 반환 • 2010년 : G20 개최
남북 관계	• 1988년 민족 자존과 통일번영을 위한 특별선언(7 · 7선언) • 1989년 3월 문익환 목사, 황석영이 방북 　　6월 전대협 대표 임수경 방북 　　9월 한민족공동체 통일 방안 • 1991년 9월 **남북한 유엔 동시 가입** 　　12월 13일 남북기본합의서 　　12월 31일 한반도 비핵화 공동 선언	• 1994년 6월 김일성과 남북정상회담 합의 • 1994년 7월 김일성 사망, • 1994년 제네바 핵협상 타결(북한과 미국) • 1994년 한민족 건설을 위한 3단계 통일 방안 └ 화해 협력, 남북연합, 통일 국가 • 1997년 8월 대한항공 여객기 괌 추락	• 1998년 정주영, 소 500마리 싣고 방북 • 1998년 금강산 해로 관광 • 1999년 서해 교전(1차 → 2차 2002년) • 2000년 : 6월 15일 남북공동선언 └ (최초의 남북 정상 회담) • 2000년 이산가족 상봉 • 2000년 경의선 철도 복원 기공식	• 2003년 6월 개성공단 기공식 • 2003년 금강산 육로 관광 개시 • 2005년 평화의 댐 완공 • <u>2007년 10 · 4 선언</u> └ 남북관계발전과 평화번영을 위한 선언 └ 서해 평화 협력 특별 지구 • 남북철도 연결 사업 : 경의 · 동해선 • 개성관광, 개성 공업지구 조성 • 개성 공단 사업 시작 • 2005년 겨레말 큰 사전 편찬 사업 시작 • 2007년 개성 만월대 공동 발굴 조사	• 2008년 7월 금강산 관광객 피살 • 2010년 천안함 폭침, 연평도 포격 사건 • 2010년 5 · 24 조치 : 남북 협력 중단 └ 개성공단은 제외 • 비핵 개방 3000
사회	• 1987년 여름 울산 등 중화학 공업 노동자들의 쟁의 └ 노동자 대투쟁 • 1989년 5월 전교조 출범 • 지방 자치제 부분 실시 • 언론 기본법 폐지 • 1988년 9월 헌법재판소 설치	• 1993년 3월 부산 구포역 열차 전복 • 1993년 8월 7일 대전 엑스포 • 1993년 10월 서해 페리호 침몰 • 1994년 10월 성수대교 붕괴 • 1995년 6월 삼풍백화점 붕괴 • 1996년 옛 조선 총독부 건물 철거 • 1997년 대한항공 여객기 괌 추락	• 2000년 국민 기초 생활법 시행 └ (1999년 제정) • 2001년 여성부 신설 └ 2005년 여성가족부로 개편 • 2001년 인천 국제공항 개항 • 2001년 서해안 고속도로 전 구간 개통	• 2004년 KTX 철도 개통 • 2004년 질병관리본부 출범 └ 2020년 질병관리청 • 2005년 과거사 진상 규명법 제정 • 2005년 호주제 폐지(2008년 시행) • 특별법 제정 └ 친일 반민족 행위자 재산 환수 └ 일제하 강제 동원에 대한 특별법 • 친일 인명 사전 (~ 2009년 발간) ※ 국민참여재판제도 실시	• 2008년 화재로 숭례문 소실 • 2009년 미국산 소고기 수입에 반발 └ 촛불 시위 • 4대강 사업
경제	• 1989년 경제 정의 실천 연합(경실련) • 1990년 전국 농민회 조직(전농)	• 신자유주의 정책 : 세계화 └ 공기업 민영화, 금융에 대한 규제 완화 • 1993년 8월 12일 금융실명제 • 1993년 12월 우루과이 라운드 협상 타결(쌀을 　제외한 농산물 시장 개방 → 1995년 발효) • 1995년 7월 부동산 실명제, 민주노총 결성 • 1996년 경제협력개발기구(OECD) 가입 • 1997년 12월 국제 통화 기금 지원 (IMF)	• 구조조정과 개방정책 • 외국 자본 유치 • 많은 은행과 기업이 외국 자본에 매각 • 노동자 대량 해고 사태 • 정보기술(IT) 관련 벤쳐 기업 육성 • 1998년 1월 노사정위원회 구성 └ 2018년 경제 사회 노동 위원회 • 2001년 국제 통화기금(IMF) 차관 상환	• 2004년 한 · 칠레 FTA 의결 • 2005년 개성공단이 본격 가동 • 2006년 아세안과 자유무역협정 체결 • 2007년 한 · 미 FTA 체결 • 지방 혁신 도시 건설	• 2010년 한 · 미 FTA 비준안 의결 • 2012년 한 · 콜롬비아 FTA • 2012년 20-50클럽 가입 └ 인구 5천 이상 └ 1인당 소득 2만 달러 이상

	노태우	김영삼	김대중	노무현	이명박
시기	1988~1993	1993~1998	1998~2003	2003~2008	2008~2012
	13대	14대	15대	16대	17대
교육	1989년 전교조 결성	• 1993년 대학수학능력 시험 실시 • 1996년 국민 학교 → 초등학교 개칭	※ 2002년 중학교 전면적 의무 교육	★ 18대 박근혜 : 2013~2016 / 경제부흥, 국민행복, 문화융성, 평화통일기반 구축 └ 2013년 2월 25일 박근혜 대통령 취임 └ 2014년 국민 기초 연금법 제정, 세월호 사건 └ 2015년 쌀 시장 개방 └ 2016년 개성 공업 지구 폐쇄 └ 2016년 임기 중 탄핵 → 2017년 3월 10일 헌법재판소가 파면	

기타	• 1988년 9월 24대 서울 올림픽 개최
	• 1990년 독일 통일 → 1991년 소련 해체
		• 4·19 공원묘지 → 국립묘지 승격
		• 5·18광주민주화운동 추모식
		• 거창 사건 희생자 명예 회복
			• 2002년 : 5월 한·일 월드컵 개최
			• 제주도 4·3 사건 및 의문사 규명
			• 과거사 정리
			  └ 민주화 운동 관련자 명예 회복
			• 국가인권위원회
			• 인사청문회법 제정
			• 국민기초 생활 보장법 등
				★ 19대 문재인 : 2017년 5월~2022년 5월
				 └ 2017년 5월 9일 19대 대통령 당선
				 └ 국민이 주인인 정부, 더불어 잘사는 경제, 평화와 번영의 한반도
				 └ 2018년 2월 평창 동계올림픽 개최
				 └ 2018년 4월 27일 판문점 선언('한반도의 평화와 번영, 통일을 위한 판문점 선언')
				   └ 핵 없는 한반도 실현, 남북 공동 연락사무소(개성) 설치
				 └ 2018년 5월 긴급 정상 회담(북·미정상회담 논의 → 6월 북·미정상회담 개최)
				 └ 2018년 9월 평양, 정상 회담	

1. 헌법 개헌

	제헌헌법	1차(발췌개헌)	2차(사사오입)	3차	4차	5차	6차(3선개헌)	7차(유신헌법)	8차 개헌	9차 개헌
시기	1948년 7월	1952년 7월	1954년 9월	1960년 6월	1960년 11월	1962년 12월	1969년 9월	1972년 12월	1980년 10월	1987년 10월
공화국	1공화국			2공화국 헌법	소급 근거 └ 반민주행위자 처벌 └ 부정축재자 처벌	3공화국 헌법		4공화국 헌법	5공화국 헌법	6공화국 헌법
정부 형태	대통령제			내각책임제		대통령제	대통령제	대통령제	대통령제	대통령제
대통령 임기	4년	4년	4년	5년		4년	4년	6년	7년	5년
대통령 선출	• 간선제(국회) • 내각책임제 요소	직선제	직선제	간선제(국회)		직선제	직선제	• 간선제 • 선출: 통일주체국민회의	• 간선제 • 대통령 선거인단	직선제
중임	1회 중임	1회 중임	초대 대통령 └ 중임제한 ×			1회 중임	3선 개헌	중임제한 ×	단임	단임
국회	단원제	양원제 합의 └ 운영 ×		양원제 └ 참의원 + 민의원		단원제	단원제	국회의원 : 단원제 └ 1/3 대통령 지명(유신정우회 3년) └ 2/3는 선거, 6년	단원제	• 단원제 • 대통령 국회해산 ×
기타								• 목적 : 박정희 종신집권 • 대통령 권한 강화 　└ 국회해산권, 긴급조치권 　└ 법관 임면권		헌법재판소 설치

2. 민주화운동 비교

	4·19혁명	6·3항쟁	부마항쟁	5·18광주민주화운동	6월 민주 항쟁
시기	1960년 4월 19일	1964년 6월 3일	1979년 10월 16일~10월 20일	1980년 5월 18일	1987년 6월
배경과 과정	• 3·15부정선거 • 김주열 열사의 사망 • 4월 18일 고대생들의 시위 • 4월 19일 전국적 시위 확산 • 4월 25일 교수들의 시국선언	• 김종필·오히라 비밀회담 • 굴욕적 한·일회담에 반발 • 1964년 5월 민족적 민주주의 장례식	• Y·H사건 이후 야당 총재(김영삼) 국회 제명 • 경제 위기, 반정부 항쟁 사건 • 특징 　└ 동사무소와 파출소, 경찰차량 파손 　└ '부유층'에 대한 시위대의 공격 　└ 세무서 공격 　└ 신문사와 방송국 공격	• 1979년 12·12사태 이후 신군부 등장 • 1980년 서울의 봄 → 신군부의 계엄령 선포 • 5월 18일 광주에서 계엄철폐를 요구하며 시위 발생 • 신군부는 광주에 공수부대를 파견하여 진압	• 박종철 열사의 고문 치사 사건 • 직선제 개헌 요구 • 전두환의 4·13호헌 조치 • 6월 9일 이한열 열사의 사망 • 6월 10일 전국적 시위 확산 • 6월 18일 최루탄 추방 국민대회
구호	부정선거 무효	굴욕적인 한·일회담을 즉각 중단하라	• 유신헌법과 독재집권층의 퇴진만이 5천 만 겨레의 통일의 첫걸음 ~ • "부가가치세를 철폐하라", "부가세를 없애라" • "잘 먹고 잘 살아라"	• 신군부 퇴진, 유신철폐, 김대중 석방 • 계엄 철폐	• 호헌철폐 • 민주헌법 쟁취
계엄	이승만 정부는 계엄령 선포	서울특별시 전역에 비상계엄을 선포	• 부산에 비상계엄을 선포 • 경상남도 마산 및 창원 일원에 위수령 발동	5월 17일 신군부가 계엄 선포	×
결과	• 이승만 하야 • 허정 과도 정부 수립 → 3차 개헌	1965년 한·일회담 체결	계엄령과 위수령 발동 후 단시간에 진압	신군부가 공수부대를 파견하여 진압	• 6·29선언(노태우) : 직선제 수용 • 9차 개헌

1. 배경

북한의 준비	미·소 냉전 강화
• 소련과 중공의 지원 → 군사력 증강 　└ 소련 : 무기, 군사 고문단 지원 　└ 중국 : 군사 비밀 협정 • 남한 사회 교란 : 공산주의자들을 통해 여러 요소 유발 • 의도적 평화 공세로 남침 의도를 위장	• 2차 대전 이후 → 미국과 소련 사이의 냉전 체제 강화 • 이승만 정부는 국군 창설(1948) 후 북진 통일 주장 → 북한과 대립 • 1949년 미군의 철수 • 1950년 1월 12일 애치슨 선언 : 미국의 방어선에서 한반도 제외 • 1950년 1월 26일 한·미 상호 원조 협정 체결

★ **〈애치슨 선언〉**
1950년 1월 12일 미국 국무 장관 애치슨은 다음과 같이 연설하였다. "미국의 극동 지역 방어선은 알류산 열도로부터 일본, 오키나와를 거쳐 필리핀을 통과한다. 방어선 밖의 국가가 제3국의 침략을 받는다면 침략을 받은 국가는 그 국가 자체의 방위력과 유엔 헌장의 발동으로 침략에 대항해야 한다."

2. 과정

북한의 침략	• 1950년 6월 25일 북한의 기습 → 3일 만에 서울 함락 • 6월 27일 : 정부 대전 이전 → 6월 28일 : 서울 인도교 폭파, 북한 서울 함락 • 7월 1일 : 유엔 지상군 부대가 부산에 상륙 ★ 6·25 전쟁 지원국 : 16개국이 군사 지원(병력의 88%는 미군), 의료 지원국(6개국), 물자지원국(39개국) • 7월 7일 : 국군이 유엔군에 편입　　※ 대전협정 : 7월 12일 : 미군의 재판권, 한국군 통수권을 미군에 이양 • 7월 16일 : 정부 대구로 이전 → 7월 20일 : 북한군 대전 점령 → 8월 18일 : 정부 부산 이전, 낙동강 방어선 구축 • 북한군은 경상도 일부와 제주도를 제외한 대부분 지역 점령
인천 상륙작전 이후	• 9월 15일 : 인천 상륙 작전을 개시(맥아더 장군 지휘) • 9월 28일 : 국군이 서울을 수복, 이승만은 이북 진격 명령 → 10월 1일 : 국군 38도선 돌파('국군의 날') • 10월 19일 : 국군, 평양 탈환 후 원산 진격, 압록강 초산까지 진출 → 10월 27일 : 정부, 서울도 환도
중공군의 개입 이후	• 10월 29일 : 중공군이 개입 → 12월 6일 : 북한이 평양 탈환 • 12월 16일 : 국민방위군 설치령 의결 • 12월 24일 : 흥남철수　　※ 굳세어라 금순아(1953년 발표, 흥남 철수 배경) ★ 1951년 • 1월 1일 : 중공군이 38도선 넘어 남하 → 1월 4일 : 국군, 서울에서 후퇴(1·4후퇴) → 1월 5일 : 중공군이 서울 진입 • 2월 11일 : 거창 양민 학살 사건 발생(국군이 양민 600여 명을 학살) • 3월 14일 : 서울 다시 수복 → 38도선 부근에서 전쟁 교착 ※ 국민방위군 사건 : 1951년 1월~4월
휴전(정전) 회담	• 7월 10일 : 소련의 제의, 개성에서 휴전회담을 개최 → 10월 25일 : 판문점에서 휴전회담 개최 ※ 백마고지 전투 : 1952년 가장 치열한 전투 ★ 1953년 • 2월 23일 : 휴전회담 재개 → 6월 18일 : 이승만의 거제도 반공포로 석방 → 7월 27일 : 정전협정 체결(한국은 불참) • 8월 15일 : 정부 서울로 환도 → 10월 1일 : 한·미 상호 방위 조약 정식 체결
휴전 회담 이후	• 1953년 10월 워싱턴에서 한·미 상호 방위 조약 체결 → 1954년 11월 17일 조약문 교환 → 1954년 11월 18일 발효 • 1954년 한·미 합의 의사록 체결 : 한국군의 작전권을 유엔군 사령부에 넘김 • 1954년 제네바회담 : 휴전상태와 한반도 문제 논의하기 위해서 전쟁 참전국이 참여 → 결렬 • 전후 복구 : 이승만 정부는 식량 통제와 적자 재정 정책 추진, 미국은 영여 농산물과 면화·설탕 등을 원조

★ **6·25 전쟁 당시 중요 사건**
1. 노근리 사건 : 1950년 7월 25일~29일 : 미군의 사격과 공중 폭격으로 민간인 사망 발생
2. 국민방위군 사건 : 1951년
3. 거창 양민 학살 사건 : 1951년, 빨치산 토벌 중 민간인 학살
4. 국민보도연맹 사건 : 전쟁이 발생하자 국민보도연맹 가입자를 처벌

★ **휴전회담**
• 소련의 말리크가 유엔을 통해 휴전 제의
• 1951년 7월 개성에서 시작
　└ 유엔군 대표 + 북한군 최고 사령관 + 중공군 사령관
　└ 남한은 국군통수권을 유엔군에 넘겨 참여 ×
• 반응 : 남한 정부와 국민들은 휴전 회담 반대, 이승만은 거제도 반공 포로 석방으로 회담 방해
• 휴전(정전) 체결 : 1953년 7월 27일 판문점에서 정전 협정 체결
　└ 서명 : 유엔 측 대표 미국 해리슨 중장 + 공산군 대표 남일, 중공군 사령관
　└ 한국 정부 : 정전 협정 참여 × 내용 준수 입장 발표

★ **휴전 회담 쟁점과 합의 내용**
• 휴전선 문제
　└ 북한은 전쟁 전 38도선 vs 유엔군은 현재 군사 분계선 주장
　└ 합의 : 현재 군사 분계선에서 2km의 비무장 지대 설치로 합의
• 포로 송환
　└ 북한은 자동(강제)소환 vs 유엔군은 자유의사에 따른 송환
　└ 합의 : 자유의사에 따른 송환, 송환을 원하지 않는 포로는 중립군 위원회에서 처리 합의
• 기타 :
　└ 군사 정전 위원회 설치
　└ 중립국 감시 위원단 설치(폴란드, 체코, 스위스, 스웨덴)
　└ 비무장 지대 설치

※ 일본은 6·25 전쟁 특수로 막대한 이득을 챙겼으며 이는 일본 경제 대국 성장의 밑바탕이 됨

1. 해방 직후와 미군정 시기 남한 경제

해방 직후	• 남북 불균형 : 일제 강점기 병참 기지화 정책과 중화학 공업 정책으로 북부 지방에 공업 시설 집중
	• 남한 : 기술과 자본 부족으로 남한 공장 60%가 중단, 낮은 생산성, 공장 부족, 실업 문제, 저임금, 생필품 부족으로 극심한 인플레이션 발생
	• 패망 직전 일본의 불환 지폐 남발로 경제 혼란

↓

	• 1945년 점령지 구호 원조(GARIOA)로 남한에 경제 원조
	• 양곡의 배급제를 폐지하고 양곡의 자유 시장 개설과 화폐 남발 → 상인과 지주가 쌀 매점매석 → 쌀값 폭등 → 미군정 다시 쌀값 통제
	• 1946년 미곡 수집령과 경제 통제령 발표
	└ 미곡 최고 가격 설정과 공출, 배급제 부활, 시장 가격보다 낮은 가격으로 쌀 매수 시행 → 식량 수급 어려움
	└ 미군정 경제 정책에 대한 반발 : 1946년 9월 철도 노동자 총파업 → 1946년 10월 1일 대구 항쟁, 쌀 강제 매수 반발
미군정 시기	★ 대구 10월 1일 폭동
	조선 공산당의 지시에 따라 파업을 벌이던 중 대구에서 폭력 시위가 발생하였다. 쌀을 강제로 수매하는 과정에서 경찰과 미군정의 강압적인 태도에 불만을 가진 사람들이 참여하면서 빠르게 확산되었다. 이를 해산하는 과정에서 시위자 한 명이 경찰의 유탄에 의해 사망하자 시위는 폭동으로 변하였다. 시위 군중들은 대구 경찰서를 점거하여 무기를 약탈한 후 수십 명의 경찰과 그 가족들을 살해하였다. 폭동은 전국적으로 번져 수백 명의 사망자와 수만 명의 부상자가 발생하였다.
	• 귀속농지
	└ 1946년 3월 신한공사를 설립 : 적산·귀속 농지 직접 관리하며 소작료를 총 수확물의 1/3 이내로 한정하였다.
	└ 1948년 3월 토지 개혁 시도 : 귀속 농지 일부를 2정보씩 유상으로 일부 분배하였다.
	• 귀속 재산 : 미군정에 귀속 → 1947년 3월 귀속재산 분배 행정 조치 : 친미적인 관리에게 불하하여 일부 대기업이 성장

※ 신한공사 (1946.3~1948.3)
신한공사는 식민지시기 동양척식주식회사의 소유였던 토지와 여타 일본인(회사·개인)의 소유였던 토지를 관할하여 그 보전과 이용 및 회계 등을 담당한 미군정의 회사이다.

※ 미군정의 토지 개혁
• 1947년 남조선 과도 입법 의원의 회피로 실패
• 1948년 3월 신한공사 해체
• **중앙 토지 행정처 설치하여 토지 개혁 시도**
• 귀속농지 일부, 2정보씩 유상으로 분배
• 연 생산량의 300%를 현물로 15년 분할

2. 1공화국 이승만 정부 시절

귀속 재산		• 1949년 귀속재산처리법 : 대규모 기업체를 친일인사와 정계와 연결된 자들이 분배, 저가로 15년 분할 상환, 신흥재벌 성장의 계기
원조 경제	방식	• 무상원조 : 농산물과 소비재 원료 → 1950년대 후반 유상차관으로 전환
	소비재 원료	• 제분, 제당, 원면, 원모의 소비재 원료 제공 → 면방직, 제분, 제당의 삼백산업 발달
		• 문제점 : 국내 밀과 면화 생산 위축, 정경유착 발생
	농산물 원조	• 배경 : 미국의 농업 공황
		• 결과 : 남한의 식량 문제 해결, 정부 재정 확보, 남한의 농업 기반 붕괴, 농민 몰락
농지 개혁	제정과 시행	• 농지개혁법 : 1949년 6월 제헌 국회에서 제정 → 시행 : 1953년 3월 → 6·25전쟁으로 중단 → 1957년 완료
	목적	• 부재지주 부정, 경자유전 원칙으로 자작농 육성이 목표
		• 지주를 산업자본가로 육성하려는 의도 (효과 미흡)
		※ 남한의 농지 개혁 이후 많은 지주가 산업자본가로 성장하였다.(×)
	원칙	• 유상몰수와 유상분배, 3정보
		★ 북한의 토지 개혁 : 1946년 3월 시행, 무상몰수, 무상분배, 5정보
		★ 몰수 대상 : 농가가 아닌 자의 농지, 자경하지 않는 자의 농지, 규정한도 초과 부분의 농지
		★ 유상 분배 : 3정보 이내, 평균 수확량 150%를 5년간 분할 상환(매년 30%를 5년간 상환)
	의의	• 의의 : 자작농 증가, 봉건적 지주제 약화, 남한의 공산화 방지

★ 한국은행법 : 1950년

★ 1954년(1955년) : 공법 480, 미국 농산물 국내 도입

★ 미국의 원조 경제
• 대충자금 : 한·미합동 경제 위원회 통제
• 정부 재정 : 대부분 미국산 무기 구입, 한국군 유지 비용

※ 농지 개혁의 문제점
• 비농지 제외 : 임야와 산림, 과수원, 상전 등 제외
• 지주의 사전강매와 회피(농지 → 비농지 전환)
• 지가 상환 부담 등으로 소작농 부활

3. 2공화국 장면 내각과 5·16군사 정변 이후 군정 시기

장면 내각	군정 시기
• 경제개발 5개년 계획 수립 : 1961년 5·16 군사정변으로 시행 × • 국토 건설 사업 : 실업문제 해결을 위해서 1961년 **국토건설본부** 설치하여 개발을 추진 • 미국과 한·미경제협정을 체결	• 1962년 경제 개발 5개년 계획 실시 • 농어촌 고리채 정리법, 농업 협동 조합법, 국가 재건 국민 운동에 관한 법 제정 • 부정축재 처리법, 중소기업 지원확대, 화폐개혁(1962년 10대 1의 화폐 개혁 → 환을 원으로 개혁) • 1962년 울산 특성 공업 지구 선포

4. 박정희 정부 시절 경제개발 5개년 계획

	경제개발 1·2차 5개년 계획	경제개발 3·4차 5개년 계획

시기	• **1차** : 1962년~1966년
	   └ 자립 경제 기반 구축, 전력과 석탄 에너지 확보, 사회 간접 자본 투자
	   └ 비료와 시멘트 등 기간산업, 노동 집약적 경공업 육성(섬유, 가발, 식료품)
	   └ 1962년 울산 특정 공업 지구 선포 : 대규모 산업단지 조성, 정유, 제철, 철강 등
	   └ 1963년~1977년까지 서독에 광부 파견
	   └ 1965년~1976년까지 서독에 간호사 파견
	• **2차** : 1967년~1971년
	   └ 산업구조의 근대화, 식량의 자급자족, 수출 증가, 제조업 발달, 정유와 시멘트 육성
		• **3차** : 1972년~1976년 철강과 화학, 비철금속, 기계, 조선, 전자 등 6대 전략 산업 집중 육성
		• **4차** : 1977년~1981년 성장과 형평, 기술 혁신 등
		
		★ 3차~4차 경제 개발 5개년 계획 특징
		• 중화학 공업 추진
		• 철강, 화학, 기계, 조선 등을 전략 업종 지정
		• 울산과 거제 등지에 대규모 조선소 설립
		• 창원, 구미, 울산, 여수 지역에 공업 단지 조성

주력	경공업 중심	중화학 공업
전략	• **정부 주도** : 민간 기업을 국가가 지원 (국가 기업이 주도 ×) • **수출 주도형** : 수입 대체 산업 육성이 아니라 수출 주도형 산업 육성, 수출에 유리한 대기업 중심 → 대기업과 중소기업의 **불균형** 발생 • **성장 위주** : 분배 위주가 아니라 성장위주의 경제 정책으로 분배의 불균형으로 노동자들이 저임금 정책으로 고통을 받았다. • **공업 위주** : 공업 위주의 성장 정책으로 **공업과 농업의 불균형과 도시와 농촌의 불균형 초래**	
특징	• 적극적인 외자 유치 • 베트남 특수와 한·일협정 때 받은 차관이 경제 발전에 영향을 주었다. • 외국 차관과 값싼 노동력을 결합 • 경공업 육성 → 1960년대 '가발'이 대표적인 수출품 • **마산 자유무역지대** : 1970년 지정 → 완공 1973년	• 1973년 마산 자유무역 지대 완공 • 1973년 익산에 자유지대 지정 → 완공 : 1974년 • 1973년 중화학 추진 위원회 설치 : 중화학 공업 육성하여 이 시기 중화학공업의 생산이 경공업의 생산액을 초과함 • 외국 자본 직접 투자 유치, 구미와 울산, 여수에 대규모 공업 단지
성과	• 1964년 : 울산 정유 공장, 1억달러 수출(수출의 날 지정) • 1965년 : 베트남 파병 이후 베트남 특수로 고도 성장 • 1967년 착공~1973년 완공 : 소양강 댐 • 1968년 : 포항제철 회사 설립 • 1969년 : 분식의 날 제정(쌀 없는 날) • 1970년 : **경부 고속 도로 개통, 새미을 운동**, 와우아파트 붕괴 ※ 전태일 열사 분신 • 1971년 : 광주 대단지 사건	• 1973년 : 포항제철 공장 준공 • 1973년 : 1차 석유 파동에도 불구하고 연 평균 9.7%의 경제 성장률 기록 (한강의 기적) • 1973년 : 거제도에 대형 조선소 건설 시작 → 조선 공업 지역 성장 • 1976년 : 함평 고구마 사건(1972년 결성된 가톨릭 농민회가 주도) • 1977년 : 100억 달러 수출 ★ 1964년 1억 달러 수출 → 1971년 10억 달러 수출 → 1977년 100억 달러 수출 → 1981년 200억 달러 수출 • 1977년 : 통일벼의 보급으로 분식의 날 해제 ※ 통일벼 : 1965년부터 1972년까지 농촌 진흥청에서 실험을 거쳐 재배 성공 • 1978년 : 고리 원자력 발전소 준공, 동일 방직 사건 • 1979년 : Y·H 사건
위기	1970년대 초 세계 경제 침체 → 인플레이션과 불황, 국제 수지 악화	• 1972년 : 8·3 사채 동결 조치(경제안정과 성장에 관한 긴급 명령 15호 → 대기업 특혜) • 1973년 : 1차 석유 파동 → 중동 특수로 극복, 한강의 기족 • 1978년 : 2차 석유 파동 → 1979년 : 10·26사태 → 1970년대 말 중화학 공업에 중복투자 → 1980년대 마이너스 경제 성장 └ 1986년 전두환 정부 시절 '3저 호황'으로 극복
문제점	저임금, 저곡가 정책으로 소득 격차 심화, 도·농간의 격차 심화, 해외의존도 심화, 정경유착, 대기업과 중소기업의 불균형, 기술경쟁력 약화, 낮은 외화가득률	

5. 1980년대 이후 경제 상황

전두환	노태우	김영삼	김대중	노무현·이명박 정부
• 3저 호황 : 1986년~1988년 • 부실기업 정리 • 중화학 공업 중복 투자 제한 • 자동차·가전·기계·철강·반도체 성장	적자 경제와 경기 악화 └ 선진국 개방 압력, 임금 상승, 수입증가 └ 임금상승, 물가 상승, 부동산 투기 등	• 우루과이 라운드 : 농산물 시장 개방 　└ 쌀 수입 개방 반대 운동 "20세기 의병" 　└ 쌀을 제외한 대부분 농산물 개발 　└ ※쌀은 2015년 박근혜 정부 때 개방 • 공기업 민영화 • 신자유주의 : 세계화 　└ 금융규제 완화 　└ 국내 기업 : 해외 단기 외채 도입 　└ 다시 국내 기업에 대출하여 이윤 추구 • 1995년 WTO 출범 : 국제무역기구 • 1995년 민주노총 출범 • 1996년 OECD 가입 • 1997년 외환위기로 IMF 지원	• 외환위기 극복 　└ 금 모으기 운동, 노사정 타협 노력, 기업의 구조조정 등 • 철도, 통신, 전력 등 주요 공기업 민영화, 민간 매각 • 정리해고제, 파견 근로제 실시 • 벤처기업 지원, 부동산 경기 조성 정책 • 이자율 인하 정책, 신용카드 권장 • 문제점 : 벤처기업 거품, 부동산 가격 폭등, 신용불량자 양산	• 노무현 정부 　└ 2004년 고속철도 KTX 개통 　└ 2004년 한국과 칠레 자유무역 협정 　└ 2006년 아세안과 FTA 체결 　└ 2007년 한·미 FTA 체결 • 이명박 정부 　└ 2008년 미국산 소고기 수입 　└ 2011년 한·미FTA 국회 비준안 의결

1. 각 정부 통일 정책

1공화국	이승만	북진 통일 → 6 · 25 전쟁 이후 유엔 감시 하에 북한의 총선거 주장, 반공정책을 강화하며 조봉암의 평화통일 논의를 탄압	
2공화국	장면 내각	• 선 경제 건설, 후 통일 주장 → 민간의 통일 논의 억압, 대한민국 헌법에 따라 유엔 감시하의 남북한 총선거 실시 주장 • 1961년 5월 학생들은 남북학생회담 개최 시도 "가자 북으로, 오라 남으로", 민족 자주 통일 협의회 결성, 중립화 통일 연맹 조직	
3공화국	박정희	• 1960년대 : 선 경제 건설 후 통일 강조, 승공 통일을 강조하며 반공 강화 • 1970년 평화통일구상선언(8 · 15선언) : 선의의 경쟁 강조 • 1971년 남북적십자 회담 제의 : 이산 가족 만남 추진 → 1972년 : 본회담 • 1972년 7 · 4 남북 공동 성명 : 최초의 통일에 대한 합의(자주, 평화, 민족대단결), 비공식적 합의(중앙 정보부장 이후락), 남북한 독재 강화에 이용(남한은 유신헌법, 북한은 사회주의헌법)	
4공화국	박정희	• 1973년 6 · 23 선언 : 남북한 유엔동시가입 제의, 공산권 국가에 문호 개방 • 1974년 1월 상호 불가침 협정 체결 제의 • 1974년 8월 평화통일 3대 기본 원칙 천명 : 상호불가침 → 문호개방 → 자유 총선거	
5공화국	전두환	• 1981년 1월 12일 최고 책임자의 상호 방문 제의(1 · 12제의) → 1982년 1월 22일 민족화합민주통일방안 제시 : 민족통일협의회 구성, 통일 헌법 작성 → 총선거 실시 • 1984년 9월 북한이 남한에 수재 물자 제공 → 1985년 남북한 고향방문단 방문 : 최초의 이산 가족 고향 방문단 방문(서울 - 평양)	
6공화국	노태우	• 1988년 7월 7일 : 민족자존과 통일번영을 위한 특별 선언(7 · 7선언) → 상호 교류, 남북 왕래, 문호 개방, 서신 왕래 • 1989년 8월 15일 : 평화통일 3원칙 제시 : 자주, 평화, 민주의 3원칙 제시 • 1989년 9월 11일 : 한민족공동체 통일 방안 "남북정상회담 → 민족공동체 헌장 채택 → 남북연합 → 총선거 → 통일" • 1991년 9월 18일 : 남북한 유엔 동시 가입 • 1991년 12월 13일 : 남북 기본 합의서 채택(최초 공식 합의, 상대방의 실체 인정, 내부 문제 불간섭, 화해와 불가침, 교류 협력에 합의) • 1991년 12월 31일 : 한반도 비핵화 공동 선언	★ 노태우 정부 시절 북방외교 └ 1989년 2월 헝가리(최초), 11월 폴란드, 유고와 수교 └ 1990년 3월 몽골과 수교, 8월 독일 통일, 10월 소련과 수교 └ 1991년 소련 해체 └ 1992년 8월 중국과 수교, 12월 베트남과 수교
	김영삼	• 1993년 3단계 3기조 통일 방안(3단계는 화해 · 협력, 남북연합, 통일국가, 3기조는 민주적 국민합의, 공존 공영, 민족복리 증진) • 1994년 6월 18일 : 남북 정상 회담 합의 → 김일성의 사망으로 실현 ×, 조문 파동으로 남북관계 악화 • 1994년 8월 15일 : 민족 공동체 통일 방안(한민족 공동체 건설을 위한 3단계 통일 방안) → 1995년 북한 수재 때 식량을 지원	★ 김영삼 정부 시절 북한 핵 협상 └ 1993년 북한 NPT(핵확산 금지 조약) 탈퇴 └ 1994년 제네바 합의 : 미국과 북한, 핵무기 개발 포기 └ 1995년 한반도 에너지 개발 기구(KEDO) 출범
	김대중	• 1998년 정주영 회장 소 떼 방문 → 1998년 금강산 해로 관광 • 2000년 6 · 15 남북 정상회담 : 최초의 정상 회담, 개성공단 조성 사업, 경의선과 동해선 철도 복원 사업, 금강산 육로 관광 합의 ★ 경의선과 동해선 철도 └ 2000년 경의선 복원 기공식 개최 → 2003년 경의선 완공 → 2007년 시범 운행 ※ 동해선 : 2005년 12월 완공 ★ 개성 공단 : 2003년 기공식 → 2007년 준공, 본격 가동	★ 김대중 정부 └ 1999년과 2002년 서해교전 두 차례 발생 └ 2002년 북한 핵 개발 재개 선언
	노무현	2007년 10 · 4선언 → 남북 관계 발전과 평화 번영을 위한 선언, 2차 정상 회담, 평양	★ 노무현 정부 └ 2003년 6자 회담 시작 └ 2005년 북한 핵무기 보유 선언 └ 2005년 9 · 19 공동 선언 : 북한 핵 포기, 한반도 비핵화 선언 └ 2006년 북한 1차 핵 실험
	이명박	2008년 7월 11일 금강산 관광객 피격 사망 사건 → 관광 중단 → 2010년 천안함 사건, 연평도 포격 사건	★ 문재인 정부
	문재인	2018년 4월 : 판문점 선언, 3차 남북 정상 회담 → 9月 평양, 정상회담	└ 2018년 판문점 선언, 한반도 비핵화 명시 └ 2018년 북 · 미 정상 회담 : 한반도 비핵화 강조

2. 중요 남북 합의문

7·4 남·북 공동 성명	1972년 7월	• **최초의 통일에 대한 합의** : 자주와 평화, 민족 대단결 • **비공식 합의** : 중앙정보부장 이후락이 비밀리에 추진 • 독재 이용 : 남한의 유신헌법, 북한의 사회주의 헌법 • 남·북조절위원회 설치 : 세 차례 진행, 의견 대립으로 큰 성과 × • 서울 ~ 평양 직통 전화
남·북 기본합의서	1991년 12월	• **최초의 남·북한 공식 합의** : 화해와 불가침, 교류 협력에 관한 합의 • **정부 당사자 간의 합의**, 남·북 고위급 회담에서 채택 • 체제를 인정과 존중하고 내부 문제 불간섭 "국가적 실체 인정, 국가로 승인 ×" • 판문점에 남·북연락사무소 설치 • 군 당사자 간의 전화, 남·북 군사공동위원회 설치 명시
6·15 남·북 공동성명	2000년 6월	• **최초의 공식적 남·북 정상 회담** : 평양, 김대중 대통령 + 김정일 위원장 　└ 남·북 연합 ≒ 낮은 단계 연방제, 경제 협력 → 균형 발전 → 신뢰 구축에 합의 • 금강산 육로 관광에 합의, 금강산 이산가족 면회소 설치에 합의 • 경의선, 동해선 철도 복원 합의, 개성 공단 조성 사업에 합의 ★ 개성공단 　• 2004년 시범 단지 준공 → 2007년 준공, 본격 가동 　• 2005년 개성 관광 시범 운행 → 본광관 : 2007년 ★ 주의 : 주한 미군에 대한 언급 ×, 민간 차원 교류를 정부 차원으로 전환
10·4 선언	2007년 10월	• 2차 남·북 정상 회담 : 평양, 노무현 대통령 + 김정일 위원장 • 남·북 관계 발전과 평화번영을 위한 선언 : 평화 정착, 공동 번영, 화해와 통일 등 8개항 합의 　└ 6·15 선언의 고수, 내부 문제 불간섭, 군사적 적대 관계 종식 및 서해 공동 어로 수역 지정 　└ 항구적 평화 협력 구축, 경제 협력을 위한 투자 장려와 서해 평화 협력 특별 지대 설치 　└ 사회 문화 분야의 교류 협력 증진
판문점 선언	2018년 4월	• 3차 남·북 정상 회담 : 판문점, 문재인 대통령 + 김정은 위원장 • 주요 내용 　└ 북한의 완전한 비핵화, 핵 없는 한반도 실현, 문재인 대통령 평양 방문, 남·북공동연락사무소 설치 　└ 모든 적대 행위 중지, 비무장 지대 → 평화 지대, 8·15 이산 가족 상봉, 경의선·동해선 철도와 도로 연결

〈7·4 남·북 공동 성명〉

1. (남북) 쌍방은 다음과 같은 조국 통일 원칙들에 합의를 보았다.
　첫째, 통일은 외세에 의존하거나 외세의 간섭을 받음이 없이 자주적으로 해결해야 한다.
　둘째, 통일은 서로 상대방을 반대하는 무력 행사에 의거하지 않고 평화적으로 실현하여야 한다.
　셋째, 사상과 이념, 제도의 차이를 초월하여 우선 하나의 민족으로서 민족적 대단결을 도모하여야 한다.
4. 쌍방은 지금 온 민족의 거대한 기대 속에 진행되고 있는 남북 적십자 회담이 하루빨리 성사되도록 적극 협조하는 데 합의하였다.

〈남·북 기본 합의서〉

(남북) 쌍방 사이의 관계가 나라와 나라 사이의 관계가 아닌 통일을 지향하는 과정에서 잠정적으로 형성되는 특수 관계라는 것을 인정하고, 평화 통일을 성취하기 위한 공동의 노력을 경주할 것을 다짐하면서 다음과 같이 합의하였다.
제1조 남과 북은 서로 상대방의 체제를 인정하고 존중한다.
제4조 남과 북은 상대방을 파괴·전복하려는 일체의 행위를 하지 아니한다.

〈2000년 6·15 남·북 공동 성명〉

1. 남과 북은 나라의 통일 문제를 그 주인인 우리 민족끼리 서로 힘을 합쳐 자주적으로 해결해 나가기로 하였다.
2. 남과 북은 나라의 통일을 위한 남측의 연합제 안과 북측의 낮은 단계 연방제 안이 서로 공통성이 있다고 인정하고 앞으로 이 방향에서 통일을 지향시켜 나가기로 하였다.
3. 남과 북은 올해 8·15 즈음하여 흩어진 가족, 친척 방문단을 교환하며, 비전향 장기수 문제를 해결하는 등 인도적 문제를 조속히 풀어 나가기로 하였다.
4. 남과 북은 경제 협력을 통하여 민족 경제를 균형적으로 발전시키고, 사회, 문화, 체육, 보건, 환경 등 제반 분야의 협력과 교류를 활성화하여 서로의 신뢰를 다져 나가기로 하였다.

〈10·4 선언〉

1. 6·15 공동 선언을 고수하고 적극 구현해 나간다.
4. 현 정전 체제를 종식시키고 항국적인 평화 체제를 구축하기 위한 종전 선언을 협력해 추진하기로 하였다.
5. 경제 협력 사업을 적극 활성화하기로 하였다.
　• 서해 평화 협력 특별 지대를 설치하여 공동 어로 구역과 평화 수역 설정, 민간 선박의 해주 직항로 통과, 한강 하구 공동 이용 등을 적극 추진해 나가기로 하였다.
　• 개성-신의주 철도와 개성-평양 고속도로를 공동으로 이용하기 위해 개보수 문제를 협의·추진하기로 하였다.

★ **판문점 선언(2018)** : 한반도의 평화와 번영, 통일을 위한 판문점 선언(2018년 4월 27일)
남과 북은 한반도의 항구적이며 공고한 평화 협력 체제 구축을 위해 적극 협력 해 나갈 것이다. 한반도에서 비정상적인 현재의 정전 상태를 종식하고 확고한 평화 체제를 수립하는 것은 더 이상 미룰 수 없는 역사적 과제이다.

	해방 ~ 1960년대	1970년대	1980년대	1990년대 이후
농촌 변화	• 도시로의 인구 유입 : 주택 · 교통난 · 환경 · 빈곤 · 실업 · 범죄 문제 • 직업구조의 변화 : 1차 산업 < 2 · 3차 산업 비중(전문, 기술직↑) • 농촌 소득 감소 → 도시와 농촌의 격차 확대	• 1970년 : 새마을운동 → 1973년 전국적 운동 • 1972년 : 카톨릭 농민회 조직 • 1976년 : 전남 함평 고구마 피해 보상 요구	1989년 여의도, 농민들의 죽창 시위	• 1990년 전국 농민회 총연맹(전농) • 1993년 우루과이 라운드 : 농산물 시장 개방
여성 운동		1987년 : 한국 여성 단체 연합 결성	• 1987년 : 남녀고용평등법 제정 • 1989년 : 가족법 개정(상속 평등 강화)	• 1991년 : 가족법 개정(여성도 재산과 자녀에 대한 권리 획득) • 2001년 : 여성부 설치, 21세기 남녀 평등 헌장 발표 • 2005년 : 호주제 폐지(2008년 완전 폐지)
복지 정책	1961년 : 생활보호법 (→ 2000년 국민기초생활보장법) ⌐ 1999. 제정	1977년 : 의료보험법	• 1981년 : 장애인복지법 • 1986년 : 최저 임금법 • 1988년 : 국민연금제도 • 1989년 : 전 국민 의료보험 실시	• 1993년 : 고용 보험법 제정 • 1995년 : 고용보험제도 실시, 사회 보장 기본법 제정 • 1999년 : 도시 자영업자 국민연금의 가입, 국민기초생활보장법 • 2000년 : 의료보험 → 국민건강보험 통합 • 2000년 : 최저 임금제도 모든 사업장 확대 • 2004년 : 고용 보험 제도 적용 확대 • 2006년 : 전 국민 대상 국민연금제도 • 2008년 : 노인 장기 요양 보험(제정 : 2007년) • 2014년 : 국민 기초 연금법(65세 이상 고령자 기초 생활)
의복 변화	• 1961년 : 표준 간소복 제정 • 1960년대 : 기성복 생산과 유행, 미니스커트의 등장	• 청바지와 티셔츠 : 청년문화로 유행 • 미니스커트 유행	트레이닝복 유행	
주거 생활	1960년대 이후 : 대도시 주변 '달동네'라는 빈민촌 형성	• 1970년대 : 아파트와 연립주택 • 1970년 : 와우 아파트 붕괴 • 1971년 : 광주 대단지 사건		
인구 정책	1960년대 ⌐ 덮어 놓고 낳다 보면 거지꼴을 못 면한다. ⌐ 많이 나아 고생 말고, 적게 낳아 잘 기르자	딸 아들 구별 말고 둘만 낳아 잘 기르자.	잘 키운 딸 하나 열 아들 안 부럽다.	• 1990년대 : 아들 바람 부모세대, 짝궁없는 우리세대 • 2000년대 ⌐ 아이가 미래입니다. ⌐ 아빠! 혼자는 싫어요, 엄마 저도 동생을 갖고 싶어요
노동 운동	• 노동인구 증가, 여성 노동자 증가 • 저임금과 열악한 노동 환경 • 1960년 한국노총 결성	• 1970년 : 전태일 분신 • 1978년 : 동일 방직 사건 • 1979년 : Y · H 사건 발생	• 1986년 최저 임금제 • 1987년 노동자 대투쟁 • 1988년 전국언론노동조합연맹 • 1989년 전국교직원노동조합	• 1990년 전국노동조합협의회 결성 • 1991년 ILO 국제 노동 기구 가입 • 1995년 민주노총 결성 • 2004년 : 공무원 노조 합법화
교육 정책	• 미군정 시기 미국식 교육 도입 : 6 · 3 · 3 · 4제, 1946년 서울대 창립 • 이승만 정부 : 국민 학교 의무교육 • 장면 내각 : 학원 민주화, 학도호국단 폐지, 교육 자치제 실시 • 박정희 정부 ⌐ 1968년 : 국민교육 헌장 발표 ⌐ 1969년 : 대학 예비고사제, 교련(군사 교육) 실시 ⌐ 1969년 : 중학교 무시험제도(서울) → 전국 : 1971년	• 1971년 : 국민윤리 → 대한 필수 과목 • 1973년 : 고등학교 연합 고사제 • 1974년 : 고교 평준화	• 전두환 정부 ⌐ 과외금지(1980년/1981년), 국민윤리강조 ⌐ 고등 교육 대중화 : 많은 대학 설립 ⌐ 대한 본고사 폐지 ⌐ 학력고사제와 졸업정원제 • 노태우 정부 ⌐ 1989년 전교조 → 1999년 합법화	• 정보화와 기술의 향상, 창의력 신장 • 김영삼 정부 ⌐ 1993년 수능 시험 ⌐ 학교운영위원회 설치 ⌐ 1996년 국민 학교 → 초등학교 • 김대중 정부 ⌐ 2002년 : 중학교의 전면적 의무 교육

	해방 ~ 1960년대	1970년대	1980년대	1990년대 이후
현대 문학	• 해방 이후 : 좌·우익 이념 대결 • 6·25 전쟁 이후 　└ 서정적인 순수 문학이 주류, <현대문학> <사상계> 창간 　└ **자유부인** : 1954년 서울신문 연재 　└ 피아골 : 1955년, 지리산 빨치산 배경 　└ 오발탄 : 1959년 → 1961년 영화화 • 4·19혁명 이후 : **껍데기는 가라, 꽃잎,** 광장 등	• 문학 잡지 : <창작과 비평> <문학과 지성> • 사회문제 비판적 다룸, 민주화 운동에 영향 • 김지하 <오적> • 조세희 <난장이가 쏘아올린 작은 공>	민중의 예술 활동 확대 　└ 정부에 대해 비판적	
대중문화	• 1960년대 : 라디오와 영화가 대중문화 주도 • 1950년대 : 춘향전, 시집가는 날, 이별의 부산 정거장 등 • 1960년대 : 오발탄, 사랑방 손님과 어머니 ★ 1950년대 사회 　• 학교 : 2부제, 3부제 수업 실시 　• 높은 취학율, 한글 세대	• 텔레비전 보급 • 문화와 예술 통제 • **금서와 금지곡** 　└ 배호의 0시의 이별, 순자의 전성시대 • 반공의식 강조, 대한뉴스 • 대중가요, 코미디 유행, 드라마 인기 • 미국의 저항 문화 유입 : **청년문화** 　　　　　　　└ 통기타, 청바지 • 영화 : 별들의 고향, 영자의 전성시대	• 컬러 텔레비전 보급 • 프로 스포츠 • 민중 문화 활동 활발 　└ 1970년대 대학가 탈춤반 중심 　└ 1980년대 확산	컴퓨터와 인터넷 보급
언론	• 이승만 정부 : 1959년 경향신문 폐간 • 4·19혁명 이후 : 경향신문 복간, 신문에 대한 발행 허가제 폐지 • KBS, TBC, MBC 등의 텔레비전 방송국 설립 • 문화방송, 동아방송 등의 라디오 방송국 개국 • **5·16 군사 정변 이후 언론 통폐합** → 규제 강화	• 유신정권 : 기자 등록제 실시 • 동아일보 : 1974년 자유언론수호선언 　└ 1974년 ~ 1975년 : 백지 광고, 언론인 해고 ★ 1970년대 텔레비전 보급 → 1980년대 컬러TV 　└ 독재 이용, 반공 홍보, 정부 정책 홍보 　└ 극장에서 대한뉴스 상영	• **1980년대 신군부의 언론 통제** 　└ 방송사, 신문사를 강제로 통폐합 　└ 언론 탄압 : 언론인 해고, 보도 지침 등 • **1987년 6월 민주 항쟁 이후** 　└ 언론 노조 결성, 언론의 민주화 활동 　└ 1988년 한겨레 신문 발간 　└ 1988년 전국언론노동조합연맹	★ 스포츠 • 1936년 : 베를린 올림픽 → 손기정, 첫 금메달 • 1976년 : 몬트리올 올림픽 → 양정모, 레슬링 금메달 • 1980년대 : 프로야구, 프로축구 출범 • 1986년 : 제10회 아시안 게임 유치 • 1988년 : 제24회 서울 올림픽 개최 • 2002년 : 한·일월드컵 개최 • 2018년 : 평창 동계올림픽 개최
기타	1969년 : 국립 현대 미술관	★ 혼분식 장려 : 1960년대 ~ 1970년대 　└ 밀가루 소비 촉진, 보리 소비 확대 　└ 쌀을 원료로 하는 술이나 과자 생산 금지 　└ 라면 소비 강조 　└ 1970년 **통일벼** 보급으로 분식의 날 해제	• 1981년 : 문예회관 • 1988년 : 예술의 전당 개관	

세계유산	자연유산	제주도 화산섬과 용암동굴, 한국의 갯벌
	복합유산	없음
	문화유산	1. 경주 역사 유적 지구 / 2. 고창, 화순, 강화의 고인돌 유적 / 3. 남한산성 / 4. 백제 역사 유적지구 / 5. 산사, 한국의 산지 승원(7개 사원) : 통도사, 부석사, 봉정사, 법주사, 마곡사, 선암사, 대흥사
		6. 석굴암과 불국사 / 7. 조선 왕릉 / 8. 종묘 / 9. 창덕궁 / 10. 한국의 서원(9개 서원) : 소수서원, 남계서원, 옥산서원, 도산서원, 필암서원, 도동서원, 병산서원, 무성서원, 돈암서원
		11. 한국의 역사 마을 : 하회와 양동마을 / 12. 해인사 장경판전 / 15. 화성 / 16. 가야 고분군
무형유산		1. 가곡 : 국악 관현 반주로 부르는 서정적 노래 / 2. 강강술래 / 3. 강릉단오제 / 4. 김장문화 / 5. 남사당놀이 : 남자들로 구성된 유랑 광대극 / 6. 농악
		7. 대목장 : 한국의 전통 목조 건축 : 한국의 전통 목공 기술을 가지고 있는 목수 / 8. 매사냥 / 9. 씨름 / 10. 아리랑 : 한국의 서정 민요 / 11. 연등회 : 한국의 등 축제, 석가탄신일 연등 행사
		12. 영산재 : 불교, 부처가 법화경 설법 모습 재현 / 13. 제주 칠머리당 영등굿 / 14. 제주 해녀 문화 / 15. 종묘제례, 종묘제례악 / 16. 줄다리기 / 17. 줄타기 / 18. 처용무 / 19. 택견
		20. 판소리 / 21. 한산 모시짜기 / 22. 탈춤
기록유산		1. 1980년 인권기록유산 5·18 광주 민주화 운동 기록물 / 2. KBS 특별 생방송 : 이산가족을 찾습니다 기록물 / 3. 난중일기 / 4. 동의보감 / 5. (불조) 직지심체요절 / 6. 승정원일기 / 7. 일성록
		8. 조선왕조실록 / 9. 훈민정음(해례본) / 10. 팔만대장경(고려대장경안 및 제경판) / 11. 국채보상운동 기록물 / 12. 새마을운동 기록물 / 13. 조선의 어보와 어책 : 왕 세습의 과정에서 제작된 예물 등
		14. 조선왕조 의궤 / 15. 조선 통신사에 관한 기록 / 16. 한국의 유교 책판 : 조선시대 서적을 간행하기 위해 판각한 책판 / 17. 4·19 혁명 기록물 / 18. 동학 농민 혁명 기록물 / 19. 5·18 인권 기록 유산, 5·18 광주 민주화 운동 기록물

2025 대비 최신판

해커스공무원

최진우

$\frac{1}{2}$ **한국사**

 **필기노트**

초판 3쇄 발행 2025년 2월 3일

초판 1쇄 발행 2024년 5월 28일

지은이	최진우
펴낸곳	해커스패스
펴낸이	해커스공무원 출판팀

주소	서울특별시 강남구 강남대로 428 해커스공무원
고객센터	1588-4055
교재 관련 문의	gosi@hackerspass.com
	해커스공무원 사이트(gosi.Hackers.com) 교재 Q&A 게시판
	카카오톡 플러스 친구 [해커스공무원 노량진캠퍼스]
학원 강의 및 동영상강의	gosi.Hackers.com

ISBN	979-11-7244-092-3 (13910)
Serial Number	01-03-01

공무원 교육 1위,
해커스공무원 **gosi.Hackers.com**

해커스공무원

- **해커스공무원 학원 및 인강**(교재 내 인강 할인쿠폰 수록)
- 해커스 스타강사의 **공무원 한국사 무료 특강**
- 해커스공무원 **직렬별 패스상품**(교재 내 할인쿠폰 수록)

한경비즈니스 2024 한국품질만족도 교육(온·오프라인 공무원학원) 1위